◇ 现代经济与管理类系列教材

国际商务——理论与实务

（第 2 版修订本）

主　编　王建华

副主编　邹志波　曹细玉

清华大学出版社

北京交通大学出版社

·北京·

内 容 简 介

本书采用理论与实务相结合的编写方法。全书内容分为三大部分：第一部分为国际商务基础理论知识，包括导论、国际贸易理论和国际商务环境；第二部分为国际商务活动，主要包括国际货物贸易、国际技术贸易、对外直接投资和国际间接投资；第三部分为国际商务管理，包括国际商务战略管理、国际市场营销、人力资源管理和国际企业财务管理。

本书内容全面，通俗易懂，既可以作为经济类管理类本科生、自考生、经济管理干部的学习和培训教材，也适合所有对国际商务知识感兴趣的读者。

图书在版编目（CIP）数据

国际商务：理论与实务/王建华主编. —2 版. —北京：北京交通大学出版社：清华大学出版社，2012.11（2024.6 重印）

ISBN 978－7－5121－1229－2

Ⅰ.① 国…　Ⅱ.① 王…　Ⅲ.① 国际商务-高等学校-教材　Ⅳ.① F740

中国版本图书馆 CIP 数据核字(2012)第 238898 号

国际商务——理论与实务
GUOJI SHANGWU——LILUN YU SHIWU

责任编辑：吴嫦娥
出版发行：清 华 大 学 出 版 社　邮编：100084　电话：010－62776969
　　　　　北京交通大学出版社　邮编：100044　电话：010－51686414
印 刷 者：北京虎彩文化传播有限公司
经　　销：全国新华书店
开　　本：185×260　印张：14.5　字数：371 千字
版 印 次：2024 年 6 月第 2 版第 2 次修订　2024 年 6 月第 11 次印刷
定　　价：39.00 元

本书如有质量问题，请向北京交通大学出版社质监组反映。对您的意见和批评，我们表示欢迎和感谢。
投诉电话：010－51686043，51686008；传真：010－62225406；E-mail:press@bjtu.edu.cn。

第2版前言

随着世界经济一体化进程的发展和企业国际化步伐的加快，以国际商品贸易、服务贸易、跨国投资等为主要形式的国际商务活动也得到了长足的发展。纵观国际商务的发展历史，第二次世界大战是国际商务发展的分水岭。在第二次世界大战前，限于国际商务环境的制约，国际商务活动虽已达到一定的规模，但从总体上看，国际商务仍处于初级发展阶段。第二次世界大战后，随着各国经济发展水平的提高、国际经济一体化程度的加大、科学技术发展水平的提高及跨国公司的迅猛发展，国际商务环境已发生了根本的改变。在此背景下，国际商务活动无论从规模、地位、内容、形式、制度等方面都发生了巨大的变化。进入21世纪后，国际商务活动使得各国经济相互依存、相互影响的程度进一步加深。

改革开放20多年来，中国经济与世界经济的联系日趋密切，国际商务活动的形式也呈现出多样化的特征。与此相对应，中国企业的国际化经营也达到了一个新的水平。2001年，我国加入世界贸易组织，这意味着中国经济、中国企业面临着更为全球化的市场、更为全球化的竞争。

目前有关国际商务的教材或涉及国际商务内容的书籍较多，但其中多侧重于理论分析或实务训练，而将两者结合起来的教材或书籍并不多。另外，部分已出版的教材在内容安排上偏多，不适应目前多数学校在该门课程上规定的课时数。针对这一情况，我们编写了这本教材。本教材以目前大量的主要用于专业类的国内外相关教材（主要是国际贸易、国际金融、国际商务、战略管理、国际市场营销等）为基础，有重点地选择其中的核心内容，并辅之以新的编写思路。教材力求通俗易懂，并有较宽的覆盖面，使学生能够在有限的课时里掌握较多的国际商务方面的知识。

本书由汕头大学商学院王建华主编，邹志波和曹细玉为副主编。全书共10章，其中第1、第3～5章由王建华编写，第2、第6章由冯家斌编写，第7、第9章由曹细玉编写，第8、第10章由邹志波编写。全书由王建华修改定稿。

尽管我们已尽了全力，但由于编者水平所限，书中难免有疏漏或错误之处，恳请读者批评指正。

编者

2012年9月

目　录

第 1 章

导　论

本章主要内容

- 国际商务的概念与经营形式
- 国际商务的发展与现状
- 经济全球化与企业国际化
- 跨国公司

1.1　国际商务的概念与经营形式

1.1.1　国际商务的概念

虽然国内外学者对国际商务（International Business）概念的描述有所不同，但其本质内容基本一致。

加拿大学者鲁格曼和美国学者霍杰茨认为：国际商务是一门研究为满足个人及组织需求而进行跨国经济交易的学科。这里的经济交易包括贸易，如进口和出口，以及对海外企业的直接投资。

美国学者科斯认为：国际商务包括越过国界的任何形式的商业活动。它包括任何形式的经济资源——商品、劳务（如技术、熟练劳动力、运输）和资本的国际转移。

国内学者梁能认为：国际商务学主要研究的是国与国之间的商务活动。这个定义包括两层含义：一是国际商务研究的是跨越国界的经济活动；二是国际商务研究的是商业性的经济活动，而不是非商业性的跨国经济活动。

综合所述，国际商务的概念可以概括为：国际商务是一种以商品、劳务、资本和技术等经济资源的国际转移为主要内容的跨国商务活动。

1.1.2　国际商务的经营形式

国际商务是一个历史范畴，它的内容和形式随着经济发展而不断丰富和多样化。目前，国际商务活动的主要形式包括以下 5 个方面。

(1) 国际货物贸易

国际货物贸易即货物的出口与进口，它是最古老也是最为重要的国际商务活动形式。与其他的国际商务形式相比，国际货物贸易相对容易，因而往往是企业从事国际商务活动的第一步。

(2) 国际服务贸易

国际服务贸易是指国家之间出售和购买服务的贸易。第二次世界大战前，国际服务贸易的内容和形式主要与国际货物贸易有关，如银行服务、保险服务、交通运输服务等；第二次世界大战后，许多新的服务贸易形式涌现出来，如信息类服务、咨询类服务等。

(3) 国际技术贸易

国际技术贸易是指跨越国境的技术转让或许可的行为。与一般的国际货物贸易和服务贸易的对象不同，国际技术贸易的对象主要指专利、商标、技术秘诀等知识类产品，并且其所交易的主要是使用权利。

(4) 国际间接投资

国际间接投资即证券投资，是投资者为了获得股息、红利和利息等资本收益而以股票、债券等证券形式所进行的跨越国境的投资。随着国际金融市场的一体化进程，国际间接投资的规模也越来越大。

(5) 国际直接投资

国际直接投资是指投资者在海外以独资、合资、合作的形式建立企业，并进行经营和管理的投资形式。国际直接投资是国际投资的最初形式，也是国际投资最重要的形式。第二次世界大战后，国际直接投资无论从规模还是从形式上都发生了很大的变化。

1.1.3 国际商务的发展现状与特点

国际商务作为一种跨越国界的经济活动，是在一定的历史条件下形成和发展的。纵观国际商务的发展历史，第二次世界大战无疑是国际商务发展的分水岭。在第二次世界大战前，限于国际商务环境的种种制约，国际商务活动虽已达到一定的规模，但总体上看，仍处于初级发展阶段。第二次世界大战后，随着各国经济发展的水平提高、国际经济一体化的程度加大、科学技术发展水平的提高及跨国公司迅猛发展，国际商务环境已发生了根本的改变。在此背景下，国际商务在规模、地位、内容、形式、制度等方面都有巨大的变化。

1. 国际货物贸易的发展现状与特点

国际货物贸易是最为古老的国际商务活动，它是随着生产力的发展和社会分工的扩大而逐步形成的。第二次世界大战后，国际货物贸易发展迅速，除 1951—1952 年、1957—1958 年、1974—1975 年、1980—1983 年国际货物贸易有所下降外，在其余年份，国际货物贸易都是直线上升，并且其上升幅度都快于同期的世界生产的增长。进入 20 世纪 90 年代以来，国际货物贸易增长速度年平均达到 6%以上，远远快于同期世界生产增长率，进入 21 世纪后，国际货物贸易增长速度出现一定程度上的波动，2000 年国际货物贸易增长率为 12.5%，但 2001—2003 年增速出现下降，国际货物贸易速度慢于同期世界生产的增长速度。2004 年后，国际货物贸易增速有所加快。2006 年世界贸易总额为 24 442 万亿美元，比 2005 年增长 14%。在国际货物贸易总量出现快速增长的同时，也曾现出一些特点。一是国际货物贸易发展的不平衡，大量的国际货物贸易主要集中在北美、欧盟和亚洲这三个地区。据统计，这三个区域的国际货物贸易已占到全球货物贸易的 80%以上；而其他地区，如非洲和拉美只占到很少的份额。二是在国际货物贸易总量中，制成品贸易增长迅速，已成为国际货物贸易的主体。2008年后，在国际金融危机及欧债危机的影响下，国际货物贸易增速明显放缓，波动幅度加大，贸易保护主义抬头。

2. 国际服务贸易的发展现状与特点

国际服务贸易伴随着国际货物贸易形成和发展，20世纪60年代以来，世界经济重心开始转向服务业，国际服务贸易也得以迅速发展。1970年，国际服务贸易总额为700亿美元，1980年为3 800亿美元，1990年为8 660亿美元，2000年为14 164亿美元，2008年达到37 800亿美元的最高历史水平，在1970—2008年的38年里，国际服务贸易总量增加了54倍。与国际货物贸易一样，2008年后，国际服务贸易增速下降，甚至出现了负增长。但与国际货物贸易一样，国际服务贸易也存在严重的不平衡现象，发达国家不仅在服务贸易总额方面占有绝对优势，并且存在巨额顺差。2007年，在世界服务贸易出口额的前十位国家和地区中，只有中国一个发展中国家进入了前十名。

3. 国际投资的发展现状与特点

第二次世界大战前，国际投资以间接投资为主，并且投资规模非常有限。根据有关资料显示，从18世纪末19世纪初的第二次工业革命到第二次世界大战结束前夕的一个多世纪时间里，国际投资规模总额不到800亿美元。从第二次世界大战到20世纪70年代，为国际投资的恢复增长阶段，在这段期间，发达国家的对外投资总额由1945年的510亿美元增长到1978年的6 000亿美元。在国际投资的形式上，对外直接投资取代间接投资成为国际投资的主流形式。1945年，国际直接投资总额为200亿美元，1978年国际直接投资达到3 693亿美元，国际直接投资占总投资的比重由1945年的39.2%增加到1978年的61.6%。20世纪80年代后，受金融创新、跨国公司全球化经营等多种因素的共同影响下，国际投资发展迅速，其增长速度大大高于同期世界总产值和世界货物贸易的增长速度，成为此时期世界经济发展中最为活跃的因素。据统计，20世纪80年代以来，国际直接投资流量年平均增长率在20%以上，1982年国际直接投资额为570亿美元，到2000年国际直接投资总额达到12 710亿美元，其绝对数增加了21倍多，而同期世界国民生产总值仅由106 120亿美元增长到318 950亿美元，其绝对数仅增加2倍多。在此阶段，国际间接投资增长速度更是远远超过国际直接投资的增长速度，在2000年仅跨国证券交易的规模就已达世界国民生产总值的数倍。2001—2003年，国际投资特别是国际直接投资出现了明显的下滑，2001年的国际直接投资比2000年下降41%，2002年又比2001年下降13%，2003比2002年下降11.7%，2004国际直接投资出现恢复性增长，当年国际直接投资总额为6 480亿美元，比2003年增长2%。2008年后，国际投资规模波动性增大。当前，国际投资呈现出以下特色：

① 从国际投资区域流向看，发达国家之间的相互投资仍是国际投资的主流，发展中国家虽然在国际投资中的比重不高，但发展速度较快；

② 从投资产业流向看，国际投资主要集中在制造业、服务业和高新技术产业部门；

③ 从国际投资主体看，跨国公司已成为当今国际投资的最主要力量；

④ 从国际投资的形式看，在直接投资、间接投资等传统形式继续发挥重要作用外，跨国并购成为当前国际资本流动的主要形式；

⑤ 在融资方式证券化背景下，国际间接投资的比重越来越大。

1.1.4 国际商务与国内商务的比较

国际商务与国内商务有许多共同点和联系。首先，两种商务活动的最终目的一致。以企业为例，企业从事国际商务与从事国内商务的最终目的都是为了实现收益的最大化或股东权益的最大化。其次，两种商务活动所遵循的基本原则一致，即企业在国际商务经营过程中和国内商务经营过程中都遵循一些共同的基本原则，如质量管理、成本控制、市场开拓和人力资本管理等。第三，国内商务活动往往是企业从事国际商务活动的基础，并且多数企业同时经营着这两类业务。

但与国内商务相比，国际商务也有一些明显的特点。

1. 国际商务面临着更为复杂多变的国际环境

国际商务活动跨越不同的主权国家，这就决定了它要面临着比国内商务活动更为复杂的商务环境，如由于各国政体和国体的差异而使企业可能面临着政治制度、法律制度、税收制度及货币汇率制度等与国内不同的政治环境；由于经济体制、经济政策、经济发展程度、基础设施水平等不同而使企业面临着与国内不同的经济环境；由于语言、文化传统、价值观、消费习惯等不同等使企业面临着与国内不同的文化环境；由于自然环境、地理位置、资源禀赋等不同使企业面临着与国内不同的地理环境等。

2. 国际商务面临着更大的风险

风险是指由于不确定性的存在而带来损失的可能性。国际商务面临着复杂多变的国际环境，这就意味着它将面临着较大的风险。主要包括以下内容。

① 政治风险。指由于政治制度不同和冲突带来的风险，如来自东道国的国有化政策、外汇管制、进口限制及政治制裁、来自东道国与母国的政治冲突、关系恶化等。

② 法律风险。指各国由于工商业法律、管理制度、贸易条规等不同带来的风险，诸如成文法和判例法对于一些具体商务活动的不同规定、各国对产品责任法的不同理解等。

③ 外汇风险。指由于两国汇率变动给企业带来的风险，如在以外币计价交易中，由于该种外币与本币汇率发生变动而可能引起亏损的交易风险、由于意料不到的汇率变动使公司未来收益可能发生减少的经济风险等。

④ 税收风险。指由于财政政策意料之外的变化及有关税收政策的变化所带来的风险，如关税政策的调整、各国国内所得税政策的调整等。

⑤ 其他。诸如由于文化冲突带来的风险，由于种族、信仰不同带来的风险等。

3. 国际商务决策的难度更大

与国内商务决策相比，国际商务决策具有一定的特殊性。

首先，在影响决策的因素上，国际商务决策需要考虑的因素比国内商务决策更多、更复杂。这就要求决策者在决策时要综合考虑影响决策的各种因素，不但要考虑企业自身因素，还要考虑其他竞争者因素；不但要考虑东道国因素，还要考虑本国因素；不但要考虑经济方面的因素，还要考虑政治、文化等各方面因素。

其次，国际商务决策的重点和决策方法与国内商务有所不同。在国际商务决策上，企业根据不同的进入战略，在决策时重点有所不同。如出口，企业更多的是考虑本企业产品在东道国是否有质量和价格优势。而直接投资的决策则比较复杂，企业决策的重点在于分析自身在东道国经营活动中所具有的优势与劣势以及可能出现的各种机遇与挑战。在分析方法上，国际商务决策对于法律、金融、地理知识及东道国文化因素的要求更高，对于分析的准确性要求更高。

第三，国际商务决策的难度和风险要比国内商务决策大。由于国际商务决策所涉及的不确定性因素多，企业自身不可控制的因素多，这就决定了国际商务决策的难度和风险比国内商务决策大。

1.2 世界经济一体化与企业国际化

1.2.1 世界经济一体化

世界经济一体化是指世界各国经济融入全球经济的现象，即世界各国参与国际分工和国际交换，经济资源实现全球配置的现象。其具体表现为贸易自由化、金融国际化、生产国际化、市场国际化和政策协调化。世界经济一体化主要是通过三条渠道来实现的：一是各种国际商务活动，即国际货物贸易、国际服务贸易和技术贸易、国际直接和间接投资来实现的，各种国际商务活动把世界各国（地区）的商品市场和金融市场联系起来，形成了国际化市场；第二条渠道是跨国公司通过其在世界各国（地区）的分支机构把各种国际商务活动的计划、协调、分工、管理和组织联系起来，形成了世界经济一体化的内部运作机制；第三条渠道是通过各种多边及双边协议、公约和国际性、地区性经济组织和政治组织的制度性规定和工作，从而形成了世界经济一体化的体制和制度。世界经济一体化是全球经济发展的趋势，它一方面意味着世界各国的经济发展不再受制于本国的生产、消费、资金与市场的约束，同时也意味着全球的竞争及国际化的规则与制度。

1.2.2 企业国际化

企业是经济的微观主体之一，企业国际化是世界经济一体化的表现形式，也是实现世界经济一体化的途径。目前，学术界对企业国际化的内涵还存在不同的理解，比较有代表的观点有以下4种。

(1) 企业国际化就是指企业的跨国经营活动

持有这一观点的学者以英国教授斯蒂芬·扬（Stephen Young）为代表，他在其《国际市场进入与发展》一书中认为，企业国际化就是指企业进行跨国经营的所有方式，包括产品出口、直接投资、技术许可、特许经营等。

(2) 企业国际化是企业经营与企业自身的国际化过程

梁能在其《国际商务》一书中认为：企业国际化主要有两方面的含义，其一是企业经营的国际化，即企业的经营活动范围从国内到国际化的过程；其二是企业自身的国际化，即企业从一个本土企业发展成为跨国企业的过程。

(3) 企业国际化是企业有意识地追逐国际市场的行为

美国学者里查德·罗宾逊（Richard D. Robinson）在其《企业国际化导论》一书中认为，企业国际化是企业在产品及其要素流动的过程中，对市场国际化而不是对某一特定市场所做出的反应。

(4) 企业国际化是一个渐进发展的过程

20世纪70年代，瑞典学者约翰森（Johanson）、瓦海恩（Vahlne）和瓦德歇姆·保罗（Wiedesheim Paul）等对瑞典四家制造商跨国经营的历史进行调查，提出了企业国际化是企业由国内市场向国际市场渐进演变的观点，具体表现为企业对国际市场逐渐提高承诺的连续形式。在他们对四家企业的63家海外销售分部的调查中，有56家都是从最先的出口中间商的基础上发展起来的，只有7家从纯国内经营直接在海外建立销售分部。在海外生产分公司的设立上，没有一家从纯国内经营直接建立海外生产分公司，有28家是从海外销售分部发展起来的。

1.2.3 我国企业的国际化

在我国，对企业国际化的认识及实践经历了一个逐步深化的过程。在改革开放初期，对企业国际化的理解就是企业参与国际贸易，即企业通过产品的对外销售，赚取外汇、进口所需要的设备和技术，以提高企业产品的质量和在国际市场上的竞争力；或利用国内与国际市场的产品价格差异，进口商品，获得差价收益。随着我国改革开放的逐步深入，特别是2001年我国加入世界贸易组织后，我国的企业对国际化有了更深的理解，即企业国际化不仅仅只是产品进入国际市场，其本质是实现经济资源的国际化配置，是以国际化意识并按照国际化的规则从事企业的各项经营活动。与改革开放初期相比，我国企业目前的国际化意识和水平已有很大的提高，企业国际化的内容和形式出现多样化的局面，不仅仅是国际货物贸易得到迅速发展，国际服务贸易、国际直接投资、国际间接投资也出现了一定的发展。在国际化进程中，我国也涌现出一些国际化水平比较高的企业。但应该清醒地看到，我国目前大多数企业参与国际分工的内容主要还停留在国际贸易的初级阶段，企业的国际化意识、经济资源的全球化配置及按国际化规则运营的机制还都处于较低的水平，与当前世界经济一体化的步伐还有一定的差距，还需要我国企业更多的努力。

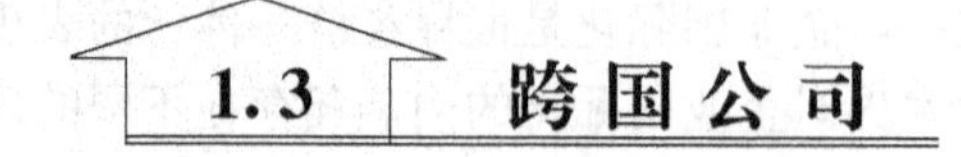

1.3 跨国公司

1.3.1 跨国公司的概念

跨国公司（Transnational Corporation）的发展可以追溯到19世纪20年代，当时的一些经济发达国家的垄断企业就开始在国外建厂，就地进行生产，跨国公司的雏形已经形成。但第二次世界大战前，跨国公司无论从数量、规模还是对世界经济的影响上看都较为有限。第二次世界大战后，特别是自20世纪50年代后期起，在生产和资本国际化、科技革命及各国经济政策变化的背景下，跨国公司得到迅速发展。目前，跨国公司已成为国际投资、国际贸易及其他国际经贸活动最重要力量。

从有关经济文献看，对跨国公司的称谓很多，如多国公司、国际公司、国际企业、多国企业、环球企业等，因而对于跨国公司的定义，目前尚未统一的定义。联合国秘书处曾对跨国公司定义为："在两个或两个以上国家支配工厂、矿山、海外办事处等资产的企业。"联合国经济与社会理事会于20世纪70年代初召开会议，就跨国公司的定义与准则进行讨论，并于1974年8月第57届会议上通过决议，将各种有关称谓统一为“跨国公司”，并定义为：“跨国公司是由两个或两个以上国际营业的一组企业组成，这些企业是根据自有资本所有权、合同或其他安排建立的共同控制体制下营业的，各实体在实施全球战略时，相互彼此分享各种资源和分担责任。”1983年联合国跨国公司中心发表的《世界发展中跨国公司第三次调查》认为，“跨国公司是指这样的一种企业：① 包括设在两个或两个以上国家的实体，不管这些实体的法律形式和领域如何；② 在一个决策体系下经营，能通过一个或几个决策中心采取一致的对策和实行共同的战略；③ 各实体通过股权或其他方式形成的联系，能够使其中的一个或几个实体可以对别的实体施加影响，特别是同其他实体分享资源和分担责任。”

在学术界，人们对跨国公司的理解和定义还存在很大的差异，有的学者以结构标准对跨国公司进行定义，如英国著名跨国公司专家邓宁就认为，跨国公司就是在一个以上的国家拥有或控制生产设备（如工厂、矿山、炼油厂、分配机构等）的一个企业；有的学者以经营业绩标准对跨国公司进行定义，如罗尔夫认为，一个跨国公司应该有25%或者更多的国外份额的一个公司。而美国学者弗农则认为，销售额在1亿美元的公司不可以称为跨国公司；有的学者以行为特征标准来定义跨国公司，如美国学者霍华德·巴尔马特认为，企业是否成为具有严格现代意义的跨国公司，必须以其战略决策的取向作为重要标准，只有那些实现了全球取向战略决策的企业才称得上是真正的跨国公司。

虽然人们对跨国公司的理解和定义还不同，但对跨国公司的本质特征已达成共识：第一，跨国公司具有全球战略；第二，跨国公司必须在两个或两个以上的国家拥有或控制资产；第三，跨国公司在海外的资产和收益在公司总资产和收益中应占有较大比例。

1.3.2 跨国公司的经营特征

1. 全球战略目标

早期的跨国公司多属于贸易型公司，并且只是在局部地区设立公司进行生产和销售活动。第二次世界大战后，随着科学技术的发展及生产和资本国际化程度的提高，跨国公司在资本、生产、技术及劳动力等方面高度集中，其自身实力也得到迅速扩张。在此阶段，跨国公司的子公司、分公司已遍布世界各个地区，其经营领域也涉及生产、流通、投资、服务等各个方面。跨国公司新的发展特点决定了它必须实施全球战略目标，即以全球视野来安排投资、生产、销售、服务、技术开发等经营活动，以全球利润最大化为目标，而不能仅考虑某一区域、某一公司的得失。

2. 全球一体化经营

为实现全球战略目标，跨国公司就必须实行全球一体化经营，即总公司对诸如分支机构设立、产品生产与销售安排、资金流动、人员配置、技术开发等公司重大活动拥有绝对的控制权。只有这样，才能实现跨国公司在全球范围内实现资源的合理配置，充分利用公司的比较优势，合理安排公司内的产业结构和制定适合自身的发展战略，从而使跨国公司的经济效益达到最大化。

3. 经营方式的不断发展和创新

影响跨国公司经营方式选择的因素很多，诸如，国际经济与政治形势、东道国的政策、跨国公司自身的实力及不同行业的特点等。跨国公司之所以能够在多变的经营环境中快速发展，不断壮大，其中一个重要的因素就是其经营方式能够随着经营环境的变化而变化，并不断地进行创新，以保持其在竞争中的优势地位。以对外直接投资为例，跨国公司的股权参与方式就在不断变化和创新之中，从早期全部拥有股权的独资企业发展到合资经营，后来又发展到非股权安排，诸如技术许可、技术转让、管理合同、补偿贸易、国际战略联盟等。经营方式的不断发展和创新使跨国公司降低了经营成本，规避了经营风险，从而保证了全球战略目标的实现。

1.3.3 跨国公司的发展现状与经济贡献

第二次世界大战后，国际直接投资增长迅速，跨国公司在世界经济中地位显著上升。根据联合国贸易发展组织1993年世界投资报告的统计，从1986—1990年的5年间，跨国直接投资额以每年30%的速度增加。1990年，全球跨国公司在海外子公司和合资企业的总数达到17万家，总产值为5.5万亿美元，第一次超过了世界贸易总额。到2004年年底，全世界约有7万家跨国公司，其在海外的子公司、分公司和合资企业总数达到近80多万家，平均每家跨国公司拥有10个以上国外分支机构。在投资方面，跨国公司2004年的投资流量占该年世界固定资本形成的7.3%，投资存量达到8.9万亿美元，为全球国民生产总值的22%；在产出上，2004年跨国公司海外分支机构总产值是全球国民生产总值的9.6%，由跨国公司体系生产的产品总价值约为世界总产值的1/4；在贸易方面，跨国公司的内部贸易占全球贸易量的1/3，2004年跨国公司海外分支机构出口值占世界出口总值的33.6%。另外，跨国公司海外分支机构销售额是世界出口总值的近2倍；跨国公司所进行的研发活动和研发经费占世界总量的75%～80%；跨国公司的海外分支机构还创造了5 739万个就业岗位（以上数据均来自联合国贸易发展组织）。毫无疑问，跨国公司已名副其实地成为当代国际商务活动的主角和世界经济发展的重要推动力量。

本章核心概念

国际商务　　企业国际化　　跨国公司

本章练习题

一、选择题

1. 最为古老的国际商务活动形式是（　　）。

   A. 国际货物贸易　B. 国际服务贸易　C. 国际直接投资　D. 国际间接投资

2. 从国际投资区域流向分析，国际投资的主流是（　　）。

   A. 发达国家与发展中国家之间　　B. 发达国家之间

   C. 发展中国家之间　　D. 欧洲国家之间

3. 根据瑞典学者约翰森等的观点，企业国际化的内涵是（　　）。

   A. 企业国际化就是指企业的跨国经营活动

   B. 企业国际化是企业经营与企业自身的国际化过程

   C. 企业国际化是企业有意识地追逐国际市场的行为

   D. 企业国际化是一个渐进发展的过程

二、思考题

1. 国际商务活动的形式有哪些？

2. 与国内商务相比，国际商务有什么共同点与不同点？

3. 如何理解企业国际化的概念？

4. 跨国公司的经营特征是什么？

5. 跨国公司在国际经济中的地位如何？

第 2 章

国际商务环境

本章主要内容

- 国际商务环境概述
- 国际商务的经济环境
- 国际商务的政治与法律环境
- 国际商务的社会文化环境
- 国际商务环境的评估

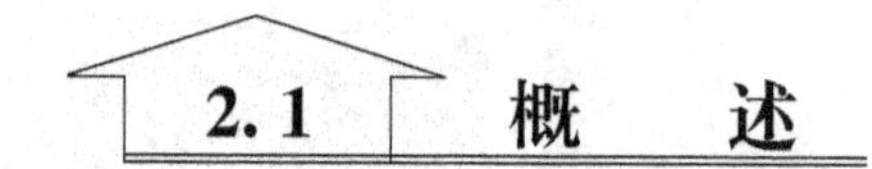

2.1 概述

一般意义上讲，环境是指与某一特定作用体之间存在潜在关系的所有外因及实体的总和。国际商务环境是指企业在进行各种形式国际商务活动时所面临的政治、法律、经济、文化等因素的总和。

任何企业的经营都是和环境密不可分的，环境的变化制约或者促进着企业的经营活动。与企业的国内经营活动相比，企业进行跨国经营时更需要考虑环境对企业的影响，因为国际商务的环境更复杂、变化更频繁、可控性更低、不确定性更高。

近年来发达国家企业对经营环境进行研究的一个重要方法就是环境扫描（Environmental Scanning）。所谓环境扫描，就是对影响企业组织的外部环境因素进行评估。环境扫描的目的是为了寻找市场机会。

在国际商务的环境扫描中，一般重点考察以下因素：经济、政治与法律、社会文化。具体评估过程可以用图 2 - 1 表示。

经过环境扫描后，可以知道市场目前的状况，发掘出能适合市场需求的产品，从而有利于企业经营战略的制定。

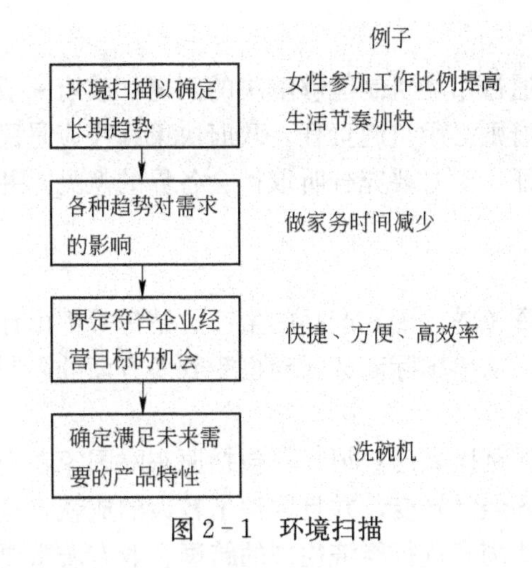

图2-1 环境扫描

2.2 国际商务的经济环境

经济环境是国际商务环境的一个重要组成部分，它对企业的产品销售和国际经营行为有直接的影响。经济环境主要包括经济制度、经济发展阶段、目标国经济环境和国际经济环境等因素。

2.2.1 经济制度

当前世界各国的经济制度主要分为市场经济、计划经济及过渡性经济三种。不同的经济制度对国际商务有着不同的影响。

1. 市场经济

在市场经济条件下，市场是资源配置的最重要手段。成熟的市场经济一般具有以下5大特征。

(1) 独立的企业制度

在市场经济中，企业是最主要的市场主体，拥有明确和独立的产权，并受到法律的有效保护；有充分的决策权，能根据市场变化自主决策；对自己的决策和行为承担完全的民事责任。

(2) 有效的市场竞争

竞争是市场经济有效性最根本的保证，在一个成熟的市场经济体制下，竞争具有相对的公平性、充分性和有序性。

(3) 良好的社会信用

诚实守信在任何时期对任何国度、任何民族、任何体制都具有普遍的价值，但对于现代市场经济而言，诚实守信更为重要。这是因为，现代市场经济的交易方式主要是信用交易。

(4) 健全的法制基础

市场经济是竞争经济，而市场竞争离不开规则，离不开法治。因此，从根本上讲，现代市场经济是法制经济。

(5) 规范的政府职能

在市场经济中，凡是通过市场机制能够解决的问题，政府一般都较少介入；而通过市场机制不能解决的问题，政府则必须负起责任。政府决策程序应是民主和透明的，政府决策不仅要经过专业人士充分论证，而且要充分听取社会各界的意见，并且政府权力要受到法律的有效约束。

2. 计划经济

在计划经济条件下，资源的分配和产品的生产、销售等都由计划部门统筹安排，企业的自主性较小，竞争性不强，从事国际商务活动也受到多方面的限制。

3. 过渡性经济

目前纯粹的计划经济体制国家已经很少，包括原东欧国家在内的许多原来实行计划经济的国家都不同程度地向市场经济转变，并且取得了较大的成就，这些国家经济制度的转型及其转型的程度对于要与这些国家进行经济往来的跨国企业有着重要的意义。

2.2.2 经济发展阶段

一个国家经济的发展水平对一国的产业结构、投资水平、进口倾向等会产生巨大的影响。关于经济发展阶段的划分，目前最著名的是美国经济史学家罗斯托（Walt Rostow）提出的经济发展理论。该理论认为，世界上任何一个国家经济发展都必须经过 6 个阶段，即传统社会阶段、起飞前夕阶段、起飞阶段、趋向成熟阶段、高度消费阶段及追求生活质量阶段。其中前三个阶段属于不发达经济发展阶段，后三个阶段属于发达经济发展阶段。处于不同阶段的国家在产业结构、产品生产、消费者需求等市场特征上会有较大的差异。

市场学家菲利普·科特勒（Philip Kotler）依据经济结构和发展水平，把世界各国划分成 4 种类型。

(1) 自给自足经济

这类国家工业基础差，生产力水平低，人均国民生产总值一般在 250 美元以下，购买力有限，消费水平低，市场狭小。

(2) 原材料出口经济

这类国家拥有一种或几种数量充裕的天然资源，国民经济建立在出口原材料的基础上。该类国家国民经济结构具有单一性，经济发展水平差异很大：有的国家经济发展水平较高，国民收入水平和购买力水平很高，货币的国际性也很强；但有的国家则情况相反。

(3) 新兴工业化经济

这类国家或地区经济发展较快，已基本建立了良好的工业基础，国民经济体系比较完善，消费水平正不断提高，市场较大。

(4) 发达国家经济

这类国家已完成了工业化，国民经济体系发达完善，经济实力雄厚，科技水平高。这类国家人均国民生产总值一般都在 1 万美元以上，国内市场容量大，人们的购买力强，但竞争也非常激烈。

罗斯托的经济发展阶段划分和科特勒的国家经济类型划分有着相似之处，他们揭示了经济发展阶段与经济结构、收入水平、消费水平之间的密切联系。企业在进行国际商务活动时，应仔细分析不同国家的发展阶段和发展水平，只有这样，才能够有的放矢，顺利地进行国际商务活动。

2.2.3 目标国经济环境

经济体制与经济发展水平为企业进行国际商务活动提供了一定的背景，但目标国一些关键的经济变量对国际商务活动的展开也会有深远的影响。作为国际商务的执行者，必须能够对目标国的机遇与挑战作出准确的判断。

1. 经济周期

现代经济学关于经济周期的定义是建立在经济增长率变化的基础上，指的是增长率上升和下降的交替过程。现代经济实践活动已经证明，不管是处于何种经济阶段的国家，在一国的总体经济中总会出现扩张与收缩交替出现的周期性现象。需要特别说明的是，经济衰退不一定表现为国内生产总值绝对量的下降，只要其增长率下降，即使其数值不是负数，也可以称为衰退。

对于经济周期的衡量，一方面可以采用 GDP 增长率、工业生产指数、就业与失业人数等综合性指标去衡量；另一方面也可以采用存货量、股票市场价格等的时间序列指标来显示宏观经济的周期性波动。

经济学中通常把经济周期划分为衰退、谷底、扩张及顶峰 4 个阶段。扩张是总的经济活动从谷底上升到顶峰的阶段，表现为就业、生产、工资、价格、利率等经济活动的全面上升。此时市场需求旺盛，市场容量大，进出口增加，货物及资金的流转率高，商品能够以正常或者高于正常的价格销售，是企业开拓市场的好时机；而在衰退阶段，经济活动从顶峰全面降到谷底，市场相对缩小，货物及资金流转率低，履约率低，一般不适宜企业市场的开拓。

2. 通货膨胀

目前，学者们对于通货膨胀的定义存在不同的看法。哈耶克认为，通货膨胀是指货币数量的过度增长，这种增长合乎规律地导致了物价的上涨。弗里德曼认为，物价的普遍上涨就叫作通货膨胀。萨谬尔森认为，只有长期的物价上涨，才能称之为通货膨胀。

通货膨胀的高低，反映了一国币值的稳定情况。根据汇率理论，一个国家通货膨胀率越高，则其货币就会对外币越贬值。对于从事国际商务的企业来说，适度的汇率变动是可以接受的，但如果货币贬值过多，就会对企业的经营造成破坏性的影响。因为企业进行国际经营，最终还是要把在目标国所获取的收益兑换成本国货币。因此，在进入某个国际市场时一定要考察该地区通货膨胀率的水平与速度，对于那些通货膨胀率高居不下的市场，要谨慎考虑。

3. 国际收支

国际收支是指一国在一定时期内全部对外往来的系统的货币记录，反映了一国对外贸易往来及债务的清算情况。进行国际商务活动必须考虑一国的国际收支情况。因为当一国长期处于国际收支逆差的状况下，该国多会采用货币贬值、鼓励出口、限制进口、外汇管制等经济或非经济手段来舒缓国际支付的压力。这些行为会影响到企业的利润汇出和原材料的进口等，扰乱企业正常的经营活动。

4. 人口状况与收入水平

人口状况包括人口数量和人口就业情况，它从两个方面影响着企业的国际经营。一方面，企业能够获取的劳动力资源受限于人口状况；另一方面，它也影响着企业产品的实现或者是潜在需求。另外，跨国经营的企业在分析相关国家的人口状况时，还要关注所在国的人口数量及其变化趋势、关注人口的年龄结构、关注人口数量与就业水平之间的关系、关注人口素质的情况等。因为上述因素都会影响着劳动力的供给状况和消费需求的水平与状况。

收入水平是影响需求的另外一个重要因素，它决定了市场的规模。严格意义上说，构成市场规模的都是那些具备消费能力的人。对于收入水平的衡量，可以从三个方面去考虑。

首先是国内生产总值（GDP），这是衡量一个国家总体经济实力和购买能力的一个重要指标。从经济学的角度来分析，一个国家的进口能力总是和该国的经济实力成正比的。

其次是人均收入水平。这个指标把收入和人口因素结合起来考虑。它不仅表示一国经济发展的水平，还体现了一国现代化的程度，以及在健康、教育、福利等方面的进步状况。一般来说，人均收入水平较高的国家其消费能力就越强，对产品的档次要求就越高，对一些娱乐休闲产品、奢侈品等有更多的需求；而人均收入水平较低的国家则以维持日常生活所必需的食物和生活用品为主。

最后是收入的分配状况。收入分配状况是一个比人均收入更能深入地反映市场状况的指标。目前世界上许多国家的贫富差距是很明显的，进行国际商务时必须了解收入分布对市场反映的影响，从而能更准确地分析某种产品在该国的需求状况。尤其在评估诸如轿车、高档家具、珠宝等敏感性产品时，更要注意到不同社会阶层间收入的差异状况。

5. 汇率

一国汇率制度的选择、汇率的变动方向和变动幅度对企业的国际竞争力有着重要的影响。一国的外汇汇率上升，即本币贬值时，进口品的价格相对本国商品的价格会上升，因此国民更倾向于购买本国产品。另外，本币贬值同时也有利于该国产品的出口，不利于原材料等工业必需品的进口。汇率变化不仅会影响商品进出口，也会影响到一国的海外投资。例如当投资母国相对于投资东道国的货币升值时，意味着一单位投资母国的货币能购买到更多的东道国的商品，因此有利于投资母国企业的对外投资；反之，则不利于企业的对外投资。

6. 社会基础设施

社会基础设施是投资环境中的硬件部分，一般指为经济发展提供服务的公共设施，包括一国的交通运输能力、通信、商业设施及能源供应等方面的内容。社会基础设施作为外部条件，对企业的投资经营有着深远的影响。良好的社会基础设施条件有利于企业经营活动在当地的顺利展开，从而以较低的成本获得良好的经济效益。

2.2.4 国际经济环境

对从事国际商务活动的企业而言，不仅要把握好目标国的经济状况，还要对全球的经济环境及其变化趋势有一个总体的把握。只有这样，才能在瞬间万变的国际市场上抓住机遇，开拓市场，在控制风险的基础上获得最大收益。

1. 经济全球化

“经济全球化”一词最早由莱维于1985年提出。在理论界，对于经济全球化的概念至今还没有一个公认的定义。国际货币基金组织（IMF）认为：“全球化是指跨国商品与服务交易及国际资本流动规模和形式的增加，以及技术的广泛迅速传播使世界各国经济的相互依赖性增强。”一般认为经济全球化，是指资本、信息、技术、劳动力等资源在全球范围内进行自由流动和配置，是经济国际化和一体化达到一个更高层次的表现。

20 世纪 90 年代以来，以信息技术革命为中心的高新技术的迅猛发展，加速了经济全球化的进程。但经济全球化是一把“双刃剑”。一方面，经济全球化推动了全球生产力的快速发展，促进了世界经济的增长，为少数发展中国家追赶发达国家提供了一个难得的历史机遇。与此同时，经济全球化也加剧了国际竞争，增多了国际投机，增加了国际风险，并对国家主权和发展中国家的民族工业造成了严重冲击。

目前，经济全球化已显示出强大的生命力，并对世界各国经济、政治、军事、社会、文化等所有方面，甚至包括思维方式等，都造成了巨大的冲击。这是一场深刻的革命，任何国家、任何企业都无法回避，唯一的办法是如何去适应它，积极参与经济全球化，并努力在经济全球化的过程中获得最大的利益。

2. 经济区域集团化

与经济全球化平行发展的是世界经济的区域集团化。从 20 世纪七八十年代开始，世界政治、经济力量结构已经出现了明显的多极化趋势，到 21 世纪初，多极化趋势进一步增强。在多极化趋势的过程中，经济区域集团化的趋势也日益显现。目前世界上存在着三大主要经济集团如下。

(1) 欧洲联盟

欧洲联盟发端于 20 世纪 50 年代末期建立的欧洲经济共同体（简称欧共体）。在成立后初期，欧共体主要致力于关税同盟、共同市场及欧洲货币体系的建设。1991 年，欧共体 12 国在荷兰的马斯特里赫特举行的首脑会议上通过了《马斯特里赫特条约》，决定在 12 国范围内实现经济货币联盟和政治联盟，即建立“欧洲联盟”。1999 年，欧洲统一货币“欧元”的诞生，标志着欧洲联盟进入一个新的阶段。到 2007 年 1 月欧盟已成为一个涵盖 27 个国家、总人口超过 4.8 亿、国民生产总值高达 12 万亿美元的当今世界上经济实力最强、一体化程度最高的国家联合体。

(2) 北美自由贸易区

20 世纪 80 年代后期，美国加快了同加拿大、墨西哥建立自由贸易区的谈判。1994 年 1 月 1 日，三国签订的北美自由贸易协定（NAFTA）正式开始实施，十多年来，已发展成为囊括了 4.2 亿人口和 11.4 万亿美元的国民生产总值、当今世界上最大的自由贸易区。

(3) 亚洲、太平洋经济合作组织（APEC）

亚太地区国家和地区为了加强联合，也建立了多种形式的经济合作组织，这其中以 1989 年建立的亚洲、太平洋经济合作组织最为活跃。1991 年，中国以主权国家身份，中国台北和香港（1997 年 7 月 1 日起改为“中国香港”）以地区经济名义正式加入亚太经合组织，标志着这个地区的经济合作的进一步加强。到 2007 年亚太经合组织共有 21 个成员，总人口达 26 亿，约占世界人口的 40%；GDP 之和超过 19 万亿美元，约占世界的 56%；贸易额约占世界总量的 48%以上。这一组织在全球经济活动中具有举足轻重的地位。但与欧洲联盟和北美自由贸易区不同，亚太经济合作组织属于一种比较松散型的组织。

经济区域的集团化对企业的国际商务活动有着极大的影响。例如对于一些传统的出口企业，一旦某个市场归属于某个经济联盟，由于市场的扩大、利润的增加使得新的经济联盟具有极大的吸引力，联盟内的企业享受着取消贸易壁垒后的种种优惠政策；但同时，对于联盟外的企业，则会遇到贸易管制而可能会失去传统的市场。因此，出口型企业为了保住自己在该市场上的份额，就必须要在共同市场内部投资建厂，从而实现其产品在区域集团内市场的销售。

3. 国际经济组织

与国际经济体系密切相关的国际经济组织主要包括世界贸易组织、国际货币基金组织及世界银行等，以下主要介绍世界贸易组织。

世界贸易组织（简称WTO）成立于1995年1月1日，总部设在日内瓦。其宗旨是促进经济和贸易发展，以提高生活水平、保证充分就业、保障实际收入和有效需求的增长；根据可持续发展的目标合理利用世界资源、扩大货物和服务的生产；达成互惠互利的协议，大幅度削减和取消关税及其他贸易壁垒并消除国际贸易中的歧视待遇。截至到2007年，该组织有成员145个，其贸易额占世界贸易总额的97%。

WTO作为正式的国际贸易组织在法律上与联合国等国际组织处于平等地位。它的职责范围除了其前身——关税与贸易总协定（简称GATT）原有的组织实施多边贸易协议以及提供多边贸易谈判场所和作为一个论坛之外，还负责定期审议其成员的贸易政策和统一处理成员之间产生的贸易争端，并负责加强同国际货币基金组织和世界银行的合作，以实现全球经济决策的一致性。WTO协议的范围包括从农业到纺织品与服装，从服务业到政府采购，从原产地规则到知识产权等多项内容。

WTO的最高决策权力机构是部长会议，至少每两年召开一次会议。下设总理事会和秘书处，负责世贸组织日常会议和工作。总理事会设有货物贸易、非货物贸易（服务贸易）、知识产权三个理事会和贸易与发展、预算两个委员会。总理事会还下设贸易政策核查机构，它监督着各个委员会并负责起草国家政策评估报告。对美国、欧盟、日本、加拿大每两年起草一份政策评估报告，对最发达的16个国家每4年一次，对发展中国家每6年一次。上诉法庭负责对成员间发生的分歧进行仲裁。

作为处理国际间贸易事务的机构，WTO涵盖货物贸易、服务贸易及知识产权贸易等。

2.3 国际商务的政治与法律环境

国际商务活动与国内商务活动的根本区别就在于国际、国内商务环境的不同，其中最主要的区别就是政治体制与法律的差异性。

2.3.1 政治环境与政治风险

政治环境是指企业国际经营所涉及的国家或地区的政治体制，以及在某一特定时期内某个执政党所采取的政策。政治环境主要包括一国的国家政治体制、执政党的性质、政治的稳定性及政府对外资的态度等。政治环境直接影响着企业的国际商务活动，一方面，政治环境决定了企业在该国经营的进入难易程度；另一方面，政治环境决定了企业在该国的经营范围及效果。政治风险是指由于政治环境发生不利变化而对从事国际商务的企业带来损失的可能性。

政治风险的主要表现形式包括以下4种。

1. 贸易制裁

贸易制裁是指一国政府对其他国家实施不同的贸易制度，以示对该国行为的抗议。贸易制裁的形式可以是多种多样的，如提高进口关税水平和实施进口配额等。贸易制裁更极端的情形就是对某国进行的贸易封锁，比如禁运等。近年来，美国对一些其所谓的恐怖主义国家就实施了禁运政策，禁止从美国向这些国家销售任何的商品、技术及服务。

2. 没收与征用

在一些极端的情况下，东道国会对所在国的外资企业的办公用地进行没收或者征收，使得这些外资企业蒙受着外来的损失。自20世纪40年代以来，许多拉美国家在追求民族解放运动的浪潮中较大范围地采取了这样的政策。如1968年，秘鲁政府没收了美国埃克森石油公司在该国的子公司；1971年，智利政府没收了所有外国公司在当地的铜矿，同时没收了包括福特公司、美国电报电话公司在该国的子公司。又如1990年，在前苏联解体时，一些新建的共和国就把前苏联所控制的一些资产收归己有。

3. 经济民族主义

经济民族主义有多种表现，如一些国家限制外资公司进入本国进行经营活动、颁布法律限制从国外进口以保护所谓的民族工业、鼓励本国居民购买国货和抵制外国商品的活动等。经济民族主义的性质很难界定，但其行为和结果会对国际商务活动的开展带来很大的影响。

4. 内战或者战争

对于发生战乱或有可能发生战乱的国家，从事国际商务活动的企业必须予以规避。因此，对内战或者战争的预警分析是跨国公司进行国际商务时所必须考虑的因素。

2.3.2 政治风险的规避

面对各种形式的政治风险，企业可采取的规避措施主要包括以下内容。

1. 一体化技术

一体化技术（Integrative Technique）是指采取措施使得跨国公司在东道国的子公司尽可能地与当地经济实现一体化。具体方法如下。

① 与当地政府或者当地企业合资成立公司，使得东道国政府或者企业成为合资公司的股东之一，把双方的经济利益紧密地结合起来，从而提高经营的安全性。

② 在控制核心技术的同时，尽可能提高产品构成的国有化比例，同时要多起用当地人才，尤其是增加本地高级管理人员在公司中的任职。这样可以避免或减轻企业与当地政府的冲突。

③ 为控制资金的风险，应当适当减少股权投资，并扩大从当地金融市场进行融资的渠道。

2. 保护性和防御性技术

与一体化技术相比较，保护性和防御性技术（Protective and Defensive Technique）旨在采取一系列的措施阻止东道国政府对企业经营的干涉。具体措施包括以下内容。

(1) 对投资产品的政治敏感性进行测量

企业在东道国的经营活动尤其是生产敏感性产品（主要指可能关系到东道国国家安全的产品）时很容易引起当地政府的注意，可能会对其经营、销售等造成一定的影响。当然，政治敏感性很高的产品也不是一定不能行销海外，当一种产品对东道国的经济起到促进作用或者对其他方面的发展有帮助时，政治敏感性也会成为一种政治保护。总的来说，对于进行国际商务的企业，明智的做法就是在国际市场上保持中立超然的立场；同时，国际商务的参与者应该考虑的是如何改进经营策略和涉及政治的层次，尽可能地配合政治环境的变迁。

(2) 与东道国进行谈判

投资以前，跨国企业要与当地政府就资金的进出、内部价格、股权控制及经营的范围等达成相关的协议，从而在一定程度上约束了东道国对企业的干涉行为，降低经营的风险。

(3) 控制核心技术

在与当地政府或当地企业的合作中，跨国企业一定要牢牢地控制核心技术，对于需要掌握这些技术的职位均要让跨国公司在海外派来的人员担任。跨国公司对于核心技术的垄断，可以在一定程度上起到对东道国政府的"阻吓"作用。

(4) 把海外子公司纳入本企业的国际分工结构中

子公司在总公司的安排下进行专业化程度较高的零部件的生产或仅仅从事某一阶段的加工，这种技术的非独立性对东道国的国有化也会起到一定的阻碍作用。

3. 向本国政府寻求保护

例如美国的企业在进行国际商务活动时，可以通过向美国进出口银行和国外私人投资公司这两个政府机构寻求保护来降低风险。

2.3.3 法律环境的影响

法律是由国家制定并以国家强制力保证实施的各种行为规范的总和。法律环境与政治环境关系密切，是跨国企业进行国际商务活动时所面临的最复杂的环境因素之一。法律环境主要由与企业活动相关的各种国内法规、外国法规及国际法规所组成。

1. 法律体系的差异

当前世界上常见的法律体系可以分成三大类：大陆法（Continental Law），普通法（Common Law），以及建立在宗教信仰基础上属于神学体系（Theocratic Law System）的宗教法（Religious Law），即伊斯兰教法（Islamic Law）。

大陆法是世界上最普遍的法律体系，起源于罗马法，当前欧洲大陆国家如法国、德国及其前属殖民地国家，整个拉美、非洲及亚洲的绝大部分国家都采用该法系。大陆法的一个重要特点就是强调成文法的作用，法律制度体现的是以系统化、条理化、详尽的法律条文作为法官判决的依据。在与实行大陆法的国家企业进行国际商务活动时，了解该国有关法律条文的规定非常重要。

与大陆法相对应的就是普通法。普通法又称作判例法，目前英国及原英属殖民地的国家和地区包括美国、加拿大、澳大利亚、印度、巴基斯坦、新西兰、爱尔兰、新加坡及大部分加勒比地区都采用该法系。普通法的一大特点是强调判例的作用，而把成文法作为对判例的补充或修正，因而具有较强的历史追溯性。普通法在不同的国家可能会存在着明显的法律差异，例如在对待缺陷产品的责任追究上，美国的生产商往往要比英国的生产商更易受到起诉。

大陆法和普通法在性质上有着很大的区别，对于同一问题，可能会存在着完全不同的解释和处理。例如，在工业产权的保护上，根据普通法的规定，专利、商标等工业产权的所有权是按"使用在先"的原则确定的，先使用的企业自然就会享有产权；而在实行大陆法的国家，则按"注册在先"的原则来确定产权，最早办理工业产权注册的企业，即使从来没有使用该产权，也会成为合法的所有者。

由于大陆法和普通法各有优劣，从 20 世纪以来，两种法系交融的现象渐趋明显。例如在实行普通法的英国和美国，大陆法的比重在不断地上升，而实行大陆法的国家也开始重视判例的作用。

宗教法即伊斯兰法系代表了另一个的法律体系，也称为阿拉伯法系，当前世界上有27个国家是属于伊斯兰法系，但随着时代的发展也或多或少地掺杂了大陆法或普通法。伊斯兰法以《古兰经》和穆斯林法为基础，在穆斯林法没有规定的法律问题则根据政府规定由法官来裁定。在国际商务中，伊斯兰教法的一个最大特点就是禁止利息。阿拉伯银行不能对存款支付利息，也不能向贷款者收取利息。这种明显地违背了现代商业原则的做法严重影响到了银行和金融业的发展。为了参与全球竞争，阿拉伯银行作了相应的变通，即对存款者支付银行的分红而对贷款者收取手续费。

2. 与企业活动相关的各种法律规定

一个国家（包括投资母国与东道国）的法律规定，特别是有关涉外法律制度的健全程度及立法的执行情况等是进行跨国经营企业所关注的重点。与企业涉外经营所面临的法律问题大致可以归为6大类型：

① 与顾客及供货商和中间商有关的法律，如合同法、产品责任法等；

② 与雇员有关的法律，如就业法、劳工法、反歧视法等；

③ 与环境有关的法律，如反污染法、有毒有害废物排泄法等；

④ 与竞争者有关的法律，如知识产权保护法、反托拉斯法等；

⑤ 与投资者有关的法律，如破产法、证券法等；

⑥ 与所在地区有关的法律，区域规划法、税法、执照管理法等。

3. 国际法规

国际法规包括国家（地区）间签订的双边或多边的国际条约、国际组织的协定、决议及在长期实践中形成的国际惯例等。目前在国际上比较有影响的国际法规有：《国际货物销售合同公约》、《保护工业产权国际公约》、《国际海上货物运输公约》、《国际汇票和本票公约》、《国际贸易术语解释通则》、《国际商业跟单信用证统一惯例》等。

2.3.4 国际商务争端解决

国际商务争端解决主要涉及两方面的问题；一是适用法律问题；二是采用何种方式解决争端问题。对于适用法律问题，主要分以下几种情况。

① 以合同规定的适用法律为准。即双方在合同中明确规定解决争端的适用法律。

② 以合同履行所在地的法律为准。如双方在合同中没有明确规定解决争端的适用法律，则双方可以协商以合同履行所在地的法律为解决争端的适用法律。

③ 以合同签订地的法律为准。如双方在合同中没有明确规定解决争端的适用法律，则双方也可以协商以合同签订所在地的法律为解决争端的适用法律。

在以上三种情况中，第一种方法最为明确，而且可以降低不确定性。一般情况下，如果没有记载适用法律的依据，多以签订合同所在地的法律为准。

在争端发生后，一般的解决程序是，先由双方直接友好地协商解决；在协商解决不能解决时，则在双方自愿的基础上通过调解或仲裁解决；没有书面协议提交仲裁的，可以向法院起诉。

2.4 国际商务的社会文化环境

国际商务中的“文化”不同于我们日常生活中所说的“文化”水平、“文化”艺术或者修养中的“文化”等概念，它主要是指企业国际经营所涉及国家或地区居民的语言文字、教育水平、宗教信仰、价值取向、风俗习惯及社会组织结构等多方面内容的综合。从本质上说，文化是特定人群的思维方式和行为特征，是群体成员在长期的耳濡目染、刺激、强化中久而久之自然形成的。

2.4.1 文化的构成

由于文化的概念还没有定论，关于文化的构成也是众说纷纭。根据人类学家赫斯考菲蒂斯（Herskovits）对文化的理解，文化大致上可以分成以下5个部分。

1．物质文化

物质文化是指科技水平、经济结构和物质环境等对社会行为的影响。物质文化对人们的生活方式和消费习惯有着难以估计的影响和作用。例如随着现代工业的发展带来的物资的充裕，人们不再像过去那样囤积商品，而更倾向购买新鲜的、一次性用完的商品。现代科技的进步，因特网的迅猛发展，使得人们的生活变得更加便利，足不出户就可以完成许多工作。就目前来说，物质文化对生活方式的影响贡献最大当属汽车、电话、电视、计算机及快餐等。例如麦当劳快餐店的出现，改变的不仅仅是人们的饮食方式，而且改变了人们的饮食构成。

一国的物质文化的发展程度直接影响到在该国国际商务活动的开展。例如，在非洲，尽管炎热的夏天是空调、冰箱、电扇等商品的巨大市场，但这些国家脆弱不稳定的供电系统却使这些产品在这些国家销售出现很大的技术性障碍。

2．社会组织结构

社会组织结构是社会上存在的各类组织或团体之间的联系，包括家庭组织、代表各种不同利益的社会团体等。在不同的文化体系中，社会组织结构对国际商务活动的影响是截然不同的。例如在日本，中小学生都穿统一的校服，因此要向日本的小女孩出口漂亮的服装相对就会显得困难。社会组织中最基本的单元是家庭，包括两种形式，即核心家庭和扩展家庭。核心家庭包括父母亲和未婚子女，美国便是这一形式的典型。在这种家庭中，由于父母的工作比例相当高，越来越多的购物权都集中在青少年的手上；而像西班牙裔社会以及东南亚国家的家庭结构则普遍是扩展式的，家中的长者往往掌握着购物的决策权。

3．价值观

所谓价值观，是指一定社会共同体的成员判断某个现象或行为的好坏、善恶、真假、美丑、正误等的标准与观念。作为现象与行为判断的基本依据，价值观对人们日常生活的行为选择、消费习惯、工作态度、对物质利益和物质分配的态度及对经营和风险的态度等有着较大的影响，而这些又会在一定程度上影响着一国对外投资的接纳程度、对外资的经营程度以及与外资合作的愿望。

4．美学观念

美学是一种与美、高雅、舒适等相关的文化概念。相对而言，审美观念的差异更是区域性的而不是国家性的。例如从总体上，欧美国家的人们比较喜欢古典音乐和流行音乐；中国、日本及东南亚的建筑风格非常得相似。而随着现代交通、通信等工具的发展，对于非本土化的美学观念，人们开始接受和理解。但这并不意味着所有的美学观念都能被接受，在进行国际商务时，企业不能凭主观直觉以自己的文化背景作为参考体系。例如，绿色在中国表示生机盎然，绿色的饮料瓶随处可见；但在马来西亚，绿色却代表着疾病与危险。

5. 语言

语言也许是文化差异中最重要的表现。语言作为思想、文化、感情和信息交流的工具，是一国或地区文化发展的缩影，对国际商务活动的开展有着重要影响。贸易谈判、单据处理、思想沟通、广告宣传、品牌翻译等都离不开与东道国的语言及文化传统打交道。在实践中不乏因语言差异而造成国际商务活动失败的案例。例如，百事可乐公司的“7 - UP”（七喜）牌汽水在上海一直销路不畅，经过调查才发现，这个品牌用上海方言来说即为“去死”，上海人当然是不会去买这“去死”牌汽水了。语言包含着一系列的历史、知识、情感和态度等，它们也增加了对语言的理解难度。比如说当日本人对你提出的问题回答“是”的时候，他也许并不像我们所认为的肯定的意思，他可能表示同意、理解，也有可能表示他在注意听你的讲话，也可能根本就是在敷衍你。

在语言文化上，还存在着一个文化语境的问题。所谓文化语境（Culture Context），是指同文化的成员之间通过身体动作、环境暗示及语句暗示等传递信息的一种方式。在高语境文化（High Context Culture）中，信息主要是通过间接传递的。人们之间的交往、企业活动的开展并不十分看重文字；相反，人们所更看重的是在交往中人们的语言、环境等所暗含的意思。他们对合同的看法就是，合同只是一张白纸而已，而法律则是会有很大弹性。而低语境文化（Low Context Culture）中，信息的传递则是直接的。他们十分看重文字的作用，认为书写的合同协议等是具有法律效力的，而法律是必须严格执行的。在文化语境中，中国、日本、阿拉伯、希腊、墨西哥及西班牙等国家与地区是属于高语境文化的，而像德国、北欧国家、北美地区、英国、法国等则属于低语境文化。这两种语言文化上的区别，经常会使东西方企业管理人员在语言交流上产生误解，由此而引发不必要的矛盾。例如：西方人在交流时往往喜欢将人与事件分开，用直接的方式进行交流，语言十分直白，他们喜欢摆出大量的事实来说明事情的真相，开宗明义直指问题要害，而不喜欢用模糊的语言，把问题婉转地表述出来。这种交流方式对于含蓄的中国人来说一是很难接受，认为这样做比较伤面子，喜欢采取比较含蓄的做法，保全当事人的脸面。同时，语境文化程度的高低，也会影响人的思维方式。在高语境文化的国家，人际交往更注重的是察言观色，捕捉对方身体动作、语气等所暗含的意思；而低语境文化国家的人则注重从对方嘴里直接讲出来的是什么，注重协议、合同等的法律效力。

2.4.2 民族文化的差异

上面从文化的各个方面进行了分析，不难看出民族文化存在着千差万别，而且文化的影响已渗透到社会生活的各个方面，因此在进行国际商务时，就不可避免地需要有意识地去学习和理解不同民族文化的特征，从而避免用本民族的文化去理解别的民族的行为。

荷兰学者霍夫斯坦德（Geer Hofstede）在 20 世纪 60 年代初对美国国际商务机器公司（IBM）在全世界 40 个国家和地区分公司的 10 万名员工做了问卷调查，首次提出了“影响管理的文化四因素”的概念。由于这10万员工都是在IBM的“企业文化”体系影响下工作的，因此这10万员工之间的价值行为标准的区别可认为主要是源于各自的民族文化背景。通过对问卷数据的分析，霍夫斯坦德发现，在与工作相关的价值观念中，各民族之间在以下4个方面存在着明显的差别。

1. 权力差距（Power Distance）

即在一个组织中，权力的集中程度和领导的独裁程度，以及一个社会在多大程度上可以接受组织中这种权力分配的不平等，在企业中可以理解为员工和管理者之间的社会距离。在任何一个社会中，必然存在着政治权力上的权威与等级，这是国家和社会必需的。一种文化究竟是大的权力距离还是小的权力距离，必然会从该社会内权力大小不等的成员的价值观中反映出来。不同文化的权力差距有着很大的不一样，例如在拉丁美洲和亚洲，大多数国家都属于高权力差距国家，而在美国、加拿大及绝大多数欧洲国家，权力差距的接受程度就比较低。

权力差距上的文化差异大多体现在上下级之间的关系中。在“高差距”文化中，强调的是服从、合群，例如如果领导上的集权和专断是深植在员工的头脑中的，成为一种理所当然的现象，那么权力分配的不公平是不会影响到组织的稳定的；而在“低差距”的文化中，强调更多的是独立个性，鼓励不同的意见，管理者在进行决策时也会聆听下属的意见，员工的工作热情比较高。

需要说明的是，“权力差距”是一个多维的概念，它既可以体现在财富、权力上，又可以体现在社会地位（身份、脸面）和政治权力上。高差距的文化并不意味着在所有的方面权力差距都很大。例如，优秀的文艺、体育、科技精英几乎在所有的文化中都享有很高的地位，但他们只在某些文化中拥有财富，而几乎在任何文化中都没有政治权力。迈克尔·乔丹，历史上伟大的NBA球星，拥有着耀眼的光芒，巨额的财富，但在政治权力上，他拥有的只是作为一个美国普通公民所拥有的一张选票。

2. 不确定性回避（Uncertainty Avoidance）

在任何一个社会中，人们对于不确定的、含糊的、前途未卜的情境，都会感到面对的是一种威胁，从而总是试图加以防止。霍夫斯坦德认为，人们可以通过三个主要途径进行不确定性的回避：科技、法律和宗教。科技主要被用来抵抗自然界的不确定性，用法律法规来抵抗来自其他社会成员的不确定性，而宗教则被用来化解人们无可避免的死亡及人们暂时无法解释的现象的不确定性。

不同文化，防止不确定性的迫切程度是不一样的。相对而言，不确定性回避程度低的国家，社会组织程度较低，人们普遍有一种安全感，倾向于放松的生活态度和鼓励冒险的倾向。而不确定性回避程度高的国家趋于使组织活动正规化，并且高度依赖法律法规来保证人们的行为，人们则普遍有一种高度的紧迫感和进取心，因而易形成一种努力工作的内心冲动。例如，日本是不确定性回避程度较高的社会，因而在日本，“全面质量管理”这一员工广泛参与的管理形式取得了极大的成功，“终身雇用制”也得到了很好的推行。与此相反，美国是不确定性回避程度低的社会，同样的人本主义政策在美国企业中则不一定行得通，比如在日本推行良好的“全面质量管理”，在美国却几乎取不得成效。我国与日本相似，也属于不确定性避免程度较高的社会，因而在我国推行员工参与管理和增加职业稳定性的人本主义政策，应该是适合的且是有效的。

3. 个人主义与集体主义（Individualism Versus Collectivism）

人总是生活在一定的社会群体中的，但是个人的需要是多方面的，个人与集体之间的利益不可能完全一致，这需要在个人利益与集体利益之间有一个取舍的标准，这个标准成了划分“个人”和“集体”之间利益的分界线。

所谓“个人主义”是指一种结合松散的社会组织结构，其中每个人重视自身的价值与需要，依靠个人的努力来为自己谋取利益。与个人主义相对应的“集体主义”则是指一种结合紧密的社会组织，其中所有的人往往以“在集体之内”和“在集体之外”来区分，他们期望得到“集体之内”的人员的照顾，但同时也以对该群体保持绝对的忠诚作为回报。

人类学与文化心理学的研究表明，个人与集体之间的关系的形成与人的生态环境、社会发展水平、社会家庭结构等密切相关。例如在人口密集、以养殖为主的农业文化环境，投入产出受到个人以外的多种因素的影响，因此更强调集体成员之间的服从统一；又如在美国、英国、荷兰等经济发达的国家具有较强的个人主义倾向，而巴基斯坦等落后国家更注重的是集体主义；再者，在一些几代同堂、子女众多的大家庭中，父母更注重教育子女的服从听话，而在小家庭中，孩子更倾向于独立发展。

具有较强个人主义的国家，个人的独创性与成果被高度重视，人们进行决策时更依赖于自己的偏好；而具有较强集体主义的国家，则重视对集体的依附，强调个人归属于集体，在集体的决策下统一行动。

4. 男性化与女性化（Masculinity Versus Femininity）

男女之间的生理区别是一种自然现象，而性别角色的社会观念却是一种文化现象。对于男性社会而言，居于统治地位的是男性气概，如自信武断、进取好胜、对金钱的索取、执著而坦然；而女性社会则完全与之相反。

在男性化文化的色彩较强的国家，社会竞争意识强烈，成功的尺度是财富功名。工作狂受到鼓励与推崇，社会信奉的是“人生短暂，应当快马加鞭，多出成果”。而在女性文化色彩较强的国家，生活质量更为人们所看重，认为人生最重要的不是物质的占有，而是心灵的沟通。

根据霍夫斯坦德的研究，日本、美国是男性化色彩最浓的国家，而女性化最浓的国家则是瑞士、挪威和丹麦。例如美国人的工作狂精神是世界出名的，不但午餐、晚餐用于业务会议，甚至早餐也会安排会议，而日本人的加班加点也是众所周知的。

2.4.3 跨文化的国际商务开展

从国际商务的管理实践来看，大约有四种不同的基本思路用于处理由于种种不同文化引起的差距。美国沃顿商学院的哈渥德·派蒙尔德（Howard Permulter）把它们总结为四种“中心论”。

1. 本国中心论（Ethnocentrism）

信奉本国中心论的企业，多认为本企业是最优秀的，不但拥有最先进的科学技术，并且拥有最先进的管理方式，因而倾向于把本国的管理模式在国外照搬。在组织形式上，这类企业多表现为总部大，分部小，主要的职能部门都集中在公司的总部，总部高度集权，所有的决策都由总部发出，而分公司只是作为一个执行机构而存在。在信息的传递上，主要表现为单行式，即由总公司往下发出指令、计划和目标等，而分公司则向总部上报统计数据、请示等。在海外分公司的管理人员选择上，这类企业多选派本国人员，而很少使用当地人员。

2. 客国中心论（Polycentrism）

采取客国中心论观点的企业多认识到民族文化间的差异，意识到在不同文化的国家，仅仅靠先进的管理并不一定能成功。因此，这类企业在海外经营时，更倾向于入乡随俗。由于他们认为当地人对本地的文化会有更深刻的理解，因此总公司一般不向海外分公司派主管经理而是从当地人中选择。海外分公司的业务较为自由，只要达到总公司的主要业务指标如利润、销售等的要求时，总公司一般不会对分公司具体业务和管理直接干预。从企业组织形式上看，分公司基本上是一个完整的独立公司，除了某些关键技术外，其余部分均由分公司进行独立管理。

3. 全球中心论（Geocentrism）

采取全球中心论观点的企业认为，最好的管理方式、最优秀的管理人员是没有文化色彩的（Culture-Blind），因此在确定管理方式和挑选管理人员时，应该重点考察管理方式本身的优劣和管理人员自身的才能，而不应该只关注分公司是否具有独立性及管理人员是来自总公司所在国还是分公司所在国或其他国家。

4. 区域中心论（Regionalcentrism）

区域中心论可以被认为是全球中心论的初级阶段。

从上面涉及的 4 个观点来看，全球中心论是最合理的而本国中心论则最不合理。然而，在实际中问题并不是这么简单。在世界性文化真正建立起来以前采用上述 4 种方式中的任何一种在一定程度上都是一个利弊均衡。例如，全球中心论从理想化的角度看是比较有利的，但它的管理极其复杂，需要大量的信息及高昂的费用，而在某些时候，政策的可行性却十分的低。对于一些国际商务活动比重比较小的企业，本国中心论的管理成本会相对低一些；反之，如果一个企业的海外业务量很大，需要各个分部之间高度协调时，则全球中心论或区域中心论就显得很必要。

总的来说，跨文化的国际商务的开展是一项难度比较高的工作。其中一个难点就是国际商务的参与者都会带有自己的文化偏见，这是无论如何都摆脱不了的。这种根深蒂固的文化偏见所带来的后果就是人们心目中的自我形象与这个自我在他文化的人眼中的形象，往往会有着巨大的差别。另外，一个难点在于“适应他人”与“保持自我”之间的平衡。在进行国际商务时，一定程度的入乡随俗是值得肯定的，但如果全盘照搬则可能会造成严重的后果。想像一下，如果一个穿着阿拉伯服装、戴着面纱的日本女经理与一个阿拉伯人洽谈业务，那将会是一个多么不自在的情景。面对跨文化国际商务中所遇到的问题，也许首要做到的是尝试以东道国文化的角度去处理问题。

2.5 国际商务环境的评估

经济、政治、法律、文化等影响国际商务活动开展因素的千差万别，要求我们在进行国际商务活动之前必须对国际商务环境进行评估以获取适宜的投资贸易环境。目前世界范围内应用较广的商务环境评估方法有国别冷热比较法、投资障碍分析法、多因素分析法以及动态分析法等。

2.5.1　国别冷热比较法

美国学者伊西阿·利特瓦克（I. A. Litvak）和彼得·班廷（P. M. Banting）根据他们对20世纪60年代后半期美国、加拿大工商界人士的调查资料，提出通过7种因素对各国经营环境进行综合、统一尺度的比较分析方法，即投资环境的“国别冷热比较法”。

经营环境冷热比较法是以“冷”、“热”因素来表述环境优劣的一种评价方法，即把各个因素和资料加以分析，得出“冷”、“热”差别的评价。该方法把一国经营环境归结为7大因素。

1. 政治稳定性

政治稳定性主要包括一国政局是否稳定、政府是否为广大群众所拥护、法律及政策是否稳定等。当一国政治稳定性高时，这一因素为“热”因素。

2. 市场机会

当对外国投资生产的产品或提供的劳务在东道国市场的有效需求尚未满足时，表明东道国市场机会较大。这一因素为“热”因素。

3. 经济发展和成就

东道国经济发达，经济增长速度快，经济效率高时，这一因素为“热”因素。

4. 文化一体化

东道国国内各区域、各群体及各阶层民众之间文化差异小，他们之间的相互关系融洽、处世哲学、人生观和奋斗目标等接近，消费习惯和偏好等相似时，即文化一体化程度高。这一因素为“热”因素。

5. 法令阻碍

东道国的法律繁杂，并有意或无意地限制和阻碍外国企业的经营。这一因素为“冷”因素。

6. 自然阻碍

东道国的自然条件，如地形、地理位置、气候等，往往会对企业的经营产生实质性阻碍，这一因素为“冷”因素。

7. 地理及文化差距

这是指投资国和东道国两国之间距离遥远，文化差异大，社会观念、风俗习惯和语言上的差别大。这一因素为“冷”因素。

在上述7种因素制约下，东道国的投资环境越好（即越热），外国投资者越倾向于在该国投资。在7种因素中，前4种的程度高称为“热”环境。而后3种因素则相反，其程度高称为“冷”环境，中等程度为中等环境。

2.5.2　罗氏等级评分法

这种方法是美国经济学家罗伯特·斯托鲍夫（R. B. Stobaugh）于1969年首先提出来的。他对一国投资环境的一些主要因素，按对投资者重要性大小，确定不同的评分标准，再按各种因素对投资者的利害程度，确定具体评分等级，然后将分数相加，作为对该国投资环境的总体评价。总分的高低反映其投资环境的优劣程度，便于在各国间进行投资环境的综合比较，具体评价标准见表2-1。

表 2-1 投资环境等级评分表

序号	投资环境因素	评分	序号	投资环境因素	评分
一	资本抽回（Capital Repatriation）	0～12	二	外商股权（Foreign Ownership Allowed）	0～12
	无限制	12		准许并欢迎全部外资股权	12
	有时间上的限制	8		准许全部外资股权但不欢迎	8
	对资本有限制	6		外资最多不得超过半数股权	6
	对资本和红利有限制	4		只准外资占小部分股权	4
	限制繁多	2		外资不得超过股权的三成	2
	禁止资本抽回	0		不准外资控制任何股权	0
三	对外商的歧视和管制程度（Discrimination and Controls）	0～12	四	货币稳定性（Currency Stability）	4～20
	外商与本国企业一视同仁	12		完全自由兑换	20
	对外商略有限制但无管制	10		黑市与官价差距小于 10%	18
	对外商有少许管制	8		黑市与官价差距在 10%～40%之间	14
	对外商有限制并有管制	6		黑市与官价差距在 40%～100%之间	8
	对外商有限制并严加管制	4		黑市与官价差距在 100%以上	4
	对外商严加限制并严加管制	2			
	对外商禁止投资	0			
五	政治稳定性（Political Stability）	0～12	六	给予关税保护的意愿（Willingness to Grant Tariff Protection）	2～8
	长期稳定	12		给予充分保护	8
	稳定但因人而治	10		给予相当保护但以新工业为主	6
	内部分裂但政府掌权	8		给予少许保护但以新工业为主	4
	国内外有强大的反对力量	4		很少或不予保护	2
	有政变和动荡的可能	2			
	不稳定，政变和动荡极可能	0			
七	当地资金的可供程度（Availability of Local Capital）	0～10	八	近 5 年的通货膨胀率（Annual Inflation）	2～14
	成熟的资本市场，有公开的证券交易所	10		小于 1%	14
	少许当地资本，有投机性的证券交易所	8		1%～3%	12
	当地资本有限，外来资本（世界银行贷款等）不多	6		3%～7%	10
	短期资本极其有限	4		7%～10%	8
	资本管制很严	2		10%～15%	6
	高度的资本外流	0		15%～35%	4
				35%以上	2
总计					8～100

从表 2-1 可以看出，罗伯特选取的因素都是对投资环境有直接影响的，为投资决策者最关心的因素。同时，它们又都有较为具体的内容，评价时所需的资料易于取得，又易于比较。在对具体环境的评价上，采用了简单累加计分的方法，使定性分析具有了一定的数量化内容，同时又不需要高深的数量知识，简便易行，一般的投资者都可以采用。在各项因素的

分值确定上，他采取了区别对待的原则，在一定程度上体现了不同因素对投资环境作用的差异，反映了投资者对投资环境的一般看法。

在使用罗氏等级评分法时要注意，由于该方法是基于有关管理人员的主观判断，因此要谨慎使用，且最好能与其他的环境评估法结合使用。

2.5.3 闵氏评估法

香港中文大学教授闵建蜀在罗氏等级评分法的基础上提出了闵氏多因素评估法。

闵氏多因素评估法将影响投资环境的主因素分为11类，每一类主因素又由一组子因素组成，具体内容见表2-2。

表2-2 闵氏多因素评估法

主 因 素	子 因 素
1. 政治环境	政治稳定性，国有化可能性，当地政府的外资政策
2. 经济环境	经济增长，物价水平
3. 财务环境	资本与利润外调，对外汇价，集资与借款的可能性
4. 市场环境	市场规模，分销网点，营销的辅助机构，地理位置
5. 基础设施	国际通信设备，交通与运输，外部经济
6. 技术条件	科技水平，适合工资的劳动生产力，专业人才的供应
7. 辅助工业	辅助工业的发展水平，辅助工业的配套情况等
8. 法律制度	商法、劳工法、专利法等各项法律制度是否健全，法律是否得到很好的执行
9. 行政机构效率	机构的设置，办事程序，工作人员的素质等
10. 文化环境	当地社会是否接纳外资公司及对其信任与合作程度
11. 竞争环境	当地的竞争对手的强弱，同类产品进口额在当地市场所占份额

根据闵氏多因素评估法，先对各类因素的子因素做出综合评价，再对各因素做出优、良、中、可、差的判断，然后再根据有关公式计算投资环境总分。

2.5.4 投资障碍分析法

上面三种分析方法在对经济环境进行评估时考虑了有利和不利的两个方面，而投资障碍分析法则主要从反面的角度去评价经济环境。它是依据潜在的阻碍国际投资运行因素的多寡与程度来评价投资环境优劣的一种方法，国际商务活动的参与者根据国际经营环境所具备的一些素质，分别列出对投资起阻碍作用的主要因素，根据这些因素对潜在的投资国进行比较，从而得出投资障碍最少即投资环境最好的地区。该方法认为影响投资的障碍因素主要包括以下几个方面。

① 政治障碍。政治障碍主要是指投资东道国与本国的政治体制不一样，政局不稳定，社会不稳定，经常发生政变等。

② 经济障碍。经济障碍主要表现在经济增长缓慢甚至停滞不前；国际收支赤字较大，外汇短缺；通货膨胀，货币贬值；基础设施不完善；劳动力成本过高。

③ 资金融通障碍。东道国缺乏完善的资本市场，企业资金融通困难。

④ 技术人员和熟练工人缺乏。虽然可能存在充裕的劳动力，但技术人才和熟练工人缺乏。

⑤ 国有化政策和没收政策。东道国可能对外资企业实行国有化或者没收。

⑥ 对外国投资者实行歧视性政策。东道国禁止外资企业进入某些产业；限制外资所占股权比例；过多地参与企业的管理，甚至是高层管理。

⑦ 政府对企业过多的干预。对企业的产品价格实行管制政策，规定企业的原材料采购地等。

⑧ 普遍实行进口限制。限制本国产品的进口，尤其是工业制成品的进口。

⑨ 实行外汇管制，限制利润的汇回。

⑩ 法律和行政体制不完善。法律法规不健全，执行力度不够，政府工作效率低下，贪污腐败现象严重。

2.5.5 道氏公司动态分析法

前面的几种分析方法都偏重于对目标国现实的经济环境的静态考虑，但实际上投资环境不仅因国别而异，即使在同一国家也会因不同时期而发生变化，所以在评价投资环境时，对其不仅要看过去和现在，而且还要评估今后可能产生的变化，以便确定这些变化在一定时期内对投资活动的影响。美国道氏化学公司（Dow Chemical）从这一角度出发，制定了一套投资环境动态分析方法，基本内容见表 2-3。

表 2-3 道氏公司投资环境动态分析法

企业业务条件	引起变化的主要压力	有利因素和假设的汇总	预测方案
评估以下因素： (1) 实际经济增长率 (2) 能否获得当地资产 (3) 价格控制 (4) 基础设施 (5) 利润汇出规定 (6) 再投资自由 (7) 劳动力技术水平 (8) 劳动力稳定 (9) 投资刺激 (10) 对外国人态度 ⋮ (40)	评估以下因素： (1) 国际收支结构及趋势 (2) 被外界冲击时易受损害的程度 (3) 经济增长相对于预期 (4) 舆论界领袖观点的变化 (5) 领导层的稳定性 (6) 与邻国的关系 (7) 恐怖主义 (8) 经济和社会进步的平衡 (9) 人口构成和人口趋势 (10) 对外国人和外国投资的态度 ⋮ (40)	对前两项进行评价后，从中挑出 8～10 个在某个国家的某个项目能获得成功的关键因素（这些关键因素将成为不断查核的指数或继续作为国家评估的基础）	提出 4 套国家/项目预测方案： (1) 未来 7 年中关键因素造成的“最可能”方案 (2) 如果情况比预期的好，会好多少 (3) 如果情况比预期的糟，会如何糟 (4) 会使公司“遭难”的方案

道氏公司认为，投资者在国外投资所面临的风险分为两类。其一是正常企业风险或称竞争风险。例如，自己的竞争对手也许会产生出一种性能更好或价格更低的产品。这类风险存在于任何基本稳定的企业环境之中，它们是商品经济运行的必然结果。其二是环境风险，即某些可以使企业所处环境本身发生变化的政治、经济及社会因素。这类因素往往会改变企业经营所遵循的规则和采取的方式，对投资者来说，这些变化的影响往往是不确定的，既可能是有利的，也可能是不利的。

据此，道氏公司把影响投资环境的诸因素按其形成的原因及作用范围的不同分为两部分：企业从事生产经营的业务条件和有可能引起这些条件变化的主要压力。这两部分又分别包括 40 项因素。在对这两部分的因素做出评估后，提出投资项目的预测方案的比较，可以选择出具有良好投资环境的投资场所。

本章核心概念

国际商务环境　经济环境　政治风险与规避　文化差别　国际商务环境评估

本章练习题

一、选择题

1. 企业进行环境扫描的目的是（　　）。
   A. 寻找市场机会　B. 分析竞争对手　C. 保护环境　D. 寻求政策保护
2. 根据市场学家菲利普·科特勒对各国经济的划分，中国属于（　　）。
   A. 自给自足经济　B. 原材料出口经济
   C. 新兴工业化经济　D. 发达国家经济
3. 定义经济周期依据的是（　　）。
   A. 技术的变化　B. 季节的变化
   C. 经济增长率的变化　D. 人口的变化
4. 衡量一国总体经济实力的指标是（　　）。
   A. 国内生产总值　B. 人均收入　C. 收入分布　D. 财政收入
5. 下列经济集团中，属于比较松散型的是（　　）。
   A. 欧洲联盟　B. 北美自由贸易区
   C. 海湾合作委员会　D. 亚太经济合作组织
6. 在法系上，新加坡采用（　　）。
   A. 大陆法　B. 普通法　C. 宗教法　D. 成文法

二、思考题

1. 国际商务环境具体包括哪些内容？
2. 影响国际商务经济环境的具体因素有哪些？
3. 在国际商务中如何规避政治法律风险？
4. 文化的构成一般有哪几个方面？
5. 评价国际商务环境具体有哪些方法？它们各自的优缺点如何？

案例分析

晚　宴

一家加拿大的大银行邀请一个赴加拿大考察的中国代表团参加晚宴，而这家加拿大银行选择了和另外一家银行共同分担费用的方式邀请这些中国人进行晚餐。

然而，这顿晚宴进行得并不成功，在整个宴会过程中，双方都显得很不自在。在晚宴的开始，加拿大方面并没有对中方人员致欢迎词，也没有在中国生意场上惯常的祝酒等活动。最后，中国代表团站起来，客气地感谢了一下加方人员，然后就匆匆离开了现场回酒店，却拒绝了加拿大方面的派车相送，现场的气氛显得十分微妙。

加拿大方面也感到很纳闷，他们认为中方人员的离开显得很突然，但却不知道自己做错了什么。他们认为自己已经很认真地准备这场晚宴了，包括提供了精心安排的符合中国代表团口味的菜单、优秀的翻译人员，以及显示出了加拿大方面的诚意与礼貌。他们能感受到他们一定是做错了些什么，并为晚宴中不和谐的气氛感到担心和伤心。

在这个情形的分析上，可以很清楚地知道中方人员的期望没有得到满足。首先，两家银行共同承担晚宴的费用使得讲究等级的中国人感到惊讶；其次，在中国，年龄意味着经验与能力，但加拿大方面出席宴会的都是一些比较年轻的职员，这使得中方人员觉得自己不受重视；第三，在中国的传统上，肯定是先由主人在宴会开始前致欢迎词然后是客人对主人的答谢。上面几点加拿大方面都没有做到，因此中方人员认为他们做得太不够意思了。

真正使加拿大方面感到不安的是中方人员在宴会还在进行时的突然离开，然而，对中方人员来说，他们的离开只是因为天色已晚。

加拿大方面对中国社会等级观念较强的现实的缺乏了解以及中国人交流方式的不同，使得他们在与中国代表团的交流中充满了尴尬与不愉快。

问　题

1. 为了避免在上述环境中出现的不愉快，你认为应该做些什么？
2. 加拿大方面应当做些什么措施来减少对与中方生意伙伴关系的危害？

第3章

国际货物贸易

本章主要内容

- 绝对优势理论
- 比较优势理论
- 要素禀赋理论
- 新贸易理论
- 关税政策
- 非关税壁垒
- 鼓励出口和限制进口的措施
- 国际货物贸易的交易条件
- 国际货物贸易买卖合同的磋商与履行

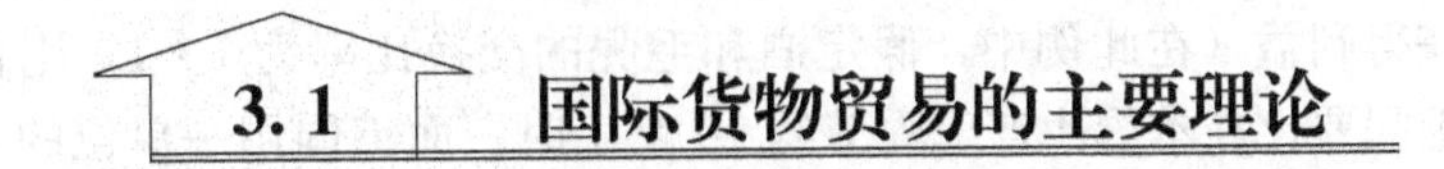

3.1 国际货物贸易的主要理论

国际贸易理论主要探讨国际贸易发生的内在原因、贸易条件及其利益分配等问题。国际贸易理论主要包括绝对优势理论、比较优势理论、要素禀赋理论和新贸易理论等。

3.1.1 绝对优势理论

绝对优势理论由亚当·斯密（Adam Smith）在其1776年发表的名著《国民财富的性质与原因的研究》（简称《国富论》）一书中提出。在《国富论》中，斯密批驳了重商主义学说的观点，认为一国的财富应当是公民获得的物质与服务，因此财富应以社会所生产的商品和服务来衡量，而不能够用货币来衡量。斯密认为，如果一国一味地追求贸易顺差，只会导致国内货币数量增加，商品价格上涨，带来出口商品竞争力的下降。

亚当·斯密在《国富论》中首次提出了绝对优势理论，并论证了自由贸易的有效性。亚当·斯密被认为是自由经济和自由贸易理论的先驱，《国富论》的发表也被认为是自由经济和自由贸易理论诞生的标志。亚当·斯密的主要观点如下。

1. 各国均有自己的绝对优势

亚当·斯密认为，每个国家都可能在某种产品的生产上拥有自己绝对有利的生产条件，从而在生产该产品上比别的国家更具有效率，即绝对优势。一国有利的生产条件可以来自于自然优势，如地理条件、气候条件等，也可以来自于后天优势，如生产技术优势和加工技术优势等。

2. 国际分工与绝对优势

亚当·斯密首次提出了分工与专业化的思想，认为分工和专业化可以提高生产效率，各国可以根据自己拥有的绝对有利的生产条件进行国际分工，专业化地生产自己具有绝对优势的产品，并与其他国家相互交换而获得更多的利益。

3. 自由贸易是有效的

亚当·斯密认为各国按照绝对优势的原则进行国际分工和国际交换，会促使世界各国生产资源、劳动力资源和资本资源得到最有效地利用，而在此基础上进行的国际间自由贸易将会使各国的物质财富和国民福利都得到增加。

3.1.2 比较优势理论

比较优势理论由大卫·李嘉图（David Ricardo）在其 1817 年发表的《政治经济学及赋税原理》一书中提出。大卫·李嘉图以英国和葡萄牙进行贸易为例，认为比较优势是国际分工和贸易的依据，即使那些不具备绝对优势的国家也可以进行国际贸易，并从国际分工和贸易中获得利益。

在大卫·李嘉图的举例中，葡萄牙生产一个单位的酒需要 80 个工时，生产一个单位的毛呢需要 90 工时，英国生产同量的酒和毛呢分别需要的时间为 120 工时和 100 工时。很显然，葡萄牙在这两种产品的生产中均具有绝对优势，但在生产酒上的优势相对毛呢更大。因此，葡萄牙可以集中全部资源集中生产酒，然后用酒去交换英国生产的毛呢，而英国则相反，可以集中全部的资源生产毛呢，然后用毛呢去交换葡萄牙生产的酒，这样两国在国际分工和贸易中均获得利益（在此例中，假定酒和毛呢的交换比率为 1∶1，则葡萄牙用一单位的酒交换英国毛呢要比在本国生产毛呢节约 10 个工时；而英国用一单位的毛呢交换葡萄牙的酒要比在本国生产酒节约 20 个工时）。

根据大卫·李嘉图的比较优势理论，即使是一个国家在两种产品生产上都处于绝对有利地位，而另一个国家都处于绝对不利的地位时，只要绝对有利的程度或绝对不利的程度不同，两国之间就可以进行分工，前者专门生产自己最有利的产品，后者专门生产自己不利程度最小的产品，这样，双方都能够从生产资源的有效配置和劳动生产率的不断提高中获得更多的利益。

比较优势理论比绝对优势理论更全面地揭示了国际贸易产生的原因，但该理论并未就国际贸易一些更深层次的问题，如各国产品成本差异的原因和贸易利益分配等问题进行分析。

3.1.3 要素禀赋理论

要素禀赋理论由瑞典经济学家伊利·赫克歇尔（E. Heckscher）和伯力迪·俄林（B. Ohlin）于 20 世纪初共同创立。要素禀赋理论通过对相互依存的价格体系的分析，用生产要素的丰裕和稀缺来解释国际贸易产生的原因，认为国家间商品价格的相对差异是国际贸易产生的基础，而价格的相对差异则是各国生产要素禀赋的不同，即要素的相对价格不同所决定的。因此，该理论认为，一个国家应生产和出口那些生产要素丰裕的产品，即自己具有比较优势的产品，进口那些本国生产要素稀缺的产品，即自己具有比较劣势的产品。俄林还提出，自由的国际贸易不仅可以弥补要素缺乏流动性的不足，而且还可以通过商品价格的均等化，使同种要素的报酬趋于均等。20世纪40年代，美国经济学家保罗·萨谬尔森（P. Samuelson）也论证了自由贸易将会导致要素价格的均等化，进一步发展了要素禀赋理论。

要素禀赋理论以与绝对优势理论和比较优势理论完全不同的角度探讨了国际贸易发生的深层次原因。该理论的基本观点：即各国生产要素禀赋的差异所导致的各国产品价格的差异是国际贸易产生的基础，在一定程度上解释了国际贸易产生的理论原因。要素禀赋理论在国际贸易理论发展史中具有重要的地位，它与比较优势理论并列为国际贸易中的两大基石。但该理论体系是建立在一系列的假设条件之上的，忽略了现实经济中的动态因素对国际贸易的影响，因而得出的结论与各国国际贸易的现实状况有一定的差距。1947年，美国经济学家列昂惕夫（W. Leontief）对美国的进口产品和出口产品的结构进行了验证。美国作为一个世界上资本最充裕的国家，按照要素禀赋理论的观点，其出口的应主要是资本密集型产品，进口的应主要是劳动密集型产品，但列昂惕夫验证的结果却与要素禀赋理论的观点完全相反，即美国主要出口的是劳动密集型产品，而进口的却主要是资本密集型产品。这一验证结果被称之为“列昂惕夫悖论”或“列昂惕夫之谜”。列昂惕夫对此悖论的解释是：美国的劳动力与外国的劳动力相比较具有较高的劳动生产率，因此，在资本数量不变的情况下，美国成为一个劳动力充裕的国家，故应出口劳动密集型产品。

3.1.4 新贸易理论

第二次世界大战以后，随着生产力的不断提高和科学技术的进步，在国际贸易领域内出现了一些新的情况，诸如产业内贸易迅速发展、发达国家之间的贸易比重扩大、知识型产品贸易增长速度超过了一般商品贸易的增长等。面对国际贸易这些新的情况，传统的以比较优势和要素禀赋为基础的国际贸易理论已无法解释。在此背景下，许多学者提出了一些所谓“新贸易理论”。以下就其中具有代表性的理论进行简单介绍。

1. 人力资本理论

人力资本理论由美国经济学家舒尔茨（T. W. Schultz）提出，用以解释国际贸易发生的原因和贸易模式的确定。舒尔茨将资本分为两类：一类是物质资本（有形资本），主要指厂房、机器设备和原材料等；另一类资本是人力资本（无形资本），指寓于人体中的智能，主要表现为企业员工的文化水平、生产技能、管理才能和健康状况等。物资资本是物质资料投资的结果，同样，人力资本也是对人力投资的结果。舒尔茨认为，各国人民的天赋是相近的，劳动力质量或企业人员智能的差别是后天人力投资，主要是对教育投资的不同而形成的。在国际贸易中，美国等西方国家在高技术知识密集型产品的出口中具有比较优势，是因为这些国家拥有丰富的人力资本；而技术水平较低的发展中国家出口的产品以初级产品为主，是因为这些国家人力资本比较缺乏。

2. 需求相似理论

需求相似理论由瑞典经济学家林德（B. Linder）于1961年提出，是第二次世界大战后解释工业化国家之间贸易的著名理论之一。林德认为，一种工业品要成为潜在的出口产品，必须是一种在本国消费或投资生产的产品，即产品出口的可能性决定于它的国内需求。由于厂商不可能一开始就生产本国市场没有需求而只是为了满足自己所不熟悉的外国市场需求的产品，所以当两个国家的需求结构越相似时，这两个国家之间进行贸易的可能性就越大；如果两个国家的需求结构完全一样，那么，一个国家所有可能进出口的产品也就是另一个国家可能进出口的产品。林德还认为，各个国家人均收入水平是影响各国居民需求结构的最主要因素。各个国家之间人均收入水平越接近，其需求结构就越相似，相互之间的需求也就越大；各国之间人均收入水平差距越大，则需求结构的差异就越大，相互之间进行贸易的可能性就越小。

3. 动态周期理论

西方经济学者在研究第二次世界大战后工业品的国际贸易时，根据国际间技术创新和扩散以及产品的更新和仿制对国际贸易的影响，提出了技术周期理论和产品生命周期理论两个动态的国际贸易理论。

(1) 技术周期理论

技术周期理论由美国经济学家波斯纳（Posner）提出。波斯纳认为，技术变动是一个持续的进程，一种技术在某一个国家的一种现行产品或新产品中应用到该技术被其他国家采用之间存在时间上的滞后，这是模仿滞后；同时，技术在新产品上的开发和其他国家对该产品的需求出现之间也存在时间上的滞后，这是需求滞后。技术周期理论的核心观点在于，持续的创造发明进程会导致贸易的产生，即使是在那些要素禀赋相同的国家之间，技术进步也回导致国际贸易。

(2) 产品生命周期理论

产品生命周期理论是第二次世界大战后解释工业品贸易的著名理论之一，该理论由美国营销专家弗农（Vernon）和赫希（Hirsh）于 1966 年提出。该理论根据美国的情况，提出了产品生命周期的 4 个阶段。

① 美国对某一种新产品的垄断阶段。在该阶段，由于美国拥有雄厚的科学技术力量，因而其在新产品的开发上具有优势，拥有新产品出口的垄断地位。

② 外国生产者仿制该种新产品的阶段。美国的新产品在国外市场上销售后，吸引了西欧等发达国家的大量消费者和生产者，也使得这些发达国家的生产厂商开始在国内生产该新产品。在这个阶段，东道国的厂商在本国生产的新产品虽然能够和美国的产品相竞争，但在第三国市场上，美国所生产的新产品仍具有优势。

③ 外国产品在出口市场上进行竞争的阶段。随着西欧等发达国家生产该种新产品产量的增加和生产经验的积累，这些国家所生产的新产品在一些第三国市场上可以和美国所生产的产品进行竞争，并且逐渐替代美国产品而占领这些市场。此时，美国国内的市场由于关税等措施的保护作用，美国所生产的产品仍具有优势，但出口已经全面下降。

④ 在美国市场开始进行竞争的阶段。当西欧等发达国家生产该新产品的成本已足以弥补向美国出口该产品所需要的运费和关税时，这些国家生产的产品进入美国市场并与美国企业生产的同类产品进行竞争。到此为止，这个产品在美国的整个生命周期就告结束。从美国垄断整个市场开始，到该种产品的进口量占据美国该产品市场的相当大份额结束。

4. 规模经济理论

规模经济理论由美国经济学家保罗·克鲁格曼（P. R. Krugman）于 1979 年提出。在该理论中，首次将规模收益递增和垄断竞争引入到国际贸易分析之中。克鲁格曼认为，规模收益递增也是国际贸易产生的基础，当某一产品的生产达到一定规模，收益开始递增时，生产成本随生产规模的扩大而递减，因而形成该产品生产的成本优势，最终形成专业分工并出口。规模收益递增的发生源自两个方面的因素，一方面是内部规模经济收益，因为大规模的经营能够充分地发挥各种生产要素的效能，更好地组织企业内部的专业化和分工；另一方面来自外部经济效益，即来自于与企业经营相关的外部环境，诸如运输、通信、金融服务等。

3.2 国际货物贸易政策

国际货物贸易政策主要是指一个国家影响其商品进出口规模、构成和方向的各方面的具体政策措施，这些政策措施大致可以分为进出口的关税措施、非关税壁垒，以及鼓励出口和限制进口的政策措施。

3.2.1 关税措施

关税是指进出口商品在经过一国关境时，由政府所设置的海关向进出口商所征收的一种国家税收。关税是一种间接税，其负担最终将转嫁到消费者身上。国家征收关税的目的主要有两个，一是增加本国政府财政的收入；二是保护和调节本国企业的生产。一般来说，一个国家的关境与国境是相同的，但有时也并不一致。当一个国家设有免税的自由贸易区、自由港和海关保税仓库时，其关境就小于国境；而当几个国家组成关税同盟时，其关境就大于国境。

关税的种类繁多，可以按照不同的标准进行分类。

1. 按照征税商品的流向分类

1）进口税（Import Duty）

进口税是进口国家的海关在外国商品输入时，根据海关税则对本国进口商所征收的关税，进口关税一般在外国货物进入本国关境时征收。当一个国家建有自由贸易区、自由港或海关保税仓库时，进口关税则在外国货物从自由贸易区、自由港或海关保税仓库进入进口国市场销售时予以征收。第二次世界大战后，多数国家为了保护本国的国内市场，促进本国工业的发展，都对工业制成品的进口征收较高的关税，对半制成品或中间投入品的进口税率较低，而对一些机器设备和原材料的进口税率最低甚至免税。

2）出口税（Export Duty）

出口税是出口国家的海关在本国货物出口时，对出口商所征收的关税。目前许多国家（一些发展中国家例外）一般不征收出口税，因为征收出口税会提高本国出口商品的成本，削弱出口商品在国外市场上的竞争力，不利于扩大本国商品的出口。

3）过境税（Transit Duty）

过境税是指对途径本国关境、最终目的地为他国的商品所征收的关税。过境税盛行于交通运输还不很发达的资本主义初期，到19世纪后半期时，许多国家都相继废止了过境税。第二次世界大战后，大多数国家对过境货物只是征收少量的手续费和行政服务费，而不再征收过境税。

2. 按照征税的目的分类

1）财政关税（Revenue Tariff）

财政关税是为了增加国家财政收入而征收的关税。财政关税的税率一般比较低，因为税率过高，会增加进出口商品的成本，进而影响进出口商品的数量。

2）保护关税（Protective Tariff）

保护关税是为了保护国内某些产业的发展而设置的关税。保护关税的税率一般比较高，因为关税税率越高就越能达到保护的目的。

3）收入再分配关税（Redistribution Tariff）

收入再分配关税是用以调节因国内市场价格和国际市场价格之间的差异而形成不同人群收入差距为目的而设置的关税。通过调节可以使各阶层、各集团的收入因为贸易而发生的差距控制在一定的范围内。

3. 按照征税的计算方法分类

1）从量税（Specific Duty）

从量税是按照商品的重量、数量、容量、长度和面积等计量单位为标准计征的关税。从量税对每一单位所征的税是固定的，因此在实行时比较容易运用和掌握。从量税在税率确定的情况下，税额与商品数量的增减成正比关系，但与商品的价格没有直接关系。

2）从价税（Advalorem Duty）

从价税是按照进口商品的价格为标准计征的关税，其税率表现为商品价格的百分率。从价税与商品的价格有直接关系，其税额随着商品的价格变动而变动，所以它的保护作用也与商品的价格变动而改变。

3）混合税（Compound Duty）

混合税是对进口商品采用从量税和从价税同时征收的一种方法，主要应用于耗用原材料较多的工业制成品。

4）选择税（Alternative Duty）

选择税是对一种商品同时规定从量税和从价税两种税率，在征税时由海关选择其中税额较高或税额较低的一种征收。

4. 按照差别待遇和特定的情况分类

1）进口附加税（Import Surtax）

进口附加税也称特别关税，是指对进口商品征收一般的关税外，再额外加征的关税。附加税主要包括两种。

（1）反补贴税（Counter-vailing Duty）

反补贴税也称抵消税或补偿税，它是对于直接或间接地接受任何奖金或补贴的外国商品进口所征收的一种进口附加税。反补贴税的税额一般按奖金或补贴的数额征收，其目的在于使进口商品不能在国内市场进行低价倾销或竞争，以保护国内同类产品生产企业的正常经营。

（2）反倾销税（Anti-dumping Duty）

反倾销税是对于实行商品倾销的进口产品所征收的一种进口附加税，其目的在于抵制商品倾销，保护本国产品的国内市场。关税与贸易总协定第 6 条对倾销和反倾销的主要规定有：

① 用倾销手段将一国产品以低于正常价格的办法进入另一国市场时，对该缔约国领土内已建立起来的某些工业造成重大损害或产生重大威胁，或者对该国国内工业的新建产生严重阻碍，这种倾销行为应该受到谴责；

② 缔约国为了抵消或防止倾销，可以对倾销的产品征收数量不超过这一产品的倾销差额的反倾销税；

③“正常价格”是指相同产品在出口国用于国内消费时在正常情况下的可比价格，如果没有这种国内价格，则是相同产品在正常贸易情况下向第三国出口的最高可比价格，或产品在原产国的生产成本加合理的推销费用和利润；

④ 不得因抵消倾销或出口补贴而同时对它既征收反倾销税又征收反补贴税。

2）差价税（Variable Duty）

差价税又称差额税，是对产品的进口价格与国内价格之间的差额征收的关税，其目的是削弱进口产品的竞争力，保护国内工业市场。由于差价税是随着国内外价格差额的变动而变动，因此它是一种滑动关税（Sliding Duty）。

3）特惠税（Preferential Duty）

特惠税也称优惠税，是指对某个国家或地区进口的全部产品或部分产品，给予特别的低关税或免税待遇的优惠。特惠税可以是互惠的形式，也可以是非互惠的形式。

4）普遍优惠制（Generalized System of Preference，GSP）

普遍优惠制简称普惠制，它是发展中国家在联合国贸易与发展会议上经过长期努力，在1968年通过建立普惠制决议之后取得的，其主要内容是发达国家承诺对从发展中国家或地区输入的商品，特别是制成品和半制成品，给予普遍的、非歧视的和非互惠的优惠关税待遇。普惠制的主要原则是普遍的、非歧视的和非互惠的。

3.2.2　非关税壁垒

非关税壁垒（Non-Tariff Barrier）是指除关税以外的限制进口的各种措施。第二次世界大战后，非关税壁垒却与日俱增，名目繁多，已成为当今国际贸易壁垒的最主要形式。非关税壁垒主要包括以下几种措施。

1. 进口配额

进口配额（Import Quota），也称进口限额，是指一国政府在一定时期内（通常为一年）对某些商品的进口规定数量或金额上的限制。在规定的期限内，配额以内的商品可以正常进口，超过配额的商品不准进口，或虽然准许进口但须征收较高的关税乃至罚金。进口配额有两种形式，即绝对配额和关税配额。

1）绝对配额（Absolute Quota）

绝对配额是指在一定时期内对某些商品的进口数量或金额规定一个最高限制，超过限额的商品绝对禁止进口。绝对配额又可以分为全球配额和国别配额两种形式。全球配额（Global Quota）是指一国规定在一定时期内某种商品进口的最高限额，适用于来自任何国家的进口，不作国别分配。国别配额（Selective Quota）又称选择配额，是指一国在规定一定时期某种商品进口的最高限额后，将这些配额按国别或地区进行分配。在某国或地区的进口数量达到多分配的配额后，即不准进口。

2）关税配额（Tariff Quota）

关税配额是指规定一个时期内的进口数量或金额，在规定的限额内按正常的税率计征或减免税，对超过限额部分的进口商品仍允许进口，但须缴纳高额关税、附加税或罚款。按照商品进口的来源，关税配额可以分为全球性关税配额和国别关税配额；按照征收关税的目的，关税配额可以分为优惠性关税配额和非优惠性关税配额。

2. 自愿出口限制

自愿出口限制（Voluntary Export Quota）又称自愿出口配额，是指出口国在进口国的要求和压力下，单方面或经双方协商规定某种或某类商品在一定时期内对该进口国出口的最高数量限制。在此限额内，出口国自行安排出口，达到限额后即自愿限制不再出口，进口国通过海关统计进行核查。自愿出口限制有非协定的自愿出口限制和协定的自愿出口限制两种形式。

3. 进口许可证制度

进口许可证（Import License）是由政府颁发的凭以进口的证书。进口许可证制度即为政府规定商品进口必须领取进口许可证，没有许可证，一律不准进口的制度。进口许可证制度通常与配额、外汇管制等结合起来运用。

4. 外汇管制

外汇管制（Foreign Exchange Control）是一国政府通过法令对国际结算和外汇买卖实行限制以平衡国际收支和维持本币汇率稳定的一种制度。外汇管制的主要做法有以下两种。

1）行政管制

指由政府指定机构控制一切的外汇交易，任何企业的出口收入、服务收入和资本收入的外汇，必须按官定汇率出售给外汇管理机构换成本国货币；一切外汇支出也必须由用汇单位向外汇管理机构提出申请，经批准后方可到指定银行用本币购买外汇。

2）成本管制

指国家外汇管理机构对外汇买卖实行多重汇率制度，利用外汇买卖成本的差异，间接影响不同商品或不同国别的进出口。

5. 其他的限制进口的非关税壁垒措施

1）歧视性政府采购政策

歧视性政府采购政策（Discriminatory Government Procurement Policy）是指一些国家通过法令或虽没有法令明文规定，但在实际上存在的要求本国政府在购买政府机关使用的物品时必须首先购买本国制造的商品，只有在本国无所需商品可供选择或本国商品价格过高时才允许购买外国商品的做法。由于政府采购政策目前仍然游离于 WTO 多边约束规则之外，该手段被许多成员国作为贸易保护手段而运用。

2）最低限价和禁止进口

最低限价和禁止进口（Import Floor Price & Import Prohibition）是指进口国政府规定某种商品进口时的最低价格，凡此类商品的进口价低于该最低限价的，则征收进口附加税或禁止进口。最低限价的制定，有的是以进口国国内同类商品的最高市价作为进口的最低限价，有的是由进口国主管部门按照生产国的生产成本加合理的运费和利润，按当时的汇率计算出最低限价，作为进口的最低限价，低于此价格的即认为是倾销行为而被征收反倾销税。

3）海关估价（Customs Valuation）

一种进口商品海关关税的高低在一定程度上取决于海关对该商品的估价。同一种商品，可以按照不同的价格征收关税，海关可以选择较高的一种价格作为完税价格，这样就可以提高征收关税的税额，增加进口商品的税负，削弱进口商品在国内市场的竞争力。

4）各种国内税（Internal Tax）

一些国家通常对购买进口商品的使用者征收较高的国内税，包括消费税和其他捐税或管理费，使进口商品的购买者需要支付远高于国内同类产品的价格，从而达到限制进口、保护国内民族工业的目的。

5）*产品的本地成分要求*（Local Content Requirements）

为了限制进口零部件，发展本国的有关工业，不少国家和地区要求外资企业在本地生产并在本国销售的最终产品中必须含有一定百分比的本国企业所生产的零配件，即本地成分。

6）*技术性贸易壁垒*（Technology Trade Barrier）

包括技术标准、卫生检疫规定、商品包装和标签规定等。制定这些标准和规定，进口国往往以保护消费者安全、保护环境、保护人民健康和维护消费者利益为理由，使得这些标准和规定复杂多变，条件苛刻，从而使生产者难于适应或达到要求，起到限制进口的目的。技术贸易壁垒是非关税壁垒中的一种间接限制进口的措施，它是目前西方发达国家限制进口的主要手段之一。

7）*其他形式的非关税壁垒*

包括进口押金制度、烦琐的海关手续及政府行政签证等。

3.2.3 鼓励出口的措施

许多国家在利用关税和非关税措施限制进口的同时，还采取了各种措施对本国商品的出口予以鼓励和支持。其措施主要有以下几种。

1. 出口信贷

出口信贷（Export Credit）是指出口国银行为了鼓励本国商品出口，加强本国商品的竞争能力，以优惠利率的形式向本国的出口企业、国外的进口企业或国外进口方银行提供的一种政策性贷款。出口信贷是目前各国普遍采用的一种鼓励本国产品出口的经济手段，多适用于生产周期长、金额大、占用资金多的资本性产品，如成套设备、大型船舶、飞机等设备。出口信贷主要包括卖方信贷和买方信贷两种形式。前者是指出口国银行以优惠利率的形式向本国出口厂商（即卖方）提供贷款；后者是出口方银行直接向进口厂商（即买方）或进口方银行提供贷款，其附带条件是贷款必须用于购买债权国的指定商品或一般非指定的商品。

2. 出口补贴

出口补贴（Export Subsidies）是一国政府为了降低本国出口商品的价格，提高其在国际市场上的竞争力而对出口厂商出口商品时的现金补贴或财政上的优惠待遇。出口补贴有两种形式。一是直接补贴，即由国家对出口厂商给予现金补贴，而补贴的金额视出口产品的实际成本与出口后获得的实际收入的差距而定。虽然《关税与贸易总协定》禁止对工业品的出口给予直接的补贴，但对农产品出口的直接补贴仍然被允许。出口补贴的另一形式是间接补贴，即由政府对出口商品给予各种财政上的优惠。间接补贴的形式多样，名目繁多，但最主要的是出口退税或减免税。通过出口退税或减免税的方式来鼓励出口是世界各国普遍采用的方法，其理由首先是，这些出口商品并未在生产国内销售和消费，因此对其在国内生产或销售环节上已征收的和应征收的税收应该退回或减免；其次，这些出口商品在进口国国内可能会被征收同种或类似的税收，因此如果对出口商品不进行退税或减免，出口商品可能会重复征税。

3. 商品倾销

商品倾销（Dumping）是指以低于国内市场的价格甚至低于生产成本的价格，在国外市场抛售商品的行为，其目的是打击同类商品生产者以占领市场。按照倾销的具体目的时间的不同，商品倾销可以分为偶然性倾销、长期性倾销和间歇性倾销三种类型。

4. 外汇倾销

外汇倾销（Exchange Dumping）是指以降低本国货币汇率的方法来扩大商品的出口。当本币汇率贬值时，出口商品以外币表示的价格会降低，进口商品以本币表示的价格会上升。因此在一般情况下，本币贬值能够起到促进本国商品出口和抑制外国商品进口的双重作用。但是，外汇倾销并不能无条件和无限制地进行，它只有具备以下的两个条件后才能起到上述的作用。

第一，本币贬值的幅度要大于国内物价上涨的幅度。本币贬值一般会引起国内物价的上涨，如果国内物价上涨的幅度超过本币贬值的幅度，那么本币对外贬值与对内贬值之间的差距就会消失。

第二，其他国家不同时实行同等程度的货币贬值或采取其他的报复性措施，因为这样的话，本币贬值的效果也将会消失。

5. 其他

如建立自由贸易区、保税区和出口加工区等。

3.3 国际货物贸易实务

3.3.1 国际货物贸易的交易条件

1. 商品的品质、数量和包装

1) *商品的品质及表示商品品质的方法*

商品的品质是指商品的外观形态和内在质量的综合，如造型、色泽、结构，以及化学成分、物理和机械性能、生物学特征等技术指标或要求。在国际货物买卖合同中，商品的品质条款是买卖合同中的一项主要交易条件。卖方所交货物的品质必须与合同的规定相符；否则，买方有权拒收货物，并可以向卖方索赔。在国际货物贸易中，表示商品品质的方法主要有以下 5 种。

(1) 凭规格、等级和标准

商品的规格是指用于反映商品品质的若干主要指标，如成分、含量和纯度等；商品的等级是指同一类商品按其规格的差异，用文字、数码或符号所作的分类，如一级、二级等；标准是指经政府机关或工商团体统一制定和公布的规格或等级。应注意的是，同一国家颁布的某类商品的标准有不同年份的版本，版本不同其品质标准也往往不同。

(2) 凭牌号或商标

在国际市场上行销已久，品质稳定、信誉良好并为买方所熟悉的产品，可凭产品的牌号或商标进行交易，因为这些商品的牌号或商标已能代表其一定的品质。

(3) 凭产地名称

对某些产地的传统出口产品，其产地名称已能代表其一定的品质，因此在出口此类产品时，可以凭产地名称交易。

(4) 凭说明书和图样

对于某些结构、性能复杂的产品，可以用说明书和图样来表示该产品的品质。这种表示的方法主要用于机械、仪表和大型设备等类产品。

(5) 凭样品

样品是指从一批商品中抽取出来或生产和使用部门设计加工出来的能够代表商品品质的少量实物。在凭样品交易时，样品可以由卖方提供，也可以由买方提供，但无论是凭卖方样品还是凭买方样品成交，合同一经成立，卖方都必须承担所交货物品质与样品一致的责任。

2) 商品的数量

商品的数量是买卖双方交易的主要交易条件之一。成交数量一经双方确定，卖方就必须按约定的数量交货。如卖方未按约定的数量交货，买方有权拒收货物。在商品数量的计算上，应注意所采用的计量单位和计算方法。在计量单位的确定方面，目前国际贸易中常用的度量衡有国际单位制、公制（即米制）、英制和美制四种，主要的计量单位有重量、长度、数量、面积、容积和体积等。在计量方法上，要根据商品的特点和商业习惯进行，如对商品重量的计算就可以有不同的方法，有的可以按毛重（即商品本身的重量加包装的重量）计算，有的可以按净重计算，也有的可以按“以毛作净”的办法计算，对特殊的商品还可以按公量和理论重量计算。总之，买卖双方采用何种计量单位和计算方法，应在合同中订明，以免事后引起争议。

3) 商品的包装

(1) 包装的种类与作用

包装是指按一定的技术方法，采用一定的包装容器、材料及辅助物包裹货物。在国际贸易中，多数商品在运输、装卸、分配和使用过程中，都需要一定的包装。商品的包装从其作用看，可分为运输包装和销售包装两种。运输包装又称外包装或大包装，其主要作用是保护商品和方便储运；销售包装又称内包装或小包装，其作用除了保护商品外，还具有美化商品、宣传商品和便于消费者使用等作用。

(2) 包装标志

包装标志是指在包装外部书写、压印和刷制的图形、文字和数字。按其用途，包装标志可以分为运输标志和指示性、警告性标志两种。运输标志通常被称为唛头（Mark)，其主要作用是在装运、运输和保管过程中便于有关部门识别货物，防止错发、错运。一个简单的运输标志一般由三部分组成：图形和文字字母、目的港名称、件号和批号。指示性标志是对一些容易破碎、残损、变质的商品，用文字说明和图形做出的标志，以便引起有关人员的注意。警告性标志是指在易燃品、爆炸品等危险品的运输包装上清楚明显地标明危险性质的图形和文字说明。

(3) 合同中的包装条款及注意问题

交易合同中的包装条款，主要包括包装材料、包装方式、包装费用和运输标志等内容。在包装条款的规定中应注意以下内容。

① 包装是交易合同中的重要条款，因此对于买方提出的一时还不能办到的包装要求，卖方不能轻易接受。

② 对于“适应海运包装”、“习惯包装”等不确定的术语，除非买卖双方对其具体的内容事先已取得一致的认识外，否则不宜使用。

③ 包装费用一般包括在售价之内。如果买方要求使用特别包装，则包装费应由买方

支付。

④ 按照国际惯例，运输标志一般由卖方设计确定。如果买方要求由其指定运输标志，则买方应在合同中规定买方应在装运期前若干天内提出具体的标志，否则卖方可以自己决定。

2. 商品的价格

价格是国际货物贸易双方洽商的最重要的内容之一。在国际贸易中，商品的价格通常是指商品的单价，并且主要是通过贸易术语来表示的。

1) 贸易术语的含义及有关的国际惯例

贸易术语又称价格术语或价格条件，它是在长期实践中形成的，通常用一个简短的概念或英文缩写字母来说明商品在卖方交付给买方的过程中，买卖双方有关手续、费用和风险划分的习惯做法。例如在“中国松香，每公吨 CIF 伦敦 500 英镑”的价格条件中，CIF 伦敦就是国际贸易中常用的一种价格术语。使用价格术语，可以简化交易洽商的内容，提高交易的效率。

价格术语是在长期的贸易实践中形成的，每种价格术语都有其特定的含义。由于各国法律、法令规定及贸易习惯的不同，因此国际上对于各种贸易术语的解释存在着诸多的差异。为了对各种贸易术语做出统一的解释，一些国家的工商团体及国际相关组织分别制定了有关贸易术语的统一解释或规则，并逐渐成为国际贸易中使用这些贸易术语的国际惯例。在这些有关贸易术语的国际惯例中，影响比较大的有三种，即《国际贸易术语解释通则》、《美国对外贸易定义 1941 年修订本》和《华沙-牛津规则》。这其中，《国际贸易术语解释通则》适用范围最为广泛。

2)《国际贸易术语解释通则》2010 版本对主要国际贸易术语的解释

《国际贸易术语解释通则》是国际商会为统一各种贸易术语的解释而制定的。最早版本制定于 1936 年，后经 1953 年、1967 年、1980 年、1990 年、1996 年、2000 年和 2010 年等多次修订。《国际贸易术语解释通则》2010 版本是在《国际贸易术语解释通则》2000 年版本的基础上修订而成的，该版本就 11 种价格术语进行了解释。11 种价格分为两类：第一类适用于任何运输方式，包括多式运输的 7 种术语。它们分别是 EXW（工厂交货）、FCA（货交承运人）、CPT（运费付至）、CIP（运费保险费付至）、DAT（指定目的地交货）、DAP（指定地点交货）和 DDP（完税后交货）等；第二类包括适用于海运或内河运输的 4 种术语，它们分别是 FAS（装运港船边交货）、FOB（装运港船上交货）、CFR（成本加运费）、CIF（成本保险费加运费）。以下就常用的国际贸易术语进行简单介绍。

(1) FOB Free on Board（... named port of shipment）装运港船上交货（指定装运港）

装运港船上交货是国际中常用的价格术语之一。卖方承担的基本义务是在合同规定的装运港和规定的期限内，将货物装上由买方指派的船只，并及时通知买方。货物在装船时越过船舷，风险即由卖方转移至买方。买方要负责租船订舱，支付运费、办理保险，并将船期、船名及时通知卖方。货物在装运港越过船舷之后的其他责任、费用（包括获取进口许可证、办理货物入境的手续和费用）也都由买方负担。在 FOB 条件下，卖方要负责办理出口手续并承担相关费用。

按 FOB 价格成交，如果采用班轮运输，装船费用包括在班轮运费中，并由买方承担。在租船运输条件下，由于租船合同中通常规定船方不负担装船费用，在这种情况下，买卖双方应在合同中明确装船费、理舱费和平舱费用的负担问题，这产生了 FOB 的变形。具体包括 4 种。

① FOB Liner Terms（班轮条件），指装船等有关费用按班轮的做法办理，即卖方不负担这些费用，而由船方，实际上是由买方来负担。

② FOB Under Tackle（钓钩下交货），指卖方仅负责把货物交到买方指派船只的钓钩所及之处，即与装船有关的各种费用由买方负担。

③ FOB Stowed（理舱费在内），指卖方负责把货物装入船舱并负担包括理舱费在内的装船费用。

④ FOB Trimmed（平舱费在内），指卖方负责把货物装入船舱并负担包括平舱费在内的装船费用。

FOB 的变形只是用以明确有关装船费用的负担问题，并不改变 FOB 价格术语的性质。

应当指出，《美国对外贸易定义》1941 年修订本中对 FOB 的解释与《国际贸易术语解释通则》2010 版本的解释有所不同。在与美国等国家签订 FOB 的合同时，在 FOB 的后面，除列明装运港外，还必须加上 Vessel（船舶）字样。只有这样，才与《国际贸易术语解释通则》2010 版本中的 FOB 性质相同，卖方才负责把货物交到装运港买方指派的船上。

(2) CFR Cost and Freight（... named port of destination）成本加运费（指定目的港）

成本加运费也称运费在内价，它也是国际贸易术语中常用的贸易术语之一。采用这一贸易术语时，卖方承担的基本义务是在合同规定的装运港和规定的期限内，将货物装上船，并及时通知买方，货物在装船时越过船舷，风险即从卖方转移至买方。以上与 FOB 条件下卖方的责任是相同的；不同的是，在 CFR 价格条件下，与船方订立运输合同的责任由卖方承担。卖方要负责租船订舱，支付到指定目的港的运费。但从装运港至目的港的货运保险仍由买方负责办理，保险费由买方承担。

按照 CFR 的含义，卖方负责将合同规定的货物运到指定的目的港并支付运费。但在采用租船运输的情况下，货物到目的港后的卸货费用并无统一解释，这就产生 CFR 的变形。主要包括三种。

① CFR Liner Terms（班轮条件），指卸货费用按班轮的做法办理，即卸货费已包括在运费之内，由卖方负担。

② CFR Landed（着陆费在内），指卖方要负担卸到岸上为止的卸货费用，包括可能发生的驳船费和码头捐。

③ CFR Ex ship's Hold（舱底交货），指货物运达目的港后，由买方负担卸货费用。

与 FOB 变形一样，CFR 变形也只是用以明确有关卸船费用的负担问题，不改变 CFR 价格术语的性质。

(3) CIF Cost Insurance and Freight（... named port of destination）成本保险费加运费（指定目的港）

CIF 与 CFR、FOB 同为国际贸易中常用的贸易术语。采用这一贸易术语时卖方的基本义务是负责按通常条件租船订舱、支付到目的港的运费，并在规定的装运港和规定的期限内将货物装上船。卖方还要负责办理从装运港到目的港的海运货物保险，支付保险费。卖方除承担以上的基本义务外，还要承担货物越过船舷之前的风险和其他费用。在 CIF 价格条件下，买方要承担货物越过船舷之后的一切风险，并负担货物装船后自装运港到目的港除运费和保险费以外的其他费用。

CIF 价格条件采用“象征性交货”的方式。所谓的“象征性交货”是指卖方按合同规定的装运港将货物装船并取得全套合格的单据，就算完成了交货义务，而不需要保证到货。如果卖方提交的单据不符合要求，即使合格的货物到达目的地，也不能算完成交货。所以，在“象征性交货”的方式下，卖方是凭单交货，买方是凭单付款。

CFR 条件下，为解决卸货费用问题而产生的各种价格术语变形，同样也适用于 CIF 价格条件。

3）佣金和折扣

佣金（Commission）是中间商因介绍买卖而取得的报酬。在出口业务中，如果交易对象涉及中间商，就会产生佣金问题。凡价格中包含佣金的称为含佣价；相反，凡价格中不包含佣金的称为净价。含佣价有两种表示方法：一种是用文字说明，例如，每件 100 英镑 CIF 伦敦包含佣金 2%；另一种表示方法是在贸易术语之后加佣金的缩写字母和所付佣金的比率，例如，每件 100 英镑 CIF C2%伦敦。

佣金的计算一般是以合同价格直接乘以佣金率得出佣金额，但也可以以其他方式规定，例如，CIF C2%，以 FOB 价计算。这样在计算佣金时应以 CIF 价减去运费和保险费，求出 FOB 价后再乘以佣金率，得出佣金额。

含佣价、净价、佣金和佣金率的关系是

$$佣金=含佣价\times佣金率$$

$$净价=含佣价-佣金$$

$$含佣价=净价/(1-佣金率)$$

此外，在国际贸易中，有时卖方会按照原价给予买方一定的减让，这种行为被称为折扣(Discount)。折扣一般用文字说明，例如：每公吨 1 000 欧元 CIF 鹿特丹减 1%折扣。

佣金和折扣，直接关系到商品的价格。因此，正确运用佣金和折扣、可以起到灵活掌握价格，加强出口商品在国际市场上的竞争力及扩大销售的作用。

4）合同中的价格条款

买卖合同中的价格条款一般包括两项内容：单价和总值。单价主要有 4 个部分组成，即单价的计量单位、单位价格金额、计价货币和贸易术语。总值也称总价，是单价和商品数量的乘积，也就是一批货物的全部金额。在制定合同中的价格条款时，应注意以下的问题。

① 计量单位。由于不同国家可能使用不同的度量衡制度，因此合同中的计量单位必须明确。

② 计价货币。同一货币单位在不同的国家或地区，币值可能不同。例如，以“元”为单位的有美元、加元和港元等。因此，在合同中必须将有关货币的名称写明。

③ 港口名称。在贸易术语中有关装运港和目的港的名称上，要写明具体港口的全称，对于世界上有同名的港口，应加注国名，以免混淆。

3. 国际货物运输

在买卖合同签订以后，按照合同规定的时间、地点和运输方式将货物运交买方或买方代理人或指定的承运工具，是卖方应承担的首要任务。装运或交货主要涉及运输方式、装运港和目的港、运输单据等内容。

1）海洋运输

在国际货物贸易运输中，运输方式主要包括海洋运输、铁路运输、航空运输、邮包运输及各种运输方式组合的联合运输等。在各类运输方式中，海洋运输占主导地位。

海洋货物运输，按照船舶的经营方式不同，可以分为班轮运输和租船运输。

(1) 班轮运输

班轮（Liner）是指按照规定的时间，在固定的航线，以既定的港口顺序，从事航线上各港口之间运输的船舶。班轮运输的主要特点是：

① 承运人和货主不签订租船合同，他们之间的权利和义务按照船公司所签发的提单进行规定；

② 在所停靠的港口，一般不论货物多少，都可以装运；

③ 运费按班轮公司规定的费率收取，货物在装卸港口的装卸费用均由班轮公司负担。

班轮运费是班轮承运人根据运输契约完成货物运输后，从托运人那里取得的报酬。班轮运费由两个部分组成：基本运费和附加费。基本运费是指班轮公司为一般货物在航线各基本港口间运输所规定的运价。附加运费是指班轮公司承运一些需要特殊处理的货物，或者由于燃油、港口及货币等原因而收取的运费，诸如超重附加费、超长附加费、选港附加费、直航附加费、港口附加费、燃油附加费和货币附加费等。班轮运费的计收标准，根据不同的商品，一般采用以下几种方法：

① 按货物的实际重量计收，称重量吨；

② 按货物的体积计收，称尺码吨；

③ 按重量或体积计收，由船公司选择其中较高的作为计费标准；

④ 按商品价格计收，称为从价运费；

⑤ 按货物的件数计收，即按每箱、每捆或每件等计收；

⑥ 由货主和船公司临时商订，这种方法主要适用在承运矿石、煤炭等运量大但货价较低的商品时使用。

(2) 租船运输

租船运输又称不定船期运输。该运输方式没有预订的船期表，航线和停靠港也不固定，有关运输货物的运费或租金主要根据租船市场行市在租船合同中约定。租船运输有两种方式：一是航次租船，主要按航程租赁船舶；二是期船，是指按一定期限租赁船舶。租船运输通常适用于大宗货物的运输。

2）合同中的装运条款

合同中的装运条款主要包括装运时间、装运港和目的港、是否允许转船和分批装运、装运通知，以及滞期和速遣条款等。

(1) 装运时间

装运时间也称装运期，是指卖方交货的时间。装运时间是买卖合同中的要件，如卖方违反这一要件，买方有权撤销合同，并要求卖方赔偿损失。买卖合同装运时间主要有三种规定方法。

① 明确规定具体装运时间，即在合同中订明某年某月装运或跨月度、季度等装运。为了便于安排，装运时间一般不确定在某一具体日期上。该方法明确具体，在国际贸易中被广泛运用。

② 规定在收到信用证后若干天装运，如在收到信用证后45天装运。采用此种方法规定装运时间时，应在合同中同时规定买方将信用证开到卖方的具体时间，以避免由于对方不开证或不按期开证而使卖方处于被动地位。

③ 笼统规定近期装运，如使用“立即装运”、“尽快装运”、“即期装运”等术语。由于这些表达近期装运的术语在各国、各地和各行业的解释不一，很容易造成分歧，在使用时应当谨慎。

(2) 装运港和目的港

装运港是指货物起始装运的港口，目的港是指货物最终卸货的港口。在买卖合同中，装运港和目的港一般只分别规定一个，但有时根据需要也可以分别规定两个或两个以上的港口作为装运港和目的港。在磋商交易时，如果不能明确规定一个或几个装卸港时，也可以采用选择港的办法，如CFR伦敦/汉堡/鹿特丹。

(3) 分批装运和转船

分批装运是指一笔成交的货物，分若干批装运。在大宗货物交易中，买卖双方可根据交货数量、运输条件等，在合同中规定分批装运条款。如果货物没有直达船或无适合的船舶运输，而需要通过在中途港转运的称为转船。买卖双方可根据需要在合同中订立“允许转船”条款。

(4) 滞期与速遣条款

在大宗商品交易采用租船运输方式时，一般会规定一定的装卸时间，如果承租人未能在规定的装卸时间内将货物装完和卸完，这对船舶所有人来说会增加费用开支和减少营运收入。为此，船舶所有人要求承运人相应支付一笔赔偿金，这就是所谓的滞期费（Demurrage)。相反，如果承租人在规定的装卸时间以前将货物装完和卸完，从而缩短船舶的停泊时间，船舶所有人的费用减少，并可以将船舶投入到下一航次的营运，取得新的运费收入。为此，船舶所有人须支付给承租人相应的奖金或补偿金，这就是所谓的速遣费（Despatch)。速遣费一般是滞期费的1/2。

3) 运输单据

运输单据是证明货物已经装船或发运或已有承运人接受监督的单据。在FOB、CIF和CFR价格下，运输单据则是卖方凭以证明已履行交货责任和买方凭以支付货款的主要依据。运输单据的种类很多，如海运提单、铁路运提单、航空运提单、邮包运输单据等，其中海运提单最为常用。

(1) 海运提单的性质和作用

提单（Bill of Lading，B/L）是货物承运人或其代理人在收到货物后签发给托运人的一种证件。提单的性质和作用主要表现在：

① 它是承运人或其代理人签发的货物收据，证实已按提单内容收到货物；

② 它是代表货物的所有权凭证，收货人或提单的正当持有人有权凭提单向承运人提取货物；

③ 它是托运人与承运人之间运输协议的证明，是双方在运输中权利和义务的主要依据。

除此之外，提单还有作为收取运费，在运输过程中办理货物装卸、发运和交付的作用。

(2) 海运提单的格式和内容

海运提单的格式很多，每个船公司都有自己的提单格式，但其基本内容大致相同。提单正面主要涉及运输及货物的有关内容，诸如收货人、托运人、被通知人的名称，收货港或装货港、目的港或卸货港的名称，船名及航次，以及唛头及件号、货名、件数、重量和体积等。全式提单的背面还附有运输条款。

(3) 海运提单的种类

根据不同的标准，海运提单可以有不同的分类。

① 根据货物是否已装船可以分为已装船提单和备运提单。已装船提单（on board B/L）是指货物装船后签发的提单；备运提单（Received for shipment B/L）是指货物在等待装船或正在装运过程中所签发的提单。

② 根据提单有无不良批注可分为清洁提单和不清洁提单。清洁提单（Clean B/L）是指货物在装船时“表面状况良好”，船方在提单上未加有关货物受损或包装不良等批注的提单；不清洁提单（Unclean B/L 或 Foul B/L）是指船方在提单上加注诸如“包装破裂”、“某件损坏”等不良批注的提单。

③ 根据提单是否可以转让及转让的手续可以分为记名提单、指示提单和不记名提单。记名提单（Straight B/L）是指在提单的“收货人”一栏内直接写明收货人的名称，或写明货物交付给某某的提单，这种提单只能由提单上所指定的收货人提货，不能转让。指示提单（Order B/L）是指在提单的“收货人”一栏内不填写收货人名称而填写“凭指定”（To order)、“凭发货人指定”（To order of shipper)、“凭××银行指定”（To order ×× bank)、“凭收货人指定”（To order of consignee）的提单。指示提单可以通过背书的办法将提单转让给他人提货。不记名提单（Bearer B/L）是指在提单的“收货人”一栏内不写明收货人姓名而只填写“来人”（Bearer）字样的提单。不记名提单可以转让，并且在转让时不需要任何背书手续。

提单除以上的重要分类外，还有直达提单和转船提单、全式提单和略式提单等。

4. 国际货物运输保险

国际货物运输保险是指以运输过程中的各类货物作为保险标的，被保险人（货主）向保险人（保险公司）按一定的金额投保一定的险别，并缴纳保险费。保险公司承保以后，保险标的如果在运输过程中发生了约定范围内的损失，应按规定能够给予被保险人经济上补偿的一种财产保险。在各类国际货物运输保险中，海上货物运输保险起源最早，业务量最大。

1) 海上货物运输保险承保的范围

海上货物运输保险承保的范围包括保障的风险、保障的损失和保障的费用三个方面。

(1) 保障的风险

海上货物运输保险的保险人主要承保两类风险，一是海上风险，一是外来风险。海上风险又称海难，它包括海上发生的自然灾害和意外事故。按照有关规定，所谓的自然灾害是指恶劣气候、雷电、海啸、地震、洪水等自然力量所造成的灾害；所谓意外事故是指船舶搁浅、触礁、沉没、互撞、失火和爆炸等由于意外原因造成的事故或其他类似事故。外来风险是指由于外来原因所造成的损失，如偷窃、短量、沾污、雨淋、串味、破碎、渗漏、受潮受热、锈损、钩损等。此外，保险业务还有一种特殊的外来风险，如战争、罢工、交货不到、黄曲霉毒素、拒收等。

(2) 保障的损失

在海上货物运输保险中，保险公司承保的损失属于海损。海损是指海运货物在海洋运输中由于海上风险所造成的损失或灭失。根据各国海运保险惯例，海损也包括与海陆连接的陆运过程中所发生的损失或灭失。海损按照损失的程度不同，可以分为全部损失和部分损失；按照损失的性质，可以分为共同海损和单独海损。全部损失，简称全损，是指运输过程中的整批货物或不可分割的一批货物的全部损失，按其性质不同，全部损失又可以分为实际全损和推定全损。共同海损，是指载货的船舶在航行中遇到危难，船方为了维护船舶和货物的共同安全或使航程得以继续完成，有意地并且合理地做出某些特殊牺牲或支出的额外费用。共同海损应由船方、货物方和运费方按照最后获救的价值按比例分摊，这种分摊被称为共同海损分摊。

(3) 保障的费用

保障的费用是指保险人承保的费用，主要包括施救费用和救助费用。施救费用是指保险标的遭受保险范围内的灾害事故时，被保险人或其代理人、雇用人员等采取措施，抢救保险标的，以防止损害扩大而采取措施所支付的费用。保险人对这种施救费用，予以赔偿。救助费用是指保险标的遭受保险范围内的灾害事故时，由保险人和被保险人以外的第三者采取救助行为而向其支付的费用。同样，保险人对这种救助费用也予以赔偿。

2) 我国海洋运输货物保险的险别

(1) 基本险

中国财产保险公司所规定的基本险别包括平安险（Free from Particular Average，FPA）、水渍险（With Average or with Particular Average，WA or WPA）和一切险（All Risks）。

平安险，其英文原意为单独海损不负责赔偿，即指平安险的保障范围只赔全部损失，不赔部分损失。目前，平安险的承保范围已超过其本来含义。概括起来，平安险的承保责任范围主要包括：

① 在运输过程中，由于自然灾害和运输工具的意外事故造成被保险标的物全损；

② 由于运输工具遭遇意外事故而造成被保险标的物的部分损失；

③ 在运输工具遭遇意外事故的情况下，被保险货物在此前后在海上又遭遇自然灾害所造成的部分损失；

④ 在装卸过程或转运时一件或数件货物落海而造成的全损或部分损失；

⑤ 共同海损的牺牲、分摊费用和救助费用；

⑥ 对受损保险货物进行施救的费用，但以不超过该批被救货物的保险金额为限。

水渍险，其英文含义为单独海损也赔。保险公司承保的责任范围除“平安险”的各项责任外，还负责赔偿被保险标的物由于自然灾害多造成的部分损失。

一切险的承保的责任范围除“平安险”和“水渍险”的所有责任外，还包括货物在运输过程中由于外来原因而造成的全损或部分损失。应注意的是，这里所说的外来原因造成的损失只包括一般附加险所承保的责任，而不包括特殊附加险所承保的责任。

以上三种基本险别，被保险人可以从中选择一种投保。

根据我国海洋运输货物保险条款的规定：基本险的承保责任起讫期限，均采用国际保险业中惯用的“仓至仓条款”所规定的办法处理，即保险责任自被保险货物运离保险单所载明的起运港（地）发货仓库开始生效，一直到货物到达保险单所载明的目的港（地）收货人的仓库为止。对于保险期限，保险人可以要求扩展保险期。

(2) 附加险别

海洋运输货物保险的附加险别种类繁多，归纳起来主要包括两大类：一是一般附加险，二是特别附加险。一般附加险包括偷窃、提货不着险，淡水雨淋险，短量险，混杂和沾污险，渗漏险，碰损和破碎险，钩损险，锈损险，串味险，受潮受热险，包装破裂险。一般附加险不能单独投保，它只能在投保基本险的前提下进行加保。特别附加险主要包括交货不到险、进口关税险、舱面险、拒收险、黄曲霉毒素险。另外，战争险和罢工险也是属于特别附加险。

在国际海上保险业务，伦敦保险协会所制定的"协会货物条款"影响很大。该条款主要有6种险别，主要是协会货物条款（A)、协会货物条款（B)、协会货物条款（C)、协会战争险条款、协会罢工险条款。

3) 买卖合同中的保险条款

合同中的保险条款一般包括：由谁投保、投保金额、投保险别和以哪一个保险公司的保险条款为准等内容。

(1) 由谁投保

在货物进出贸易中，采用什么贸易术语，就决定由谁办理保险，如以CIF等贸易术语成交的，应由卖方投保；如以FOB和CFR贸易术语成交的，应由买方投保。

(2) 投保金额

投保金额也称保险金额，它是保险人所应承担的最高赔偿金额，也是计算保费的基础。按国际保险市场惯例，保险金额通常按CIF或CIP的总值加10%计算。

(3) 投保险别

投保险别主要根据商品、航线、气候及海上风险程度等因素适当选择。

(4) 以哪一个保险公司的保险条款为准

我国的企业一般采用中国财产保险公司的保险条款为依据。国外的客户一般要求以伦敦保险协会货物保险条款为依据。

4) 保险单据与保险的索赔和理赔

(1) 保险单据

保险单据是保险公司和投保人之间订立的保险合同，是保险公司出具的承保证明，是被保险人凭以向保险公司索赔和理赔的依据。按照保险单的形式和内容，保险单主要有保险单（大保单)、保险凭证（小保单）和联合凭证三种类型。

(2) 保险索赔和理赔

保险索赔是指被保险货物遭受保险责任的风险损失，被保险人向保险人要求赔偿的行为；保险理赔是指保险人处理被保险人索赔的行为。在保险索赔和理赔工作中，应注意确定好索赔对象，正确提供索赔单据的问题。同时，被保险人还应注意索赔的时效问题。

5. 国际货款的收付

国际货款的收付主要涉及支付工具、支付方式等内容。

1) 支付工具

国际贸易货款的支付多采用非现金结算的方式，即使用代替现金作为流通手段和支付手段的信用工具来结清国际间债权债务的一种方法。票据是用于国际间债权债务结算的主要信用工具，它主要包括汇票、本票和支票等，其中以使用汇票为主。

（1）汇票的含义和基本内容

根据《英国票据法》的定义，汇票（Bill of Exchange，Draft）是一个人向另一个人签发的，要求即期或在可以确定的将来时间对某人或其指定人或执票来人支付一定金额的无条件的书面支付命令。根据《日内瓦统一法》的规定，汇票应具备以下内容：

①“汇票”字样；

② 无条件付款命令；

③ 付款人；

④ 付款地点；

⑤ 付款期限；

⑥ 一定金额；

⑦ 出票日期和地点；

⑧ 受款人；

⑨ 出票人签字。

（2）汇票的种类

汇票从不同的角度可以有以下分类。

① 根据出票人的不同，汇票可以分为商业汇票和银行汇票，前者的出票人是工商企业，后者的出票人是银行。

② 根据汇票在使用时是否附带货运单据，汇票可以分为光票和跟单汇票，前者是指不附带货运单据的汇票，后者是指附带货运单据的汇票。

③ 根据付款期限的不同，汇票可以分为即期汇票和远期汇票，前者是指在提示或见票后须立即付款的汇票，后者是指在一定期限或特定日期付款的汇票。

（3）汇票的使用

汇票的使用主要包括出票、提示、承兑和付款等，如需要转让，还需要背书手续；当汇票遭到拒付或退票时，还要涉及拒付证书和行使追索权等法律问题。出票是指出票人在汇票上填写付款人、付款金额、付款日期等项目，经签字后交给受款人（受票人）的行为。提示是指持票人将汇票提交付款人，要求承兑和付款的行为。如汇票为即期汇票，付款人见票后应立即付款；如汇票为远期汇票，付款人见票后应办理承兑手续，到期时付款。承兑是指付款人对远期汇票表示承担到期付款责任的行为。付款人在汇票上写明“承兑”字样，说明付款日期，并由付款人签字。付款是付款人按汇票的规定进行付款，以了解债权债务的行为。背书是汇票转让时的一种手续，是由汇票的抬头人（受款人）在汇票的背面签上自己的名号，或再加上受让人的名号，并把汇票交给受让人的行为。汇票经背书后，它的收款权利便转移给了受让人。拒付也被称为退票，是指汇票在提示时，付款人拒绝付款或拒绝承兑。除此之外，付款人死亡或宣告破产，以至于付款事实上已不可能时，也称拒付。汇票遭到拒付后，持票人即产生追索权，就是持票人向其前手（包括背书人和出票人）追索票款和费用的权利。按照一些国家的规定，持票人在行使追索权前应提交拒付证书。所谓拒付证书是指由付款地的法定公证人或其他有权提供证书的机构（如法院、银行等）提供的证明拒付事实的文件。

在国际贸易货款的收付中，除使用汇票外，有时也使用本票和支票。本票（Promissory Note）是一个人向另一个人签发的，保证即期或在将来可以确定的时间，对某人或其指定人或持票人支付一定金额的无条件的书面承诺。支票（Check）是以银行为付款人的即期汇票。具体来说，支票是银行存款人对银行签发的授权银行对某人或其指定人或持票人即期支付一定金额的无条件书面支付命令。

2）支付方式

在国际贸易货款支付中，支付方式主要有汇付、托收和信用证等形式。

（1）汇付

汇付（Remittance）也称汇款，是指付款人将货款交由银行汇给收款人。按照汇付工具的不同，汇付可以分为信汇、电汇和票汇三种。信汇（Mail Transfer，M/T）是指进口方将货款交于本地银行（汇出行），要求该行通过信件委托出口方所在地银行（汇入行）付款给出口方的一种汇付方式；电汇（Telegraphic Transfer，T/T）是指进口方将货款交于本地银行，要求该行通过电报或电传等委托出口方所在地银行付款给出口方的一种汇付方式；票汇（Demand Draft，D/D）是指进口方向本地银行购买银行汇票，自行寄给出口方，出口方凭以向汇票上指定的银行收取货款的一种汇付方式。在国际贸易中，汇付方式主要适用于预付货款、随订单付款和交货后付款等业务。

（2）托收

托收（Collection）是指出口方根据发票金额开立汇票，委托出口地银行通过其在进口地的分行或代理行向进口人收取货款的支付方式。托收支付方式主要涉及四方当事人，即委托人、托收银行、代收银行和付款人。根据出口方开出的汇票是否附带货运单据，托收可以分为光票托收和跟单托收两类，在国际货物贸易中采用的托收方式主要采用的是跟单托收。在跟单托收中，依据交单条件的不同，又可以分为付款交单和承兑交单两种形式。付款交单（Documents against Payment，D/P）是指出口方的交单以进口方的付款为条件，即出口方委托代收银行只有在进口方支付货款后才能领取货运单据；承兑交单（Documents against Acceptance，D/A）是指出口方以进口方的承兑为交单条件，即出口方委托代收银行在进口方承兑汇票后，就可将货运单据交于进口方提取货物，进口人在汇票到期日支付款项。托收方式属于商业信用，银行在办理托收业务时，只是按照委托人的指示行事，没有审查单据的义务，也不承担付款人必须付款的义务。如果付款人借故拒不赎单提货，除非事先约定，否则银行也没有代为保管货物的义务。

（3）信用证

信用证（Letter of Credit，L/C）是当今国际货物贸易中最为主要的支付方式，是指开证银行根据进口人（即开证申请人）的请求和指示，向出口人（即收益人）开立的一定金额的并在一定期限内凭规定单据承诺有条件付款的书面文件。简言之，信用证是一种银行开立的有条件的承诺付款的书面文件。

信用证的当事人通常有6个：开证申请人（即进口人或实际买主）、开证银行（一般为进口人所在地银行）、通知银行（指受开证银行的委托，将信用证通知或转递给出口人的银行，一般为出口地银行）、收益人（即出口人或实际供货人）、议付银行（指愿意买入收益人的跟单汇票，将票款支付给收益人的银行，一般为通知银行）、付款银行（指信用证上指定的付款银行，一般为开证银行，也可以是另一家银行）。

信用证的支付方式的主要程序有以下8步。

① 进口方与出口方在买卖合同中，规定使用信用证方式支付。

② 进口方向银行申请开立信用证，填写开证申请书，按照合同内容填写各项规定和要求，缴纳押金或提供其他保证。

③ 开证行开立信用证，并通过信函或电报、电传交于出口地通知银行。

④ 通知行将信用证通知或转递给出口方。

⑤ 出口方审核信用证内容与合同内容相符后，按信用证规定装运货物，取得或缮制各种单据，开出汇票，在信用证的有效期内，递交议付行议付。议付行审核单证无误后，扣除一定利息，把货款垫付给出口人。

⑥ 议付行将汇票及货运单据等寄交开证行（付款行）索偿。

⑦ 开证行（付款行）审核单证无误后，将款项支付给议付行。

⑧ 开证行通知进口方付款赎单。

信用证没有统一固定的格式，但其基本内容是相同的，主要包括：

① 对信用证本身的说明，如信用证的种类、金额、有关当事人的名称、有效期和到期地点等；

② 对货物的要求，如货物的名称、品质规格、数量、包装和价格等；

③ 对运输的要求，如装运港和目的港名称、转运日期、运输方式、可否分批转运和转船等；

④ 对单据的要求，如单据的种类、份数和内容填写要求等；

⑤ 特殊要求，主要是针对每一笔具体业务需要而规定；

⑥ 开证行对收益人及汇票持有人的保证付款的责任文句。

信用证支付方式的特点如下。

① 信用证是一种银行信用。在信用证支付方式中，银行处于第一付款人的地位。

② 信用证是一种自足性的文件。信用证的开立以买卖合同为依据，但信用证一经开立，就成为独立于买卖合同的一种自足性的文件，不再受买卖合同的约束，开证行和参与信用证业务的其他银行只按信用证的规定办事。

③ 信用证是一种单据的买卖。在信用证支付方式下，实行的凭单付款的原则。各有关方面处理的单据，而不是与单据有关的货物。在信用证支付方式下，开证行只是根据表面上符合信用证条款的单据付款，而对单据的完整性、准确性、真实性等概不负责。所以在信用证条件下，实行的是所谓的“单据严格符合的原则”，即要求“单、单一致”、“单、证一致”。

信用证的种类主要有以下几种。

① 跟单信用证和光票信用证。跟单信用证是指凭跟单汇票或者凭单据付款的信用。在国际货物贸易中，使用的信用证多为跟单信用证；光票信用证是指凭不附单据的汇票付款的信用证。在实务中，有的信用证要求汇票附带非货运单据，也属于光票信用证。

② 不可撤销信用证和可撤销信用证。不可撤销信用证是指开证行开出信用证后，在信用证的有效期内未经收益人及其他当事人同意，不能片面修改或撤销信用证。只要收益人提交了符合信用证规定的单据，开证行就必须履行其付款义务。不可撤销信用证对出口方的收款有保证，在国际货物贸易中使用很广；可撤销信用证是指开证行可以不经受益人的同意，也不必事先通知受益人，在议付行议付之前，有权随时修改或撤销信用证。按照国际惯例，信用证应表明该证是可撤销的或不可撤销的，如在信用证中没有说明，则该信用证应视为不

可撤销。

③ 即期信用证与远期信用证。即期信用证是开证行或付款行收到符合信用证条款规定的跟单汇票或货运单据后，立即付款的信用证；远期信用证是开证行或付款行收到符合信用证条款规定的跟单汇票或货运单据后不立即付款，等到约定期限届满时才付款的信用证。

④ 可转让信用证和不可转让信用证。可转让信用证是指信用证的受益人有权把信用证的权利全部或部分地转让给一个或数个第三者（第二受益人）使用的信用证。可转让信用证应在信用证上注明“可转让”字样，否则将被视为不可转让。按照国际惯，可转让信用证只能转让一次。不可转让信用证是指收益人不能将信用证的权利转让给他人的信用证。

⑤ 循环信用证。循环信用证是指信用证的金额被全部或部分使用后，能够重新恢复至原金额再次或多次使用的信用证。根据循环的方法不同，循环信用证又可分为按时间循环的信用证和按金额循环的信用证。

6. 检验、索赔、仲裁和不可抗力

1）商品检验

国际货物贸易的商品检验是指对进出口商品的品质、数量、重量和包装等实施检验和公证鉴定，以确定其是否与买卖合同中有关规定一致。对进出口商品进行检验是国际货物贸易中的一个重要环节，也是买卖合同中不可缺少的内容。

（1）检验时间和检验地点

根据国际贸易的习惯做法，关于检验时间和检验地点的规定主要有三种做法。

① 在出口国检验。在出口国检验又可分为在工厂检验和在装船前或装船时检验两种情况：在出口国工厂检验是由出口国工厂的检验人员会同买方验收人员在工厂发货前进行检验，卖方只承担货物离厂前的责任，货物在运输过程中，如出现品质、数量等方面的问题由买方负责；货物在装船前或装船时检验，其品质、数量、重量、包装等以当时检验的结果为最后依据，故此种检验规定又称为“离岸品质和数量”。在这种检验条件下，买方虽然可以在货物到达目的地后自行委托检验机构对货物进行复验，但对商品的品质和数量等无权提出异议。

② 在进口国检验。在进口国检验包括在目的港卸货后进行检验和在买方营业场所或用户最后所在地进行检验两种情况。在目的港卸货后进行检验，其检验的结果即作为商品品质、数量等的最后依据，故此种检验规定又称为“到岸品质和数量”。凡不便于在目的港卸货后进行检验的货物，可以推延到买方的营业场所或用户的最终所在地进行检验。其检验结果，也可以作为商品品质、数量等的最后依据。

③ 出口国检验，进口国复验。货物在装船前进行检验，装运港检验机构出具的检验证明作为议付的单证。货物到达目的港后，买方有复验权，如复验结果与合同不符，买方有权向卖方提出索赔。这种做法对买卖双方比较公平合理，在国际货物贸易中广泛应用。

（2）商品检验机构和检验证明

在国际贸易中，从事商品检验的机构很多，其中有官方机构，也有非官方机构。另外，生产制造厂商、用货单位或买方也可以对商品进行检验。买卖双方选定由哪个机构实施检验和提交检验证明，应在合同中加以确定。

进出口商品经过检验和鉴定后，应由检验机构出具一定的证明文件，这就是检验证明。此外，经买卖双方同意，也可采取由出口商品的生产单位或进口商品的使用单位出具证明的办法。

商品检验证明的文件种类很多，主要包括：品质检验证书、重量检验证书、数量检验证书、兽医检验证书、卫生（健康）检验证书、产地检验证书等。

2）索赔与理赔

买卖合同是确定买卖双方权利和义务的法律依据。无论是买方还是卖方违反合同义务，在法律上均构成违约，都须向受损害的一方承担赔偿损失的责任。所谓索赔，就是指遭受损害的一方在争议发生后，向违约一方提出的赔偿要求。与此对应，违约一方受理损害一方提出的赔偿要求，就是理赔。按照各国法律的规定，违约性行为不同，所引起的法律和后果及应承担的责任也有所不同。有些国家，如英国把违约分为违反要件和违反担保两种，违反要件是指违反合同的主要条款，受损害的一方因此有权解除合同，并可向违约一方提出损害赔偿；违反担保是指违反合同的次要条款，受损害方只能要求损害赔偿，不能解除合同。《联合国国际货物销售合同公约》把违约分为根本性违约和非根本性违约，根本性违约是指合同一方的违约对另一方造成实质性损害。如一方当事人的违约为根本性违约，则另一方当事人可以宣布合同无效，并要求赔偿损失。非根本性违约是指合同一方的违约对另一方造成非实质性损害。对于非根本性违约，受损害一方当事人只能要求赔偿损失，不能取消合同。

3）仲裁

国际货物贸易仲裁是指买卖双方达成协议，在争议发生后，如通过协商不能解决，自愿将争议提交双方同意的第三方进行裁决，裁决的结果对双方有约束力，双方必须执行。通过仲裁解决双方的争议是一种比较常用的方法。与诉讼相比，其优点是：仲裁的程序比较简单，费用较少，并且处理比较迅速，气氛也比较好。

按一些国家的法律规定，当事人双方若采用仲裁解决争议时必须订有仲裁协议。所谓仲裁协议是指双方当事人愿意将争议提交仲裁机构审理的表示。仲裁协议的主要作用，一是仲裁协议是仲裁机构受理案件的法律依据，仲裁机构不受理没有仲裁协议的案件；二是仲裁协议的签订排除了法院对该争议案件的管辖权，签订仲裁协议后，争议的任何一方不应再向法院起诉。仲裁协议的签订可以在争议发生之前，也可以在争议发生之后。

4）不可抗力

不可抗力也称人力不可抗拒，它是指在合同签订以后，不是由于当事人任何一方的过失，而是由于发生了当事人不能预见也无法事先采取预防措施的意外事故，以致不能履行或不能如期履行合同，遭受意外事故的一方可以免除履行合同的责任或延期履行合同。

不可抗力的意外事故通常包括两种情况：一是由“自然力量”引起的，如火灾、水灾、暴风雨、地震等；另一种是由“社会力量”引起的，如战争和罢工等。在美国，不可抗力事故仅指由“自然力量”引起的意外事故，不包括由“社会力量”引起的意外事故。

3.3.2 国际货物贸易买卖合同的磋商与履行

1. 国际货物贸易合同的磋商

交易磋商是指买卖双方为实现商品的买卖，就交易的各项条件进行协商以达成交易的过程，通常称为谈判。在国际货物贸易中，交易磋商是签订合同的基础，也是履行合同的前提。

交易磋商在形式上可以分为书面和口头两种形式。书面形式主要是指买卖双方通过信件、电报、电传、邮件等方式进行交易的洽谈。口头形式主要是指买卖双方在谈判桌上面对面进行洽谈。此外，口头形式还包括通过电话进行直接的洽谈。交易磋商的程序主要包括询盘、发盘、还盘和接受 4 个环节，其中发盘和接受是交易磋商过程中不可缺少的两个基本环节。

(1) 询盘

询盘（Inquiry）是指买方或卖方为了出售或买进某项商品，而向对方提出的关于该商品交易条件的询问。询盘可以只询问商品的价格，也可以询问其他一项或几项交易条件，甚至可以直接要求对方发盘。询盘只是对所要交易商品的一种探询，因而对买卖双方均无法律上的约束力。

(2) 发盘

发盘（Offer）也称报盘、报价和发价等，是指交易的一方向另一方提出各项主要交易条件，并表示愿意按这些交易条件与对方达成交易的表示。发盘在法律上称为“要约”，是合同磋商中不可缺少的环节。发盘一经受盘人有效接受，合同即告成立，发盘人就必须要受其约束。构成一项有效的发盘应具备的主要条件如下。

① 向一个或一个以上的特定人提出。发盘人的订约建议必须是向具体的某公司（或个人）或某几个特定公司（或几个人）提出。不指定受盘人的发盘，应视为发盘的邀请。

② 有肯定的订立合同的意思。发盘必须表明严肃的订约意思，即发盘应该表明发盘人在得到接受时，将按发盘条件承担与受盘人订立合同的法律责任。

③ 内容完整、明确和终局。发盘中涉及的主要交易条件应完整，其表述应肯定。在贸易实践中，一项交易条件完整的发盘通常应包括货物的品质、数量、包装、价格、交货和支付方式等内容。但如果交易双方在事先就“一般交易条件”达成协议的情况下，即使发盘内容从表面上看不完整，实际上也应视为完整。

④ 送达收盘人。发盘于送达受盘时生效。那么，发盘在未被送达受盘人之前，是否可以撤回和撤销呢？根据《联合国国际货物销售合同公约》的规定，发盘可以撤回，如果撤回的通知在发盘达到受盘人之前或同时达到受盘人；发盘也可以撤销，其条件是，发盘人的撤销通知必须在受盘人发出接受通知之前传达到受盘人。但在以下两种情况下，发盘不可以撤销：一是发盘中注明了有效期，或以其他方式表示发盘是不可撤销的；二是受盘人有理由相信该发盘是不可撤销的，并且已经本着对该发盘的信赖而行事。

关于发盘的失效问题，《联合国国际货物销售合同公约》规定：一项发盘，即使是不可撤销的，于拒绝通知送达发盘人时终止。另外，发盘在遇到下列 4 种情况之一立即失效：

① 过期，即一项发盘的有效期已满；

② 拒绝，即受盘人对一项发盘明确表示拒绝；

③ 还盘，（一项还盘是对原有发盘的拒绝）发盘一经受盘人还盘，原发盘即告失效；

④ 其他情况的发生，如发盘人死亡、法人破产、政府发布禁令等。

(3) 还盘

还盘（Counter-Offer）是指受盘人在收到发盘之后，不同意或不完全同意发盘的内容，而向发盘人提出自己的修改意见或新的交易条件。还盘是对发盘的拒绝，因此一经还盘，原发盘即失去效力，发盘人不再受其约束。还盘发出后，还盘的一方与原发盘的发盘人在地位上发生了变化，原发盘的发盘人变成了新发盘的受盘人，而原发盘的受盘人变成了新发盘的发盘人。新的受盘人可以针对还盘的内容决定是接受、拒绝还是再还盘。

(4) 接受

接受（Acceptance）在法律上称为“承诺”，是指交易的一方在收到对方的发盘或还盘后，以声明或行为向对方表示同意。发盘或还盘一经接受，交易即告达成，合同也即成立。根据《联合国国际货物销售合同公约》规定，一项有效的接受应具备 4 个条件：

① 接受必须由受盘人做出；

② 接受必须是无条件地同意对方在发盘中所提出的全部交易条件；

③ 接受的通知要在发盘的有效期内送达发盘人；

④ 受盘人表示接受要采取声明或行为的方式。

(5) 书面合同的签订

在交易磋商中，一方发盘或还盘经另一方有效接受后，交易即告成立，买卖双方就构成了合同关系。但根据国际货物贸易习惯，买卖双方还要签订书面合同，以进一步明确双方的权利和义务。

2. 国际货物贸易买卖合同的履行

1) 出口合同的履行

出口合同的履行与合同中的价格条件和支付方式有关。在出口贸易业务中，多数交易是按 CIF 价格条件成交，在支付方式上选择信用证方式收款。对于此类出口合同的履行，关键是要做好货（备货）、证（催证、审证和改证）、船（租船、订舱和装运）、款（制单结汇）四大环节的工作。

(1) 备货

备货工作是指出口方根据合同的规定，按时、按质、按量地准备好应交货物，申请报验并领取检验证书。

(2) 催证、审证和改证

在以信用证支付方式的出口合同中，买方按时开证是卖方履约的前提。因此，当进口商由于各种原因拖延开证时，出口方应催促对方迅速开证。信用证是根据合同开立的，因此，信用证的内容应该与合同条款一致。但在实际业务中，由于各种原因往往会使进口方开立的信用证内容与合同条款规定不符。因此，出口方要对信用证的种类、内容、有效期等进行审核。审核后，如发行信用证的内容与合同规定不同，除非出口方认为不符点自己可以接受，并且愿意按信用证的规定进行贸易；否则，出口方应要求进口方修改信用证。

(3) 租船、订舱和装运

出口货物的租船、订舱和装运工作一般是由进出口公司委托专业的公司办理，如我国出口货物的租船、订舱和装运工作均由中国对外贸易运输公司办理。在出口货物装船前，进出口公司须向海关办理申报手续。需要出口方投保的，在装船前还需要办理投保手续。

(4) 制单结汇

在货物装船以后，进出口公司应按照信用证的要求，制单各种单据，并在信用证规定的交单有效期内，将单据交银行议付和结汇。如前所述，开证行只有在单据与信用证完全符合的前提下，才承担自己的付款责任，因此结汇单据缮制的正确与否，对出口方的收汇有着十分重要的关系。对于结汇单据的缮制，要按照信用证的要求进行，并要做到“正确、完整、及时、简明和整洁”的要求。

2) 进口合同的履行

与出口合同相同，进口合同的履行也与合同中价格的规定及支付方式的选择有关。在进口合同中，多数交易是以FOB价格成交，支付方式也多采用信用证方式。在此条件下，进口合同履行的一般程序是：开立信用证、租船、订舱和装运、办理保险、审单付款、接货报关等。其主要工作内容，前面已有说明，这里不再重复。

本章核心概念

关税　进口关税　出口关税　财政关税　保护关税　进口附加税　非关税壁垒　进口配额　自愿出口限制　进口许可证　外汇管制　技术性贸易壁垒　出口信贷　出口补贴　商品倾销　外汇倾销　包装标志　贸易术语　班轮运输　海运提单　清洁提单　不清洁提单　国际货物运输保险　汇票　支票　信用证　不可撤销信用证　可撤销信用证　检验　仲裁　不可抗力　发盘　接受

本章练习题

一、选择题

1. 根据要素禀赋理论，作为劳动力丰富的中国，其应多进口（　　）。
   A. 劳动密集型产品　　B. 资本密集型产品
   C. 知识密集型产品　　D. 初级产品
2. 对于法国，以下关于国境和关境的关系，正确的是（　　）。
   A. 国境大于关境　　B. 关境大于国境
   C. 国境等同于关境　　D. 不能确定
3. 与商品价格没有直接关系的征税计算方法是（　　）。
   A. 从量税　　B. 从价税　　C. 混合税　　D. 选择税
4. 按照国际惯例，运输标志一般由（　　）确定。
   A. 买方　　B. 卖方　　C. 运输方　　D. 保险方
5. 在FOB LinerTerms（班轮条件）下，装船费由（　　）实际承担。
   A. 买方　　B. 卖方　　C. 船方　　D. 中间方
6. 船方在提单上加注“包装破裂”，该提单为（　　）。
   A. 备运提单　　B. 不清洁提单　　C. 指示提单　　D. 略式提单
7. 在我国海洋运输货物保险中，单独海损不负责赔偿的基本险别是（　　）。
   A. 平安险　　B. 水渍险　　C. 一切险　　D. 战争险
8. 汇票的“背书”手续是在汇票（　　）时使用。
   A. 出票　　B. 提示　　C. 付款　　D. 转让
9. 在信用证支付方式中，（　　）处于第一付款人责任。
   A. 信用证的申请人　　B. 信用证的开征人
   C. 信用证的受益人　　D. 信用证的通知人
10. 在交易磋商中，不可缺少的环节是（　　）。
   A. 询盘和接受　　B. 发盘和接受

C. 发盘和签订合同　　　　　　D. 接受和签订合同

二、思考题

1. 国际货物贸易主要理论的内容与观点各是什么？
2. 简述非关税壁垒的主要措施。
3. 简述鼓励出口的主要措施。
4. 表示商品品质的主要方法有哪些？
5. 合同中的包装条款及注意问题各是什么？
6. FOB、CIF、CFR 价格条件下买卖双方的主要责任各是什么？
7. 简述班轮运输的主要特点。
8. 海运提单的性质是什么？
9. 我国海洋运输货物保险的险别有哪些？
10. 简述汇票的内容与使用。
11. 信用证支付方式的主要程序是什么？
12. 信用证支付方式的特点是什么？
13. 关于检验时间和检验地点的规定是什么？
14. 仲裁协议的主要作用是什么？
15. 交易磋商的形式和程序是什么？
16. 构成一项有效的发盘和接受的条件是什么？
17. 出口合同的履行程序是什么？

欧盟委员会对中国皮鞋的反倾销案

2006 年 3 月 23 日，欧盟委员会正式批准了针对中国皮鞋反倾销案的初步方案，拟于 4 月 7 日对原产于中国的皮鞋征收临时反倾销税，这一行为引起我国政府和企业的极大反映。我国商务部新闻发言人对此发表谈话，表明了我方的立场。第一，欧方对中国企业的市场经济待遇裁决缺乏公正性和合法性。首先，欧方在本案中抽取的 13 家抽样企业均为民营或外资企业，他们完全符合欧方关于市场经济待遇的 5 条标准，而欧方却以种种理由否决了所有抽样企业的市场经济待遇。其次，本案中方 130 多家企业参加应诉，其中 90％为未抽样企业，他们被剥夺了市场经济待遇而未获得任何解释。第二，根据欧盟《反倾销基本法》第 9.5 条关于分别税率和适用原则及欧盟反倾销调查程序，中国应诉企业提交了市场经济问卷也同时申请了分别待遇。即使欧盟否决了我国所有应诉企业的市场经济待遇，也应就分别待遇问题进行审查和裁决，考虑给予中国 130 家应诉企业单独税率。第三，关于替代国问题，此次欧盟选择巴西作为替代国是不合理的，中国由于在劳动力及资源方面的优势，鞋的制造成本远远低于巴西等国家，欧盟用巴西的成本数据来测算中国企业的倾销幅度对中国企业是不公平的。第四，欧盟对此案的倾销和损害认定是缺乏依据的，制鞋业是劳动密集型产业，中国由于在劳动力和资源上的优势，具有这一行业的比较优势，因此中国皮鞋对欧出口并不存在倾销行为。另外，此案在损害调查方面也并不成立。首先，欧盟产业并没有受到实质损害，起诉方在起诉书中只列举了WTO《反倾销协议》要求的15项损害评估指标中的6项，欧方立案缺乏充分依据。其次，中国产品对欧出口没有对欧盟产业造成损害，两者之间没有因果关系。2005年前中国对欧出口一直受配额限制，从1998—2004年，欧盟鞋类产品的产量一直呈现下降趋势，故欧盟鞋业目前面临问题主要在于其未能在10年保护期内进行产业调整，而不能归咎于中国鞋类的进口。最后发言人指出，欧盟对中国产品采取发倾销措施也不符合欧盟利益。据中方统计，原欧盟15国鞋类产业已经在华投资设厂478家，实际外商投资额7.37亿美元，他们的产品也返销欧盟。同时，中国鞋业的出口为欧盟进口商和零售商提供了丰厚的利润，也为欧盟创造了大量的就业机会，另外，近几年，我国自欧盟进口的制鞋机械、皮革等也大量增加，因此，对中国鞋类采取反倾销措施必然影响欧盟进口商、零售商和相关产业的利益。

问　题

1. 谈一谈你对我国政府立场的看法。
2. 站在欧盟的立场上，为什么要选择巴西作为替代国?
3. 谈一谈你就欧盟委员会对中国皮鞋的反倾销案的看法。

第 4 章

国际服务与技术贸易

本章主要内容

- 服务的含义
- 服务的分类
- 服务贸易总协定
- 技术的概念
- 技术的分类
- 国际技术贸易的方式
- 知识产权
- 国际技术贸易合同

4.1.1　服务的含义

“服务”一词，人们经常使用，但其含义则不尽相同。在日常生活用语中，服务的含义往往指“为组织（或他人）工作”。在经济学中，服务是相对于有形产品的一个概念，但由于人们对服务本质的认识还存在许多分歧，因此也就存在对服务的诸多定义。在这里，引用美国市场营销协会对服务的定义：服务是用于出售或者是同产品连在一起进行出售的活动、利益或满足感。

4.1.2　服务的特征

服务主要有以下的特征。

1. 无形性（Intangibility）

无形性或不可感知性是服务的最基本特征。服务的无形性可以从两个方面来理解：一方面，服务本身不是一个实体，而是一种行为或实施过程，与实体产品不同，在被购买之前，服务是看不见、摸不着、听不到或闻不出的；另一方面，使用服务后的利益很难被察觉，或是要等到一段时间后，享有服务的人才能够感觉到“利益”的存在。

2. 不可分离性（Inseparability）

不可分离性通常是指服务的生产和消费同时进行。实体产品从生产、流通到消费，一般都要经过一系列的中间环节，即生产过程和消费的过程可以分离。服务产品与实体产品不同，服务的生产过程和消费过程是同时进行的，也就是说服务人员向顾客提供服务时，也正是顾客消费服务的时刻。服务的不可分离性表明了在服务过程中，顾客不仅仅是服务的接受者，顾客的参与同样也是一种生产资源。

3. 异质性（Heterogeneity）

对于实体产品而言，消费者对于同一产品消费效果评价和产品的品质之间往往是同一的。但对于服务则不同，消费者对于同一服务的消费效果评价和其品质则往往存在着明显的差异。导致这种差异的原因主要在于：其一，服务提供者的技术水平和服务态度，往往会因人、因地、因时而出现变化，从而导致他们所提供的服务也随之产生差异；其二，消费者自身方面的因素，如知识水平、心情、兴趣和爱好等也会影响其对同一服务效果的判断。服务的异质性特征决定了服务难于标准化，并且难于进行质量控制，同时也决定了服务企业实现服务个性化的必要性。

4. 不可储存性（Perishability）

服务的无形性及生产与消费的不可分离性特点决定了服务的不可储存性，即服务不能够像有形产品一样被储存起来，以备将来出售。这意味着，在某一特定时间没有售出的服务将不复存在，如律师、理发师等服务提供者不能重新找回因没有顾客光顾而失去的时间，飞机航班的座位也不能储存起来等到飞行旺季时再销售。服务产品不可储存性特征使得供求平衡问题成为多数服务企业经营的关键。

4.1.3　服务的分类

1. 根据服务活动的本质分类

即服务活动是有形的还是无形的以及服务对象是人还是物。

① 作用于物的有形服务，如航空运输、草坪维护等；

② 作用于人的有形服务，如民航服务、理发服务、律师服务等；

③ 作用于人的无形服务，如广播、教育等；

④ 作用于物的无形服务，如保险、咨询等。

2. 根据服务机构同顾客之间的关系分类

即服务活动是连续性的还是间断性的以及是正式的还是非正式的。

① 连续性的、会员关系的服务，如保险、汽车协会和银行等；

② 连续性的、非会员关系的服务，如广播电台等；

③ 间断的、会员关系的服务，如担保维修、对方付款电话服务等；

④ 间断的、非会员关系的服务，如邮购、街头收费电话等。

3. 根据服务供应与需求的关系分类

① 需求波动较小的服务，如保险、法律、银行服务等；

② 需求波动较大而供应可以满足的服务，如电力、电话、天然气等；

③ 需求波动较大并会超过供应能力的服务，如交通运输、宾馆和饭店等。

4. 根据内容分类

根据内容，目前国际上一般认为国际服务包括：国际运输；国际旅游；跨国银行、国际融资公司及其他金融服务；国际保险和再保险；国际信息处理相互传递、计算机及资料服务；建筑工程承包和劳务输出；国际咨询服务；广告、设计、法律、会计管理等项目服务；产品的维修、保养和技术指导等售后服务；教育、卫生、文化和艺术的国际交流服务；国际电信和邮递服务；国际租赁服务；商业批发与零售服务；其他官方国际服务等。

4.1.4 国际服务贸易的发展与特点

国际服务贸易是指不同国家或地区之间所发生的服务买卖与交易活动。在国际服务贸易中，服务的提供国也被称为服务的出口国，服务的消费国被称为服务的进口国，各国的服务出口额之和构成了国际服务贸易额。

20世纪60年代以来，世界经济的重心开始由工业产品制造业转向服务业，在1999年的世界国内生产总值中，服务业的产值占61%，制造业占34%，而农业只占5%左右。全球服务贸易出口总额在1970年为700多亿美元，1980年为3 800亿美元，1990年为8 660亿美元，2000年为14 164亿美元，2006年为27 500亿美元，2010年达到36 639亿美元。国际服务贸易在快速发展的过程中呈现出以下特点。

1. 国际服务贸易发展不平衡

首先，从国家分布看，发达国家之间国际服务贸易活跃，是国际服务贸易的主力军。以2007年的指标来看，全球十大服务贸易出口国（地区）依次为：美国、英国、德国、日本、法国、西班牙、中国、意大利、荷兰和爱尔兰；全球十大服务贸易进口国（地区）依次为：美国、德国、英国、日本、中国、法国、意大利、西班牙、爱尔兰和荷兰。其次，从行业分布看，旅游、运输、保险、金融和电讯等是国际服务贸易主体。第三，从国际服务贸易进出口产品的结构看，发达国家和新兴工业化国家出口的产品主要是知识、技术等资本密集型产品；而发展中国家出口的服务产品主要是劳动密集型产品，如国际工程承包、劳务输出等。

2. 生产性服务已成为产品增值的重要手段，并构成国际服务贸易的最主要内容

根据服务对象可以把服务分为消费性服务、生产性服务、分销服务和社会服务四类。第二次世界大战后，随着高新技术的发展和应用，产业专业化趋势日益明显。在这种背景下，许多服务行业从原来的第二产业中分离出来而成为独立的服务经营部门，如在生产上游阶段的可行性研究、风险资本、市场研究、产品概念与设计等；在生产经营过程（中游阶段）的设备租赁、质量控制、设备维修及会计、人事管理、法律、保险、金融等；在生产完成阶段（下游阶段）的广告、运输、销售等。目前，生产性服务已成为国际服务贸易的最主要内容。

3. 跨国公司在国际服务贸易的发展中扮演重要的角色

首先，跨国公司在世界范围的经济扩展过程和跨国生产过程中都需要大量的服务投入；其次，跨国公司在进行全球性的投资、技术转让和生产经营过程中，一方面促进了专家、技术人员和劳动力的国际流动，另一方面也带动了金融、法律、保险、技术、运输、咨询及计算机等服务业的发展；第三，跨国公司为获得国际服务领域的高额利润，也越来越多地涉足服务业领域内的投资，直接导致一大批服务业跨国公司的崛起，有利地促进了国际服务贸易的发展。

4.1.5 我国的服务贸易发展

在我国，服务业归属第三产业，改革开放以后，我国的服务业发展迅速，规模持续扩大，结构也逐步优化。1979年，我国第三产业产值仅为865.8亿元，占当年国民生产总值的比重为21%，到2010年，我国第三产业产值已达到173 596亿元，其绝对数是1979年第

三产业产值的 200 倍以上。2010 年，我国第三产业的产值占同年国民生产总值的比重为 43.2%，第三产业对经济增长的贡献明显。另外，改革开放特别是 20 世纪 90 年代以后，除了商业、旅游、建筑等传统的服务行业发展迅速，一些新型的服务行业，如信息咨询、房地产、教育、法律、会计服务及广告等也发展迅速。在我国服务业快速发展的基础上，我国的国际服务贸易也得到稳定的发展，1991 年，我国服务出口额为 68.64 亿美元，进口额为 39.37 亿美元，2000 年，我国服务出口额为 297 亿美元，进口额为 348 亿美元，到 2007 年，我国服务出口额和进口额已达到 1 220 亿美元和 1 290 亿美元。1991—2007 年期间，我国服务贸易总额的绝对数增加了近 17.8 倍，年平均增长率为 111%，不论是从绝对数看，还是从相对数看，我国服务贸易的增长速度都快于同期货物贸易的增长速度。但应该看到，虽然我国服务贸易的增长速度很快，但与世界上发达的国家，甚至部分发展中国家相比还有一定的差距：首先，从服务业在国民经济中的地位看，美国服务贸易产值占其国民总产值的比率为 70%以上，欧洲多数国家及日本这一比率也在 60%左右，亚洲的一些国家，如韩国、泰国、菲律宾、印度等国，这一比率也在 45%以上。其次，从服务贸易的竞争力看，我国在海洋运输、劳务出口、旅游等行业具有比较强的国际竞争力，但在金融保险、咨询业、电信、航空运输等知识密集型、资本密集型服务贸易上还缺乏国际竞争力。

4.2 服务贸易总协定

4.2.1 服务贸易总协定的产生与主要条款

1982 年，美国在关税与贸易总协定部长级会议上提出了进行服务贸易多边谈判的提议。由于发达国家和发展中国家服务贸易的发展水平差距很大，因此各国对谈判的有关问题争执不下。1986 年 9 月，在发动“乌拉圭回合”多边贸易谈判的部长级会议上，在各国做出一定的妥协之后，最终一致同意在新一轮多边谈判中就服务贸易举行谈判。1993 年 12 月 15 日，经过各方的努力，“乌拉圭回合”最终达成服务贸易总协定（General Agreement on Trade in Services，GATS）。1994 年 4 月 15 日，在摩洛哥的马拉卡什，由 111 个国家和地区的代表签署了这个协定，并于 1995 年 1 月 1 日起生效。

服务贸易总协定的主要条款包括以下内容。

1. 服务贸易总协定的目标与原则

服务贸易总协定的宗旨是“促进贸易各方的经济增长和发展中国家的经济与社会发展”。总协定目标的实现主要通过多轮贸易谈判进行，并且谈判要本着互利的原则，在充分尊重各国的目标政策和对发展中国家的困难予以充分考虑的前提下进行。

2. 服务贸易总协定的范围与定义

服务贸易总协定既涉及私有企业的服务贸易，也涉及政府所有或控股的公司的服务贸易，但前提是这些部门的服务是基于商业的目的，对于政府机构与部门所获得的为自己所用的服务被排除在服务贸易总协定之外。服务贸易总协定中的服务有 4 种提供方式：过境交付；境外消费；商业存在；自然人流动。相应地，“服务”一词包含以上述 4 种方式进行的服务生产、分销、推销、销售和支付。

3. 服务贸易总协定的一般责任和义务

(1) 最惠国待遇

最惠国待遇要求每一成员给予另一成员的服务或服务提供者的待遇，应立即无条件地以同样的待遇方式给予任何其他成员方相同的服务或服务提供者。但总协定规定一个成员可以在10年的过渡期内维持与最惠国待遇不符的措施，但要将这些措施列入一个例外清单。

(2) 透明度

透明度原则上要求成员方应把影响协定实施的有关法律、法规、行政命令及其其他规定、规则和习惯做法，无论是中央或地方政府做出的，还是由政府授权的非政府组织做出的，都应最迟在它们生效前予以公布。透明度原则的一个例外附则是，对于任何一成员方，那些一旦公布即会妨碍其法律的实施，或对公众利益不利，或损害具体企业的正当商业利益的资料，可以不予以公布。

(3) 发展中国家更多参与

服务贸易总协定承认服务业发展不平衡的现状，在协定中考虑到发展中国家的利益，促使发达国家采取措施加强发展中国家的国内服务部门，并允许发展中国家通过向外国服务提供者附加条件以换取市场的准入。

(4) 其他责任和义务

包括经济一体化、相互承认提供服务所需资格、国内规定、关于垄断、专营服务提供者和其他限制竞争的商业惯例规则、保障措施、政府采购、补贴、例外等。

4. 服务贸易总协定的特定义务

除以上一般义务之外，总协定还规定一些特定义务，旨在确保各成员所做承诺更加全面地履行。

(1) 市场准入

服务贸易总协定规定，当一成员方承担对某个具体部门的市场准入义务时，它给予其他成员方的服务和服务提供者的待遇应不低于其在具体义务承诺表中所承诺的待遇，包括期限和其他限制条件。这意味着对于其他成员方以商业存在、跨越国境的资本流动等形式进入的服务或服务提供者，承诺该部门具体开放义务的成员方应在其境内承担向任何成员方提供市场准入或允许资本流动的义务，如果成员方国内政策与这一义务不符的，应通过修改国内法规政策以履行其义务。对于发展中国家提出的具体承担义务，服务贸易总协定采纳了“肯定清单”方式，即发展中国家将能够开放的服务部门和领域列入目录，并按照时间表对其他成员方开放。

(2) 国民待遇

服务贸易总协定中的国民待遇不是适用于所有部门的，而是只针对每一成员方在承担义务的计划表中所列部门。在总协定中，每个服务部门规定的国民待遇条款都不尽相同，并且需要通过谈判才能享受。根据规定，每一成员方应在其承担义务的计划表所列的部门中，根据该表所述条件与资格，给予其他成员方服务和服务提供者以不低于其本国相同服务和服务提供者所得到的待遇。另外，总协定的国民待遇是从实施的结果来评估的，即不管成员国给予其他成员方服务或服务提供者的待遇形式是否与本国同类服务和服务提供者相同，只要实施结果相同就可。

5. 其他

如服务贸易总协定的自由化承诺等。

4.2.2　服务贸易总协定的后续谈判

从 1995 年 1 月开始，在服务贸易理事会的指导下，服务贸易主要就金融服务、基础电信服务、海上运输服务和自然人流动等领域进行谈判。其中：《金融服务业协定》于 1997 年 12 月 12 日达成，并于 1999 年 3 月生效；有关电信服务的《全球基础电信协议》也于 1998 年 1 月 1 日生效。

4.2.3　我国在主要服务行业的承诺

1. 金融服务

(1) 银行服务

我国将取消外资银行办理外汇业务的地域和客户限制，外资银行可以对中资企业和中国居民开办外汇业务；分地区、分时间逐步取消外资银行经营人民币业务的地域限制；入世后 5 年内（即 2006 年底），允许外资银行对所有中国客户提供服务；允许外资银行设立同城营业网点，审批条件与中资银行相同；取消所有已设立外资银行所有权、经营和设立形式的限制；允许设立外资非银行金融机构提供汽车信贷业务等。

(2) 保险服务

我国入世后，对外资保险业进入的营业许可不再进行数量限制。允许外国非寿险公司在华设立分公司或合资公司，并且允许合资公司的外资股份达到 51%；允许外国寿险公司在华设立合资公司，外资可以自由选择合资伙伴，但合资公司的外资股份不能超过 50%；入世后，允许外国寿险公司和非寿险公司逐步分阶段进入中国的城市提供保险服务，2004 年后保险业的寿险取消地域限制。

(3) 证券服务

我国入世后，分阶段开放资本市场。自 2001 年起，外国证券公司可以直接从事 B 股交易；外国证券机构驻华代表可以成为我国交易所的特别会员；允许外国机构设立合营公司，从事国内证券投资基金管理业务，其中外资比例不超过 33%，2004 年后，允许外国机构设立合营公司中的外资比例不超过 49%。

2. 信息技术服务

我国自加入 WTO 起，即加入《信息技术协定》，并在 2005 年前逐步取消减让表中所列信息技术产品的关税直到为零。在基础电信服务市场开放上，我国承诺分阶段、分地区、分步骤开放市场。其中，增值电信服务开放 50%的股权；基础电信服务开放 49%的股权。

3. 旅游服务

根据承诺，我国在 2003 年底之前，对于外国服务提供者在我国建设、改造和经营酒店、餐馆不再就企业设立形式和控股方面进行限制；2003 年初之前，旅行社行业允许外资控股；2005 年底之前，允许外资设立独资旅行社，并允许合资旅行社设立分支机构。

4.3　国际技术贸易

4.3.1　技术的概念

“技术”的概念可以从广义和狭义两方面理解。从广义上讲，可以把技术理解为自然、经济、历史、文化和科学发展的标志。从狭义上理解，可以把技术看作是为实现生产过程和为社会生产需要服务的手段。联合国世界知识产权组织对“技术”的定义是：“技术是指制造一种产品的系统知识，所采用的一种工艺或提供的一项服务，不论这种知识是否反映在一项发明、一项外观设计、一项实用新型或者一种植物的新品种，或者反映在技术情报或技能中，或者反映在专家为设计、安装、开办或维修一个工厂，或为管理一个工商企业或其活动所提供的服务或协助等方面。”从这个定义不难看出，技术的实质是一种系统知识，而这种系统知识可以以发明、外观设计、实用新型、服务或协助等形式来表现。

技术属于知识范畴，但并不是所有的知识都可以称为技术。在知识体系中，与技术概念最为密切的是“科学”知识，人们经常把科学与技术相提并论，这是因为科学和技术联系密切，两者之间相互作用、相互促进并在一定条件下可以相互转化。但“科学”与“技术”有重要的区别。科学是认识客观世界的知识，科学的任务是要回答“是什么”和“为什么”，而技术是改造客观世界的知识，技术的任务是回答“做什么”和“怎么做”。

4.3.2 技术的分类

技术可以从不同的角度进行分类。

1. 按技术的所有权状况分类

按技术的所有权状况，可以把技术分为公有技术和私有技术。

公有技术（Public Technology），是指不需要为技术本身支付代价就可获得的技术，如超过法律保护期限的专利技术、泄密的技术和通过非商业渠道就可以获得的技术等。

私有技术（Private Technology），是指必须为技术本身支付代价才可获得的技术，如技术所有者拥有独占实施权的专利技术、技术所有者通过保密措施占有的技术秘密、商业秘密等。

2. 按技术的法律状态分类

按技术的法律状态，可以把技术分为工业产权技术和非工业产权技术。

工业产权技术（Industrial Property Technology），是指受工业产权法保护的技术，如专利技术和商标等。

非工业产权技术（Non-Industrial Property Technology），是指没有专门法律予以保护的技术和不受工业产权法保护的技术，如技术秘密、计算机软件、商业秘密和提供服务的一般技术等。

3. 按技术的表现形态分类

按技术的表现形态，可以把技术分为硬件技术和软件技术。

硬件技术（Hardware Technology），是指作为软件技术实施手段的有形物，如机器设备、测试仪器等。应特别注意的是，机器设备和测试仪器等，即使是高技术产品，如与实施软件技术无关，也只能作为一般的商品进行买卖，而不能称之为硬件技术。

软件技术（Software Technology），是指表现在纸面上的图纸、公式、图表、配方等，或储存在头脑中关于技术的核心思想及技能和经验等。

4.3.3 国际技术贸易的含义与形式

国际技术贸易（International Technology Trade）也称技术跨越国界的有偿转让。国际技术贸易的形式大致经历了以下三个阶段。

1. 技术转移

技术转移（Shift of Technology），是指技术在地理位置上的变化，既可以指技术在一个国家内不同地区地理位置的变化，也可以是技术在不同国家间跨越国境的地理位置的变化。技术转移通常是非人为的或主动有意识的行为，如有技术的人们为躲避战乱移居他地或他国，或者有技术的人员到生活条件、工作条件更为优越的地区或国家谋生，其技术也就随着技术人员的流动发生了转移。

2. 技术转让

技术转让（Technology Transfer），是指人们根据不同地区或国家的生产力水平、经济基础、劳动力素质等因素，人为有意识地将技术在不同地区之间或国家之间进行引进或让予的行为。技术转让分为两种：一是有偿转让，是当事人之间通过签订合同，规定各自的权利和义务，由一方授予技术使用权或转让技术的所有权，而另一方则支付相应的报酬，因此有偿转让可以称之为“技术贸易”；另一种是无偿转让，即技术是通过技术援助、科技合作与交流或通过技术考察、技术研讨会等形式无偿提供或无偿获得的。

3. 技术贸易

技术贸易（Technology Trade），即为有偿的技术转让。按照交易当事人所处的国家和地区划分，技术贸易可以分为国内技术贸易和国际技术贸易，前者是指在一个国境内的不同当事人之间按一般的商业条件进行的技术转让或技术使用权许可的行为；后者是指不同国家的当事人之间按一般商业条件进行的跨越国界的技术转让或技术许可行为。判断某一技术贸易是不是国际技术贸易，关键在于交易的当事人是否分别处于不同国家，所交易的“标的”是否跨越国界。至于当事人是否为同国籍的法人或自然人，并不影响国际技术贸易的“国际性”。

4.3.4 国际技术贸易的方式

根据《中华人民共和国技术进出口管理条例》，国际技术贸易的方式包括以下几种。

1. 工业产权或非工业产权转让及许可贸易

工业产权主要包括专利权和商标权，是指涉及发明专利权、实用新型专利权、外观设计专利权及商标权的转让或许可。

非工业产权转让或许可，是指涉及提供或传授未公开、未取得工业产权法保护制造某种产品或者应用某种工艺、工艺流程、配方、质量控制方面的技术秘密，或者属于受其他知识产权保护的经营信息，如受《著作权法》和《计算机软件保护条例》保护的著作权转让及计算机软件使用权许可，受《反不正当竞争法》保护的商业秘密，受《集成电路布图设计保护条例》保护的与集成电路布图设计有关的权利转让或许可等。

2. 直接投资

在企业进行直接投资时，除了投入现金外，还允许投资方将工业产权或非工业产权等技术作为股金投资。这样，投资就与技术转让结合起来。以工业产权或非工业产权等技术作为出资方式一方面使得技术资本化；另一方面，也使得投资双方的关系不仅是共同经营关系，同时也是技术合作关系。

3. 技术服务与技术咨询

技术服务与技术咨询，是指技术供方（技术服务或咨询机构，也称受托方）利用其技术知识为受方（也称委托方）提供服务或咨询，并收取一定的报酬。技术服务或咨询的内容主要包括：项目可行性研究、招标任务书的拟订与审核、工程设计、工程项目的监督指导、企业技术改造、生产工艺和流程改进、产品质量控制及企业管理等。

4. 国际经济技术合作

国际经济技术合作，是指不同国家或地区之间的当事人在合作生产、合作设计与开发、工程承包、设备买卖及补偿贸易活动中所涉及的技术转让、技术服务、技术资料提供、技术培训、技术指导等方面的交易与合作。在国际经济技术合作过程中，合作各方共同投资、共同参与、信息互换并共享技术合作的成果及知识产权。

4.3.5 国际技术贸易与国际货物贸易的区别

国际技术贸易与国际货物贸易之间的区别实质是技术类产品贸易与一般实物产品贸易的区别，技术贸易与一般实物贸易的区别表现在以下几个方面。

1. 贸易的对象不同

首先，技术贸易的对象是无形的知识，而货物贸易的对象是有形的商品。其次，同一技术贸易的对象可以同时授予多个使用者，而且在“出售”（许可）之后，其所有者并不丧失其所有权，即所“出售”（许可）的只是技术的使用权、制造权等；在货物贸易中，卖方不可以将同一产品同时出售给不同的买方，并且卖出的商品一经出售，卖方即失去了对商品的所有权。第三，技术贸易的对象具有增值性，即技术不会因为使用而被消费掉，而且技术使用越多，技术自身会越完善，技术就会越增值；商品贸易的对象则会因使用而被消费掉，或其原有的性质和用途完全发生改变。

2. 贸易当事人的关系不同

一方面，技术贸易的当事人之间一般是同行，因为只有同行，才了解对方的技术，也才有可能使用这项技术，而一般商品贸易买卖双方则不一定是同行；另一方面，技术贸易当事人之间既是合作关系又是竞争关系，因为没有合作，则技术的转让过程或授权过程就不能顺利完成。但技术贸易双方在转让技术或授权的活动中，由于就转让技术的技术含量与水平、市场出让等方面存在固定的矛盾，因此技术贸易双方的关系同时又是竞争关系。

3. 技术贸易所涉及的问题比货物贸易复杂

首先，技术贸易自身具有隐蔽性。这意味着在签订合同之前，受方不易掌握供方的实际情况，存在一定的技术风险；其次，技术贸易所涉及的法律比一般商品贸易的复杂，除合同法等一般性法律规定外，还涉及工业产权法、技术转让法、投资法、税法等专门法规及国际惯例等；第三，技术贸易合同的签订和履行要考虑一般货物贸易的问题外，还要考虑对知识产权的保护、对技术秘密的保护、对供方的限制与受方的反限制，以及技术使用费的确定等特殊而复杂的问题。

4. 政府的干预程度不同

对于一般商品的贸易，除非常特殊的商品外，否则政府的干预程度都比较低；技术贸易则不同，在技术引进上，为了保证引进技术的先进性和适用性，政府往往会对引进的技术进行控制。而在技术的出口上，为了保持本国技术储备和在国际市场上的技术优势，政府又会对出口的技术项目制定各种标准。

4.4 与贸易有关的知识产权

4.4.1　知识产权的概念

知识产权（Intellectual Property）这一术语最早产生于 18 世纪的德国。目前，人们已习惯和接受了对于“知识产权”一词的译法。但严格意义上讲，知识产权应译为“智力财产权”或“智慧财产权”。对于知识产权的定义，多数国家的法理著作、法律以至国际条约，都是从划分范围出发来明确知识产权的概念或给知识产权下定义的。

一般来说，知识产权范围的划分有两种，即广义的知识产权和狭义的知识产权。广义的知识产权，可以包括一切人类智力创作的成果。《建立世界知识产权组织公约》所划分的范围即为广义的知识产权范围。该公约第 2 条第 7 款规定，知识产权应包括以下权利：

① 关于文学、艺术和科学作品的权利；

② 关于表演艺术家演出、录音和广播的权利；

③ 关于在一切领域内因人的努力而产生的发明的权利；

④ 关于科学发现的权利；

⑤ 关于工业品式样的权利；

⑥ 关于商标、服务商标、厂商名称和标记的权利；

⑦ 关于制止不正当竞争的权利；

⑧ 关于在工业、科学、文学或艺术领域里其他来自智力活动的权利。

由于公约第 16 条明文规定了“对本公约，不得作任何保留”，因此，可以认为世界上大多数国家，包括中国（我国于 1980 年批准参加该公约，成为世界产权组织的成员国）均对上述关于知识产权的定义原则上接受。之所以说原则上接受，是因为把广义的知识产权纳入到国内法律体系的国家比较少。

关于广义知识产权的划分，还有“国际保护工业产权协会”（AIPPI）的划分，该协会 1992 年东京大会认为，知识产权分为“创作性成果权利”与“识别性标记权利”两大类。

“创作性成果权利”包括：

① 发明专利权；

② 集成电路权；

③ 植物新品种权；

④ 技术秘密权；

⑤ 工业品外观设计权；

⑥ 版权（即著作权）；

⑦ 软件权；

“识别性标记权利”包括：

① 商标权；

② 商号权（厂商名称权）；

③ 其他的与禁止不正当竞争有关的识别标记权。

狭义的知识产权，也称传统的知识产权，包括工业产权和著作权两大部分。工业产权包括专利权、商标权和禁止不正当竞争权等。著作权包括作者权和传播权等。目前，各国对工业产权的理解存在不同程度的差异，但多数国家（包括中国）意见比较同一的是：认为传统的知识产权主要包括专利权、商标权与版权。

4.4.2 与贸易有关的知识产权

作为世界贸易组织重要组成部分的《与贸易有关的知识产权协定》（Agreement on Trade-Related Aspects of Intellectual Property Rights，TRIPS）在其第一部分第 1 条中给出了协定中所包含的知识产权的范围，它们是：

① 版权和相关权利（邻接权）；

② 商标；

③ 地理标识；

④ 工业设计；

⑤ 专利；

⑥ 集成电路布图设计（拓扑图）；

⑦ 对未披露信息的保护（包括对“商业秘密”的保护和对“技术秘密”的保护）；

⑧ 对协议许可中限制竞争行为控制。

应注意的是，《与贸易有关的知识产权协定》中的与“贸易”有关，这里的“贸易”主要指的是有形货物的买卖。服务贸易无疑也是一种贸易形式，但《与贸易有关的知识产权协定》中并不包括服务贸易。另外，通过与前面所述知识产权的广义定义比较，在广义定义中的科学发现权、与民间文化有关的权利等，一般与贸易关系不大，因而在《与贸易有关的知识产权协定》中没有涉及。狭义知识产权中的实用技术专有权的一部分，在该协定中也没有加以规范。因此，《与贸易有关的知识产权协定》所涉及的知识产权既非人们通常所理解的狭义的知识产权，也不是世界产权组织所划分的广义的知识产权。

4.4.3 知识产权的主要特点

知识产权作为一种财产权，不同与一般意义上的财产权，其主要特点如下。

1. 无形性

知识产权是相对于其他有形财产权而言的，由于知识产权的无形性，从而知识产权贸易只涉及无形财产权的使用权的转移，而没有商品所有权的转移。

2. 专有性

知识产权的专有性是指知识产权的排他性和独占性。由于知识产权可以同时被多数人拥有、使用和受益，因此知识产权的权利人只能是一个，并且知识产权只能授予一次。

3. 时间性

知识产权时间性是指知识产权仅在一个法定的期限内受到保护，权利人也只能在一定的时限内对其智力成果享有专有权。知识产权的保护时限一旦结束，其智力成果就成为人类可以共享的公共知识和成果，这意味着任何人都可以以任何方式使用而不会涉及侵权问题。

4. 地域性

知识产权的确认与保护是依照某个国家的法律进行的，它必须要通过特定的申请、审查、批准等程序才能获得，这决定了知识产权具有一定的地域性。虽然有些国家采用“自动保护原则”，但这并不能否定知识产权的地域性。

5. 可复制性

知识产权作为无形资产，必须要通过一定的有形载体来表现，这也就决定了知识产权的可复制性。

4.4.4 专利、专有技术与商标

1. 专利

1）专利的概念

根据世界知识产权组织的定义，专利（Parent）是指由政府机构（或代表几个国家的地区机构）根据申请而发给的一种书面文件，在文件中说明一项发明，并给予它一种法律上的地位，即此项得到专利的发明通常只能在专利持有人的授权下，才能予以利用（使用、生产制造、许诺销售、销售、进口），对于专利保护的时间限制一般为15～20年。在1995年1月1日生效的《与贸易有关的知识产权协议》和我国《专利法》规定，发明专利保护期为20年，实用新型和外观设计专利保护期为10年。

与专利相关的是专利权的概念，专利权（Parent Right）是以技术发明为对象，发明人依法所享有的独占权。专利权是一种财产权，主要包括独占实施权、许可权、转让权、标记权、放弃权和请求保护权。

2）专利的类型

专利主要有三种类型：发明专利、实用新型专利和外观设计专利。

（1）发明专利（Invention Parent）

发明是指对产品、方法或者其改进所提出的新的技术方案。发明包括产品发明和方法发明两种，前者是指制造各种新产品，如机器、设备、合金等有固定形态的产品，也包括液体、气体等无固定形态的物品；后者是指使一种物质在质量上发生变化而成为一种新物质的发明，如为制造某种产品的化学反应、生物方法和机械方法等。发明专利就是以产品发明、方法发明为对象所授予的专利。

（2）实用新型专利（Utility Model Parent）

实用新型是指对物品的形状、构造或其结合所提出的适于实用的新的技术方案。这种新的技术方案与发明相比难度较小，创造性水平较低。以实用新型为对象所授予的专利称为实用新型专利。需要特别指出的是，实用新型专利保护的并不是所有的产品，而是保护有固定形状的、具有三维结构的产品技术性外表，没有固定形状的产品，如气态、粉状、液态等产品则不属于实用新型专利保护对象。

（3）外观设计专利（Industrial Design Parent）

外观设计是指对工业产品的形状、图案或者其结合，以及色彩与形状、图案的结合所做出的富有美感并适于工业应用的新设计。以外观设计为对象所授予的专利称为外观设计专利。外观设计必须以产品为依托，不能脱离产品而独立存在。外观设计与美术作品不同，美术作品可以脱离产品而独立存在，是著作权法保护的对象。

3）专利侵权的概念、侵权行为与侵权的处理

《专利法》规定："未经专利权人许可，实施其专利，即侵犯其专利权。"专利侵权可以分为两类：一是违法侵权行为；一类是法律不视为侵权的行为。

（1）违法侵权行为

包括：

① 未经许可，为生产经营目的实施他人专利的行为；

② 假冒他人专利的行为，如未经许可，在其销售或者销售的产品、产品包装上标注他人的专利号，或未经许可，在广告或者其他宣传资料上使用他人的专利号等；

③ 以非专利产品冒充专利产品，以非专利方法冒充专利方法的行为，如制造或者销售标有专利标记的非专利产品、专利被宣告无效后，继续在制造或者销售的产品上标注专利标记等。

（2）法律不视为侵权的行为

《专利法》规定，有下列情况之一的，不视为侵权的行为：

① 专利权人制造、进口或者经过专利权人许可而制造、进口的专利产品或者依据专利方法直接获得产品的使用、销售或许诺销售的；

② 在专利申请日前已经制造相同产品、使用相同方法或者已经做好制造、使用的必要准备的；

③ 专为科学研究和实验而使用有关专利的。

对于法律不视为侵权的行为，仍属于侵犯专利的行为，只是侵权人不承担侵权的赔偿责任。

在我国，当专利权受到侵犯，特别是引起纠纷时，专利权人或者利害关系人可以请求管理专利工作的部门处理，也可以依照《中华人民共和国民事诉讼法》直接向法院起诉。对于侵权的处理方式按其严重程度主要有：责令侵权人立即停止侵权行为；赔偿损失；责令改正并予以公告，没收违法所得，并处于罚款；依法追究刑事责任等。

2. 技术秘密

1）技术秘密的一般定义

技术秘密（Know-How），根据英文直译为"知道怎么做"。在我国对此有多种翻译，如专有技术、技术诀窍或直接用其译音"诺浩"等。"技术秘密"的称呼依据的是《中华人民共和国合同法》的译法。对于技术秘密的定义有多种版本，在此采用美国等国家的定义，即技术秘密是某种可以转让和可以传授的，公众所不容易得到的，而且是没有取得专利的技术知识。

2）技术秘密的特点

（1）知识性

技术秘密与专利技术一样，都是人类创造性智力的产物，相对于物质实体而言，技术秘密没有有形实体，通常表现在书面或人们的头脑之中。

（2）实用性

技术秘密必须具有工业上的有用性，即人们可以将其用于工业、农业、商务及管理等领域，能够用它完成某一任务、解决某一技术领域的技术问题，如提高产品质量、节约能源等。

（3）秘密性

由于目前世界上还没有保护秘密的专门法律，因此技术秘密的商业价值就要通过其所有者采取的保密手段来实现。之所以称为技术秘密，这意味着，一旦技术秘密的内容公开或被公众所知道，其商业价值就会丧失。

（4）可传授性

技术秘密必须能够通过适当的方式让他人掌握，其传授既可以通过言传身教的方式，也可以通过技术培训、提供资料和技术指导等方式。如果某种特殊的知识只是依赖于个别人员的天赋或特殊技能而存在，那么，这种特殊的知识就不能称为技术秘密。

3）侵犯技术秘密的表现及法律救济

技术秘密的法律保护与有专门法律保护的技术不同。只有在技术秘密所有人的权益受到侵害时，技术秘密所有人才能援引适当的法律来保护其利益或挽回损失，并且对于技术秘密的保护主要是通过本国现有法律的一般原则，进行引申和扩展，间接地实现对技术秘密的法律保护。在我国《反不正当竞争法》中列举了侵犯商业秘密的表现：

① 以盗窃、胁迫、利诱或者其他不正当手段获得权利人的商业秘密；

② 披露、利诱或者允许他人使用上述手段获得的权利人的商业秘密；

③ 违反约定或者违反权利人有关保守商业秘密的要求，披露、使用或者允许他人使用所掌握的商业秘密等。

当技术秘密受到侵犯时，其所有人可以援引相关法律，保护自己的合法权益。可以援引的法律包括合同法、民事侵权行为法、制止不正当竞争法、商业秘密法、刑法等。

3. 商标

1）商标的基本概念

由于对商标的范围和表现形式的规定不一致，各国《商标法》多没有对商标进行定义。世界贸易组织在其《与贸易有关的知识产权协议》中给予商标的定义是：“任何能够将一企业的商品或服务与其他企业商品或服务区分开的标记或者标记组合，均应能够构成商标。这类标记，尤其是文字（包括人名）、字母、数字、图形要素、色彩的组合及上述内容的任何组合，均应能够作为商标获得注册，即使有的标记本来不能区分有关商品或服务，成员也可依据其经过使用而获得的识别性，确认其可否注册。成员可要求把标记应是视觉可感知作为注册条件。”我国在修正的《商标法》第8条中，对商标进行了类似定义：“任何能够将自然人、法人或者其他组织的商品与他人的商品区别开的可视性标志，包括文字、图形、字母、数字、三维标志和颜色组合，以及上述要素的组合，均可作为商标申请注册。”《商标法》第4条还规定：“本法有关商品商标的规定，适用于服务商标。”

2）商标的类型

根据我国新的《商标法》，商标主要包括以下类型。

① 商品商标。商品商标是指自然人、法人或其他组织在其生产、制造、加工或经销的商品上使用的商标。

② 服务商标。服务商标是指自然人、法人或其他组织在其提供的服务项目上使用的商标。

③ 集体商标。集体商标是指以团体、协会或其他组织名义注册，供该组织成员在商事活动中使用，并表明使用者在该组织中成员资格的标志。

④ 共有商标。共有商标是指两个以上的自然人、法人或其他组织共同注册同一商标、共同享有和使用该商标专用权的商标。

⑤ 证明商标。证明商标是指用于证明商品或者服务原产地、原料、制造方法、质量或者其他特定品质的标志。证明商标多由对某种商品或服务具有监督能力的组织所拥有和控制。

⑥ 地理标志。地理标志是指标示某商品来源于某地区的标志。与一般同类商品相比，该商品由于其自然因素或人文因素，而使该产品往往具有某些特定的品质、信誉或其他特征。

⑦ 注册商标。注册商标是指符合《商标法》规定而已申请注册的商标。按我国《商标法》规定，申请注册的商标，经商标局初步审定、公告，自公告之日起 3 个月内，期满无异议的，予以批准注册，发给商标注册证，并予以公告。

⑧ 未注册商标。未注册商标是指商标使用者未向商标局申请注册的，但已在商业活动中使用的商标。因为未经注册，所以使用者在我国不享有该商标的专用权。未注册的商标有两种：一是我国的自然人、法人或其他组织由于某种原因而对其使用的商标没有及时注册；另一种是外国的商标未在我国注册。我国现行的《商标法》对这两种未注册商标都有保护性规定，以防止他人恶意注册。

3) 商标权的含义与内容

商标权（Trade Mark Right）就是注册商标的专有权，是指商标所有者依法向商标主管部门提出申请注册，经审核符合法律规定的条件，核准注册并授予所有者（即商标权人）拥有该注册商标的专用权。商标权一般具有专用性、地域性和时间性的特点。依据我国《商标法》的规定，商标权人的主要权利包括以下内容。

① 专有使用权，即商标权人在其注册商标所核定的商品范围内享有独占使用该商标的权利。

② 禁止权，即未经商标权人的许可，在同一种商品或者类似的商品上不能使用其注册商标或者近似的商标的权利。

③ 许可权，即商标权人可以自己使用其注册的商标，也有权通过商标使用许可合同，许可他人使用其注册商标的权利。

④ 转让权，即商标权人有权连同或不连同商标所属的经营一道转让其商标给受让人的权利。

⑤ 续展权，即在注册商标有效期满，需要继续使用的，商标权人可以按规定程序申请续展的权利。

⑥ 注销权，即商标权人有权申请注销其注册商标或者注销其商标在部分指定商品上注册的权利。

⑦ 请求保护权，即当商标权受到侵犯时，商标权人或者利害关系人有权向法院起诉，或请求有关管理部门处理的权利。

4) 商标权取得的基本原则

关于商标权的取得，各国商标法的规定有所不同，但归纳起来主要有三大原则。

(1) 先使用原则（Priority of Use）

商标权的取得以先使用为原则，即使该商标被其他人抢先注册，先使用人也可以对已注册的商标提出异议，要求予以撤销。当然，先使用者必须要有先使用该商标的证据。美国是使用先使用原则的国家。在我国，先使用原则是辅助性原则，一般在特定情况下才使用。

(2) 注册在先原则 (Priority of Registration)

注册在先原则，是将商标权授予商标的最先申请人，注册后取得的权利将压倒其他任何人的权利，包括商标的最先使用人。目前，世界上多数国家采用这一原则。

(3) 无异议注册原则 (Non-Contest Requisition)

无异议注册原则是吸收了以上两种原则的优点的混合原则。商标注册申请经初步审核并公告后，商标注册申请人即取得商标的优先权，但在规定期限内任何人均可提出异议，如超过规定的期限而无人提出异议，则商标权属于先申请人；如在规定期限内，先使用人提出异议，并且异议成立，则商标权授予先使用人。

5) 侵犯商标权的表现和处理

商标权保护制度的核心是禁止他人侵犯商标权。侵犯商标权的主要表现有以下 5 个方面：

① 未经商标权人的许可，在同一种商品或类似商品上使用其注册商标或近似的商标；

② 销售商标权人拥有专用权的商品；

③ 伪造、擅自制造他人商标标识或者销售伪造、擅自制造他人的商标标识；

④ 未经商标权人的许可，更换其注册商标并将该更换商标的商品投入市场；

⑤ 给商标权人注册商标专有权造成的其他损害。

当发生商标侵权、引起纠纷时，商标权人可以采取协商解决、向法院起诉、请求工商行政管理部门处理等方法进行处理，以维护自己的权益。

4.4.5　与国际技术贸易有关的国际公约、条约与惯例

1.《保护工业产权巴黎公约》

1)《保护工业产权巴黎公约》的背景

《保护工业产权巴黎公约》简称《巴黎公约》，于 1833 年 3 月 20 日签订，1884 年 7 月 7 日生效。自公约生效后工进行了 6 次修改，最后一次是 1967 年在瑞典斯德哥尔摩修订的文本。截止到 2004 年 7 月，已有 168 个国家参加。我国于 1985 年 3 月 19 日正式加入《巴黎公约》，但根据我国不受国际法院管辖的立场，我国对该公约第 28 条第 1 款提出保留，不受其约束。《巴黎公约》对所有国家开放，一个国家若愿意加入该公约，只要直接向世界产权组织总干事提出申请，由总干事通知全体成员国，不经资格审查，3 个月后就可自动生效。

《巴黎公约》是一个"母公约"，在其下还有许多专门的"子公约"，如《专利合作条例》、《国际专利分类协定》、《商标国际注册马德里协定》、《商标注册协定》、《工业品外观设计国际保存海牙协定》等。根据规定，一个国家或地区只有首先参加《巴黎公约》，才有资格参加各项专门条约或协定。

2)《巴黎公约》的基本原则

(1) 国民待遇原则

《巴黎公约》的第 2 条和第 3 条是有关国民待遇原则的具体规定。在此方面的主要内容可以概括为三个方面。

① 在工业产权保护方面，各缔约国根据本国法律，将现在或将来给予本国居民的便利

给予其他成员国。

② 本同盟成员国国民的权利受到侵害时，可以依法享有和该国国民同等的保护。这是《巴黎公约》保护工业产权的最低标准。

③ 对非成员国的国民，只要在某一缔约国中有住所，或者有实际从事工商业活动的营业所，也可以享有同成员国国民相同的待遇。

(2) 优先权原则

《巴黎公约》第4条A-1款是关于优先权的规定。其主要内容是：可享有国民待遇的申请人或其权利继承人，已在一个本同盟成员国正式提出过一项发明专利、一项实用新型、一项工业品式样或一项商标注册申请，在规定的期限内（优先权期），发明专利、实用新型为12个月，工业品式样、商标为6个月，如果就同样内容再向本同盟其他成员国提出申请，则后来的申请应被认为是第一次申请，其提出日期应作为优先权的起算期。

享有有限权的范围只限于发明专利、实用新型、工业品式样和商标，而厂商名称、商誉和地理标记等不包括在内。

(3) 专利、商标独立原则

《巴黎公约》第4条第2款和第6条是关于专利、商标独立原则的规定。其主要内容包括以下三个方面。

① 专利、商标权的获得，在不同的成员国相互独立。这意味着，在优先权的有效期内，就同一项发明、商标分别向不同成员国提出申请，在有的国家可能获得批准，而在有的国家可能不能获得批准。

② 专利、商标权的消灭相互独立。这意味着，专利权和商标权在某一个成员国被撤销或被宣告无效时，在另一个成员国不一也被撤销或被宣告无效。

③ 专利权、商标权的保护范围和条件相互独立。这表明，在成员国满足《巴黎公约》规定的最低保护要求的条件下，高于公约给予的保护范围和条件由成员国自行决定。

2.《与贸易有关的知识产权协定》

1)《与贸易有关的知识产权协定》产生的背景

《与贸易有关的知识产权协定》是“关税与贸易总协定”“乌拉圭回合”谈判时由美国提出的提议，后经会员国多次的磋商，于1994年4月15日在马拉卡什部长会议上，最后达成一致并签署了该协定。《与贸易有关的知识产权协定》于1995年1月1日起正式生效，成为世界贸易组织的重要协议之一。

2)《与贸易有关的知识产权协定》的目的与宗旨

① 减少对国际贸易的阻碍与扭曲；

② 促进对知识产权国际范围内充分、有效地保护；

③ 确保知识产权的实施及程序不会对合法的贸易构成壁垒。

3)《与贸易有关的知识产权协定》的基本原则

(1) 国民待遇原则

该协定第3条规定：“各成员国在知识产权保护上，对其他成员国国民的待遇，不得低于其给予本国国民的待遇。”

(2) 最惠国待遇原则

最惠国待遇原则原属于有形贸易的原则，世界贸易组织将这一原则引入到产权保护方面。该协定的第 4 条规定："在知识产权保护上，任何成员国提供给其他成员国国民的利益、优惠、特权或豁免，应无条件地给予其他成员国国民。"

(3) 公共健康与公共利益原则

协定第 8 条第 1 款规定："只要措施与本协定的规定相一致，各成员就可以在其国内法律及条例的制定或修订中，采取必要的措施以保护公众的健康与发展，增加对社会经济与技术发展非常重要领域的公共利益。"

(4) 对权利合理限制的原则

协定第 8 条第 2 款规定："只要措施与协定的规定一致，各成员就可以在其国内法律及条例的制定或修订中，可以采取适当措施以防止权利持有人滥用知识产权，防止借助国际技术转让中不合理限制贸易的行为或不利影响行为。

3. 与国际技术贸易有关的其他国际公约

1)《专利合作条约》

《专利合作条约》于 1970 年 5 月在美国华盛顿召开的《巴黎公约》成员国会议上签订，并于 1978 年 1 月正式生效。我国于 1993 年加入了该条约。该条约的基本内容是：

① 在一个缔约国提出保护发明的申请，都可以按照该条约的规定作为国际专利申请；

② 国际申请应该使用规定的语言、符合规定的形式要求，符合发明单一性的要求，并按规定缴纳费用；

③ 申请人可以是缔约国的任何公民或国民，如非本缔约国的公民或居民的，应为《巴黎公约》的公民或居民；

④ 国际申请应向规定的受理局提出申请，并受该条约指定的国际检索机构及国际初审机构的审查通过后，即可由被指定国的专利局根据本国的专利法进行审查，以决定是否批准授予专利。如批准授权，申请即在指定的成员国取得国际专利。

2)《商标国际注册马德里协定》

《商标国际注册马德里协定》于 1891 年 4 月 14 日在西班牙马德里签订，此后经过多次修订，最后一次的修订是 1979 年 10 月 2 日于斯德哥尔摩。1989 年 6 月 27 日在马德里又通过了《商标国际注册马德里协定议定书》及实施细则。该协定保护对象是产品商标和服务商标。我国于 1989 年 10 月 4 日成为《商标国际注册马德里协定》的成员国，1995 年 12 月 1 日加入《商标国际注册马德里协定议定书》。

3)《保护文学艺术作品的伯尔尼公约》

《保护文学艺术作品的伯尔尼公约》于 1886 年由 10 个国家发起并缔结，并于次年 12 月生效。公约生效后经过多次补充与修订，产生了多个不同的版本。目前，多数国家批准的是 1971 年的巴黎文本。我国于 1992 年 10 月正式成为该公约的成员国。

4.5 国际技术贸易合同

4.5.1 国际技术贸易合同的主体和类型

国际技术贸易合同是规范国际技术贸易各方权利和义务的书面文件。合同的主体是依法可以从事国际技术贸易的法人、其他组织或者个人。在技术交易过程中，根据合同基础的性质、当事人的地位和作用不同，对于合同主体的称呼也有所不同，主要有：许可方和被许可方（主要适用于工业产权或著作权的许可合同）、转让方和受让方（主要用于工业产权、著作权或其他知识产权的转让）、委托方和受托方（主要用于技术服务与技术咨询及相关服务贸易）、供方和受方（主要用于技术秘密转让合同）、出口方和引进方（站在技术的供方或进口方的角度）。在国际技术贸易中，由于主要是技术使用权的授予，而非技术所有权的买卖，因此很少使用买方和卖方的称呼。

国际技术贸易合同按其内容主要分为以下 6 类。

① 专利技术合同，包括：专利实施许可合同，专利权转让合同，专利申请许可合同，专利申请权转让合同。

② 商标使用权许可合同。

③ 技术秘密转让合同。

④ 技术服务与技术咨询合同。

⑤ 计算机软件著作权许可或转让合同与集成电路布图设计专有权许可或转让合同。

⑥ 商业秘密专有权许可或转让合同。

4.5.2 国际技术贸易合同的特点

1. 国际技术贸易合同主要是技术使用权的许可，而不是技术所有权的买卖

许可方式是国际技术贸易的主要形式，按照当事人授予或取得使用权限的大小不同，许可权可以分为 4 种。

(1) 普通许可权（Simple License Right）

普通许可权是指被许可方在许可的有效期内，享有在许可合同规定的条件和地区范围内使用许可方转让的技术进行生产和销售的权利；但许可方仍保留在该地区内对所转让技术的使用权，并可以把该技术转让给第三方。

(2) 排他许可权（Sole License Right）

排他许可权是指被许可方和许可方在许可的有效期内，都拥有在许可合同规定的地区范围内使用许可方转让的技术进行生产和销售的权利；但许可方不能够把该技术转让给第三方。

(3) 独占许可权（Exclusive License Right）

独占许可权是指被许可方在许可的有效期内和规定的地区内，享有使用许可方转让技术的独占使用权。在该期限和规定的地区内，许可方和第三方都无权使用该技术。

(4) 交叉许可权（Cross License Right）

交叉许可权是指许可方和被许可方将各自拥有的技术及其使用许可权相互交换，彼此互为许可方和被许可方。交叉许可权一般具有排他性。

2. 地域性

国际技术贸易合同具有地域性特征，这主要表现在两个方面：一是与技术贸易客体有效性的法律具有地域性，如专利权只有在法律批准的地域内有效；二是被许可方利用转让或许可技术所制造产品的销售范围也有地域性的规定，许可方一般不允许被许可方将产品销售到合同约定的地域之外，以维护自己或第三方的权益。

3. 长期性

国际技术贸易合同多数为长期合同，其原因如下。

① 由于技术本身的复杂性，因此与一般商品贸易简单的交付相比，技术的转让或许可一般不是单纯的“交付”，而是通过“传授”来完成的，传授技术往往需要一个较长的过程。

② 因一些技术贸易的客体有法律保护期的问题，合同的有效期需要与此相适应。

4. 法律性

国际技术贸易合同具有很强的法律性：首先，合同授予的权利就是法律的产物；其次，合同中的条款也都以各种法律为依据，如合同法、知识产权法和税法等；第三，合同的生效也需要经过特定的法律程序。

4.5.3 国际技术贸易合同的一般结构

国际技术贸易合同大体分为5部分：第一部分为合同的首部；第二部分为合同的序文；第三部分为合同主体；第四部分为合同尾部；第五部分为合同附件。

1. 合同的首部

合同的首部主要包括合同名称、合同号码、签约日期、签约地点及当事人的法定名称和法定地址等。

(1) 合同名称

合同名称应写明许可技术的名称、技术的性质及合同的性质等。

(2) 合同号码

合同号码是识别合同的特定符号，表明合同当事人的国别代号或公司代号、合同签订的年份、进出口国别地区、进出口企业所在地区、技术进出口合同识别、进出口技术所属的行业分类和企业自定义（如序号等）。根据有关规定，合同号码总长度为17位。

(3) 签约日期

签约日期一般为当事人双方达成交易的日期。在国际技术贸易中，签约日期并不是合同的生效日期，这是因为各国都规定，技术贸易合同签订后还必须履行相关的审批手续，如涉及进出口许可证的，许可证日期才是合同生效的日期。

(4) 签约地点

在合同中，如果双方当事人未订立法律适用条款，那么，一旦发生争议提交诉讼或仲裁时，根据国际私法规则，法院机构或仲裁机构将把签约地点作为推定适用法律的依据之一。另外，有些国家还将签约地点作为征收印花税的依据。因此，合同当事人在填写签约地点时应慎重考虑。我国《合同法》规定，中外合资、合作合同的签约地点必须为中国或中国某城市。

(5) 当事人的法定名称和法定地址

当事人的法定名称是指其作为公司或企业向政府主管部门进行登记注册、经政府部门确认所使用公司或企业的全称。当事人的法定地址是指当事人作为法律实体长期或永久的营业处所。合同中之所以需要当事人的法定地址，其主要目的是用以区分同名或类似名称的企业或公司。

2. 序文

序文，也称鉴于条款或鉴于文句。其内容主要是说明当事人双方的职业背景，解释双方签约的理由，陈述许可方拥有工业产权的状况及被许可方希望获得许可方技术的愿望等。

3. 合同主体

合同主体也称为合同正文，是整个合同的核心部分。在合同主体中，以条款的形式对双方当事人的权利和义务做出了各项具体规定。以下就国际技术贸易合同中涉及的商务性条款、技术性条款和法律性条款简单进行介绍。

(1) 商务性条款

商务性条款主要包括定义、作价与支付方式、包装和标记等内容

① 定义。定义是指对合同中使用的一些关键性词汇和术语的内涵、外延及简称等进行专门的规定。这些词汇和术语包括：合同产品、专利技术、技术资料、净销售价、提成率、法律名称等。

② 作价与支付方式。国际技术贸易合同标的特点不同，其作价和支付方式也不一样。以技术的许可贸易为例，许可贸易的价格首先要考虑费用构成，如技术开发费、技术服务费、项目设计费、技术资料费、项目联络费及技术培训费等，在此基础上还要考虑技术的先进性、适用性、技术领域的宽窄、技术的法律状态等。

另外，技术市场的供求状况和被许可方的消化吸收能力等都会影响技术的作价。在计价方法和支付方式上，通常可以采用统包价格、提成价格、入门费与提成相结合和技术服务费4种方法。

③ 包装和标记。包装和标记主要规定技术资料和有关设备的运输包装要求。

(2) 技术性条款

技术性条款是指国际技术贸易中与转让或许可技术有关的条款，主要包括合同的范围、技术资料的交付、技术服务和人员培训、保证和索赔等内容。

(3) 法律性条款

法律性条款主要涉及当事人双方国家的法律及有关国际公约或条约的合同条款，主要包括侵权与保密、税费、争议的解决等内容。

4. 合同尾部

合同尾部主要包括合同的生效、期限、续展与终止、签字等内容。

(1) 合同的生效

对于国际技术贸易合同，许多国家的法律规定，当事人在合同上的签字只是双方取得一致意见的证明，并不成为具有法律约束力的文件。只有经相关主管部门批准合格后，合同才能真正成为一种法律上有效的文件。

(2) 合同的有效期限

国际许可贸易合同一般都明确规定有效期限，如合同未明确规定有效期限的，国际上通常认为，双方默示合同的有效期限，即合同有效期限直至许可专利的有效期届满为止。

(3) 合同的续展

合同的续展，是指延长合同的有效期，属于合同的变更。因此合同的续展，需要经过有关当事人同意。

(4) 合同的终止

合同终止主要是因为合同有效期届满，双方的权利和义务终止。但当合同届满，双方权利和义务并没有履行完毕时，合同终止条款应规定，合同有效期届满后，当事人之间的债权

和债务直到清偿完毕时终止。

(5) 合同的文字及签署

国际技术贸易可以以双方认可的一种文字签订，如采用两种文字签订时，在合同中必须订明。签字人应为双方当事人的法人代表或其正式授权人。

5. 合同附件

合同附件，是附在合同之后用以说明合同正文不便详细罗列的内容，其效力与合同正文相同。

本章核心概念

服务　服务贸易　服务贸易总协定　技术　技术贸易　知识产权　专利　专利权　发明专利　实用新型专利　外观设计专利　商标　商标权　技术秘密　国际技术贸易合同　普通许可权　排他许可权　独占许可权　交叉许可权

本章练习题

一、选择题

1. 服务的最基本特征是（　）。

A. 无形性　B. 不可分离性　C. 异质性　D. 不可储存性

2. 我国《专利法》规定，发明专利的保护期为（　）。

A. 10 年　B. 15 年　C. 20 年　D. 25 年

3. 在商标权的取得上，我国采用的是（　）。

A. 先使用原则　B. 注册在先原则　C. 无异议注册原则　D. 混合原则

4. 在有效期内，许可方和被许可方都拥有在许可合同规定的地区范围内使用许可方转让的技术进行生产和销售的权利，但许可方不能够把该技术转让给第三方。该许可权属于（　）。

A. 普通许可权　B. 排他许可权　C. 独占许可权　D. 交叉许可权

二、思考题

1. 简述服务主要的特征。
2. 服务的分类是什么？
3. 国际服务贸易发展的特点是什么？
4. 服务贸易总协定的主要条款是什么？
5. 我国在主要服务行业的承诺是什么？
6. 简述技术的分类。
7. 简述国际技术贸易的方式。
8. 国际技术贸易与国际货物贸易的区别是什么？
9. 简述知识产权范围。
10. 知识产权的主要特点是什么？
11. 技术秘密的特点是什么？
12. 商标的类型是什么？

13. 国际技术贸易合同的特点是什么?

14. 国际技术贸易合同的一般结构是什么?

专利侵权纠纷案①

原告：总参工程兵X设计研究所（以下简称为总参X所）

被告：浙江省余杭P新型材料厂（以下简称为P材料厂）

被告：杭州H材料有限公司（以下简称为H公司）

1990年9月20日，总参X所向中国专利局申请名为“保温消音承压玻璃棉风管”的实用新型专利。1991年5月15日，该专利申请获得授权，专利号为：902206486。1991年9月15日，总参X所将该专利技术以“复合玻纤板风管专利技术”的名义实施许可，受让方为P材料厂。双方在合同中约定，总参X所提供必要的设备、技术资料及培训，许可P材料厂实施其专利技术，P材料厂支付入门费5 000元，并在产品用于实际工程开始按销售额的5%支付转让费。合同还规定，P材料厂只能在本厂范围内使用该项技术，经营其产品，不得向外泄露或转让该技术内容；总参X所在浙江省只向P材料厂转让，不能再转让给浙江省的其他任何单位。1992年4月，P材料厂与香港某资讯科技有限公司合资成立H公司。自1992年5月开始，H公司使用总参X所的复合玻纤板风管专利技术，承建了北京吉普汽车有限公司冲压车间通风工程、杭州汽车东站、杭州省政府通讯楼、杭州华北饭店等多家工程的建设。H公司在其关于“复合玻纤板风管”新产品宣传材料中称，“复合玻纤板风管”是新科技专利产品，专利号为：902206486，专利权人总参X所将该专利技术转让给H公司实施。该宣传材料还使用了总参X所拥有的关于“复合玻纤板风管”的检验报告和鉴定意见。1993年3月24日，H公司与淮南京瑞丰实业公司签订联合经营协议，合同约定：H公司提供“玻纤板风管”的技术资料和黏合剂的配方，淮南京瑞丰实业公司支付技术开发费10万元。在淮南京瑞丰实业公司的宣传材料中也使用了复合玻纤板风管专利技术的检验报告和鉴定意见等材料。1993年6月，原告总参X所以被告浙江省余杭P材料厂、杭州H材料有限公司侵害其专利权为由向北京市中级人民法院提起诉讼，要求：(1)中止履行与被告浙江省余杭P材料厂之间的技术转让合同；(2)停止侵权；(3)赔偿因侵权造成的经济损失。

问　题

1. 你认为被告是否构成对原告的侵权，为什么?

2. 为什么本案原告可以依专利法追求P材料厂的侵权责任，也可以只追求P材料厂的违约责任?

3. 分析H公司的侵权行为，为什么说H公司既构成了共同侵权，又构成了单独侵权?

① 资料来源：国际商报，1997-3-3.

第 5 章

对外直接投资

本章主要内容

- 对外直接投资理论
- 国际独资经营企业
- 国际合资经营企业
- 国际合作企业
- 国际租赁
- BOT 投资
- 国际工程承包
- OEM

5.1 对外直接投资理论

对外直接投资也称为经济性投资，是指企业或个人在国外创立、扩充永久性企业，并对其经营管理拥有一定程度控制权的投资活动。对外直接投资与对外间接投资之间最大的差别在于对外直接投资者对海外企业拥有控制权，即投资者可以利用自己持有的股份，行使投票表决权和在经营管理中享有决策权。

第二次世界大战后，随着跨国公司的兴起和发展，对外直接投资已经成为世界经济的重要推动力量。在此背景下，西方的学者纷纷就对外直接投资的动因、国际市场的进入方式及跨国经营的区位选择进行研究，形成了不同的理论流派。

5.1.1 垄断优势理论

垄断优势理论，也称特定优势理论，是由美国学者斯蒂芬·海默（Stephen Hymer）于1960 年最先提出，后经查尔斯·金德尔伯格（Charles Kindleberger）进行了系统的阐述和补充。垄断优势理论被认为是西方跨国公司理论的基础和主流，也是对外直接投资最早和最有影响的理论。

垄断优势理论的核心内容是“市场不完全”和“垄断优势”。海默认为，传统的国际资本流动理论认为海外市场是一种“完全竞争”的描述在现实中是不存在。事实上，市场是不完全竞争的，这主要体现在4个方面：

① 商品市场不完全，即商品的特质化、商标、特殊的市场技能和价格联盟的存在使商品市场不完全；

② 要素市场不完全，即技术水平的差异和获得资本难易程度的不同使要素市场不完全；

③ 规模经济引起的市场不完全，即不同规模的企业所获得规模收益不同所导致的市场不完全；

④ 政府干预形成的市场不完全，即由于政府税收政策、利率政策和汇率政策等因素所导致的市场不完全。

海默认为，市场不完全是造成企业对外直接投资的基础。因为在完全竞争的市场条件下，企业不具备支配市场的力量，对外直接投资并不会给企业带来额外的利益；而在市场不完全的情况下，企业才可能在国内获得垄断优势，并通过投资将其垄断优势延伸至国外。关于垄断优势的构成，海默和金德尔伯格以及其他后来的学者如约翰逊、卡夫斯、曼斯菲尔德等进行了充分的论述，大致可以归纳为技术和知识优势、规模优势、资金优势、营销和组织管理能力优势等。这些优势后来被英国学者约翰·邓宁总结为"所有权优势"，并成为其国际生产折衷理论的重要组成部分之一。

垄断优势理论突破了传统的国际资本流动理论的束缚，指出对外直接投资是以不完全竞争为前提的，是一种与企业寡头垄断和市场集中相联系的现象。垄断优势理论奠定了当代对外直接投资理论的研究基础，对以后的各种理论产生了深远的影响。

5.1.2 内部化理论

内部化理论的渊源可以追溯到罗纳德·科斯（R. H. Coase）的产权经济学理论。科斯认为，由于市场失效及市场不完全将使企业的交易成本大大增加，如企业签订合同的费用、信用收集的费用及合同履行的费用等。企业为避免这些额外费用的增加，便产生了"内部化"，即以企业内部市场取代不完全的外部市场的倾向和活动。1976年，英国学者巴克利（Peter J. Buckley）和卡森（Mark C. Casson）运用交易成本和垄断优势理论，提出了对外直接投资的内部化理论。

内部化理论从国外市场的不完全与企业内部配置资源的关系来说明对外直接投资的动因。该理论的出发点是市场不完全，认为市场不完全不仅存在于最终产品市场，也同样存在于在中间产品市场。这里所指的中间产品除了通常意义上的原材料和零部件外，还包括专利和专有技术等知识型中间产品。由于知识型中间产品市场更加不完全，因此存在着定价困难和交易成本增加等问题。当交易成本过高时，企业就倾向于通过对外直接投资使其市场内部化，这样就可以将原本通过外部市场进行的交易转化为内部所属企业间的交易，从而达到降低交易成本的目的。该理论认为，影响中间产品内部化的因素主要有4个：

① 行业因素，主要包括中间产品的特性、外部市场的结构、企业的规模经济特征和产业特点等；

② 国别因素，指有关国家政治体制和法律框架、财政经济状况等；

③ 区位因素，指有关区域内社会文化差异、自然地理特征和综合投资环境等；

④ 企业因素，指企业的竞争优势与劣势、组织结构、管理水平及企业文化等。

内部化理论从内部市场形成的角度阐述了对外直接投资的动因，对跨国公司的内在形成机理有较强的解释力。另外，该理论的适用范围也较大，它不仅可以解释发达国家的对外直接投资，也可以解释发展中国家的对外直接投资。

5.1.3　国际生产折衷理论

国际生产折衷理论由英国著名跨国公司专家约翰·邓宁（J. H. Dunning）提出，邓宁认为，过去的各种对外直接投资理论都只是从某一个角度进行分析，未能综合、全面地分析企业对外直接投资的动因，因而需要用一种折衷的理论将各有关理论综合起来。国际生产折衷理论的核心是：企业跨国经营是该企业具有所有权特定优势、内部化优势和区位优势这三种优势综合作用的结果。

（1）所有权特定优势

又称垄断优势，是指企业所独有的优势。具体包括两方面内容。

① 资产性所有权优势，指企业在有形资产和无形资产上的优势，前者主要包括设备、厂房和资金等；后者主要包括专利、商标、商誉、专有技术、技术开发创新能力等。

② 交易性所有权优势，指企业在全球范围内跨国经营，合理配置各种资源、规避风险，从而降低企业交易成本上的优势。

（2）内部化优势

是指具有所有权特定优势的企业，为避免外部市场不完全性对企业的影响，而将企业优势保持在内部的能力。内部交易比非股权交易更节省交易成本，对于那些价值难以确定的技术和知识性产品更是如此。

（3）区位优势

是指某一东道国市场相对于企业母国市场在市场环境方面对企业生产经营的有利程度。主要包括：东道国市场的外资政策、市场规模、基础设施、资源禀赋等。邓宁认为，在企业具有所有权特定优势和内部化优势这两个必要条件的前提下，又在某一东道国具有区位优势时，该企业就具备了对外直接投资的必要条件和充分条件。

邓宁的国际生产折衷理论融合了各种学说的精华，并在各种理论的基础上加以归纳和总结，使对外直接投资理论的内容更加丰富。

5.1.4　比较优势理论

比较优势理论由日本一桥大学教授小岛清（K. Jima ）于 1987 年提出。该理论是小岛清依据日本企业对外直接投资的实践对对外直接投资动因做出的新的解释。小岛清认为，具有垄断优势的美国公司在海外设立子公司并把生产基地转移到国外的行为，会减少母公司的出口并对本国经济产生不利的影响，这种投资行为违背了比较优势的原理，因而属于“贸易替代型”海外直接投资。日本跨国公司的海外投资领域多属于那些已经失去或即将失去比较优势的传统工业部门，这些传统行业在国外很容易找到生产要素、技术水平相适应的投资地点，获得比国内投资高的收益；并且东道国由于直接投资项目的收益增加也必然会形成对投资产品的需求。因此跨国公司在海外的直接投资属于“贸易创造型投资”。小岛清进一步分析了美国模式与日本模式海外直接投资的不同之处：即美国公司的对外直接投资是从本国具有绝对优势或比较优势的行业开始，其目的是垄断东道国当地市场，其结果是对东道国发展经济不利；日本公司对外直接投资是从不具有比较优势的所谓“边际产业”开始的，因而有利于东道国建立具有比较优势的产业，并促进当地经济的发展。

比较优势理论依据日本企业对外直接投资的实践对对外直接投资动因做出了新的解释，丰富了对外直接投资理论的内容。但该理论缺乏广泛性和普遍性，其适用范围受到较大的限制。

5.2 对外直接投资的形式

对外直接投资可以分为股权投资形式和非股权投资两种基本形式。所谓股权投资形式，是指公司以资金形式投资国外，经营企业并对企业拥有所有权和控制权的投资。按照公司股权投资的比例，股权投资形式可以分为 4 种类型：

① 全部控股，即拥有海外子公司 95%以上的股权；

② 多数控股，即拥有海外子公司 51%～94%的股权；

③ 对等控股，即拥有海外子公司 50%的股权；

④ 少数控股，即拥有海外子公司 50%以下的股权。

非股权投资形式也称合同参与模式，是指公司不以持有股份为主要目的的国际直接投资形式。其形式主要包括技术授权、管理合同、生产合同、补偿贸易合同、交钥匙工程合同、分包合同、特许营销等。按照企业类型进一步分类，对外直接投资还可以分为国际独资经营企业、国际合资经营企业和国际合作经营企业等。

5.2.1 国际独资经营企业

1. 国际独资经营企业的含义

独资企业（Individual Enterprise，Sole Proprietorship）是指投资者拥有全部股权的企业。独资企业是最简单也是最最古老的企业形式，是直接投资的主要方式。

国际独资经营企业是指由某一外国投资者依据东道国法律，并经东道国政府批准设立的、投资者拥有企业全部股权并独自享有企业利润和承担经营风险的、在东道国境内设立的企业。

在我国，国际独资企业被称为外商独资经营企业，简称为外资企业，是指外国的公司、企业、其他经济组织或个人，依照中国法律在中国境内设立的全部资本由外商投资的企业。根据有关规定，我国的香港、澳门和台湾地区在内地设立的企业也属于外资企业，其在内地的权利和义务也适用于《中华人民共和国外资企业法》。

2. 国际独资经营企业的形式

国际独资经营企业依照组织结构可以分为分公司和子公司两种形式。但应特别注意的是，并不是所有的国家都认可分公司作为国际独资企业的形式。依照《中华人民共和国外资企业法》的规定，我国所指的外商独资企业就不包括分公司这种形式。

(1) 子公司

子公司是指全部资本由母公司单独投入，依法在东道国登记成立的独资企业。子公司的主要特点如下。

① 子公司在东道国依法注册，受到东道国法律的保护，因此具有相对的稳定性。

② 子公司的资本虽然由母公司投入，但子公司具有自己独立的公司名称和公司章程，可以独立地以自己的名义进行各种民事法律活动，因此具有较强的经营自主性。

③ 子公司拥有自己独立的财务报表，进行独立的自主核算，并承担其以出资额为限的有限责任。

④ 在税收政策上，各国对外商在本国设立的子公司一般要求按照与国内企业相同的税率缴纳所得税，但也有的国家对外商在本国设立的子公司在所得税上进行优惠。子公司没有义务向其母国纳税，只有当子公司的利润汇回母国时，才需要在母国纳税。

子公司的特点决定了母公司在东道国设立子公司的主要优点，即子公司经营上较大的自主权、承担风险的有限性及在东道筹集资金的便利性。当然，母公司在东道国设立子公司也存在一定的劣势。首先，各国对母公司在境内设立子公司的规定较多，手续复杂，费用也较高；其次，由于各国对母公司在境内子公司的税收都有较为严格的规定和管理，因此母公司希望通过公司内部转移定价以实现合理避税的难度较大。

(2) 分公司

分公司是母公司依法在东道国设立的，在法律上不具有法人资格，在经济上没有独立性的国外企业。分公司的主要特点如下。

① 分公司无须在东道国依法注册，只要得到东道国政府的同意即可。

② 分公司没有自己独立的公司名称和公司章程。

③ 分公司的资本全部来源于母公司，其所有的资产也属于母公司，母公司对分公司的债务承担连带清偿责任。

④ 分公司没有经营自主权，其主要的经营活动由母公司决定。

⑤ 分公司的任何收益，不论是否汇回母公司，都需要并入母公司的综合所得，由母公司缴纳公司所得税。

分公司的特点决定了母公司在东道国设立分公司的主要优点，即成立分公司的手续简单、母公司很容易实现对分公司的全面控制及分公司比较容易转移资产。母公司在东道国设立分公司的主要劣势在于：一方面，由于分公司不是一个独立的企业法人，而只是母公司的一个派出机构，因此母公司必须对分公司的债务承担无限责任，这使得母公司的经营风险加大；另一方面，由于受到自身性质的影响，分公司在东道国的业务种类和范围上都受到较大的限制，因此分公司的影响较小，对母公司在东道国的业务拓展不利。

3. 国际独资经营企业的优势与劣势分析

1) 优势分析

独资经营企业的主要特点是投资者完全拥有企业的所有权和经营权，从而使企业在经营方面具有一些其他企业形式不具备的优势。许多发达国家的跨国公司，特别是那些在国际市场上具有优势地位、生产规模大、技术水准高的跨国公司之所以倾向于在东道国设立独资企业，也正是基于这方面的考虑。具体而言，设立独资经营企业的优势主要表现在以下 4 个方面。

(1) 有利于母公司的统一决策和管理，从而实现母公司的全球战略目标

在全球范围内制定与实施企业战略是跨国公司的基本特征之一。在影响跨国公司全球战略实施及目标实现诸多因素中，资源的全球配置无疑是一个非常关键的要素。跨国公司为了更有效地配置其全球范围内的资源，就必须要有统一的管理和决策。在独资经营的情况下，

投资方拥有对独资经营企业绝对的经营控制权，这就保证了投资者在经营过程可以不受他人资本或其他股东的约束，也可以较好地避免下属子公司之间因局部利益等问题而可能产生的矛盾和不协调。

(2) 有利于跨国公司内部转移定价机制的实施

转移定价（或称转移价格）是指跨国公司内部母公司与子公司之间或子公司与子公司之间相互转移商品和劳务的结算价格。作为跨国公司内部贸易的定价机制，转移定价具有多方面的功能。首先，转移定价是跨国公司组织和管理内部市场，实施资源配置的手段和工具；其次，转移定价是跨国公司利用不同国家或地区的税收或其他政策上的差异，追求公司整体利益最大化的一种手段；第三，转移定价是跨国公司逃避东道国和母国诸如外汇控制、外资管理等，降低经营风险的一种手段；第四，转移定价是跨国公司实现和维持对市场控制，并向新市场渗透的手段。很显然，与其他企业经营形式相比，采用国际独资经营企业的方式，更利于跨国公司转移定价机制的实施。

(3) 有利于发挥投资者垄断的优势

进行国际直接投资的企业一般具有东道国同类企业所不具有的在某一方面的垄断优势，如产品优势、资金优势、技术优势、管理优势及渠道优势等。由于独资企业中没有投资者以外的人参与经营和分享利润，因而与其他企业经营形式相比，投资者更愿意将其各方面的垄断优势投入到独资企业。

(4) 有利于保守企业秘密，特别是技术方面的秘密

独立出资和完全所有决定独资企业经营上的排他性。由于在产品研究开发、生产组织、市场销售、资金调拨及人事安排等涉及经营的问题上只对唯一的所有者负责，因此这种企业形式更容易保守企业的秘密，尤其是对于技术方面的秘密更是如此。

2) 劣势分析

鉴于国际独资经营企业的特征，其本身也不可避免地存在一些劣势，主要表现在以下两个方面。

(1) 国际独资经营企业面临着更大的经营风险

由于市场的不确定性，在跨国投资中，企业不可避免地要遇到诸如市场风险、环境风险及政治风险等的冲击，独资的性质使其必须要承担全部的风险而不能够像其他形式的企业那样与合作伙伴共同承担风险。

(2) 国际独资经营企业受到的限制较多

一方面，多数的东道国国家基于对国家安全、国家利益及对本国产业，特别是幼稚性产业的保护，多限制或禁止外资在某些行业设立独资经营企业；另一方面，由于独资企业没有现成的合作伙伴，而且融资方式也有局限，这无疑也会限制其自身的发展。

4. 我国的外商独资企业

(1) 我国的外商独资经营企业的特征

改革开放以来，我国的外商独资企业无论是数量上还是规模上都得到迅速发展。《中华人民共和国外资企业法》明确规定，允许外国投资者（包括企业、其他经济组织或者个人）在中国境内举办外资企业，并保护其合法权益。根据《中华人民共和国外资企业法》的有关解释，我国的外商独资经营企业具有以下特征：

① 投资者必须是外国人或我国的港澳台同胞；

② 企业资本必须全部由外资构成；

③ 企业是中国的独立法人；

④ 外商自主经营、自负盈亏。

目前，外商独资企业已成为我国外商直接投资的最主要形式，2007年，我国吸引外商直接投资金额835.21亿美元，其中，外商独资的金额为572.7亿美元，占全部外商直接投资金额的68.57%。

(2) 外商独资经营企业的设立条件

根据外资企业法的规定，设立外资企业，必须有利于我国国民经济的发展，必须有利于先进技术设备的采用和必须有利于产品的出口。对于外资企业可以投资的行业，我国于1997年12月31日发布的《外商投资产业指南》，将外资可以投资的产业具体分为鼓励、限制和禁止三大类。在2001年我国未加入世界贸易组织（WTO）之前，我国的外商独资经营企业主要集中在制造业等少数领域，在我国加入世界贸易组织后，根据有关协定，我国对外开放的领域，特别是服务贸易领域将进一步扩大，外商独资经营企业可投资的行业也更为广泛。2007年，在外商直接投资的835.21亿美元中，位于第一位到第四位的分别是制造业、房地产业、商务服务业和交通运输业等。

(3) 外商独资企业的税收

根据1991年4月9日第七届全国人民代表大会第四次会议通过的《中华人民共和国外商投资企业和外国企业所得税法》的规定，在中国境内的外商投资企业（包括中外合资经营企业、中外合作经营企业和外资企业）的生产、经营所得和其他所得应缴纳所得税。应缴纳的所得税按照应纳税的所得额计算，税率为30%，地方所得税率为3%。设在经济特区的外商投资企业，在经济特区设立机构、场所从事生产、经营的外国企业和设在经济技术开发区的生产性外商投资企业，按15%的税率缴纳企业所得税。对上述地区以外的生产性外资企业，经营期在10年以上的，从开始获利的年度起，第1年和第2年免征企业所得税，第3年至第5年减半征收。根据外资企业所得税法的规定，外资企业如将缴纳企业所得税后的利润在中国境内再投资的，可以按照国家规定申请退还再投资部分已缴纳的部分所得税款。外国投资者从外资投资企业取得的利润免征所得税，外国投资者从外资投资企业取得的合法利润、其他合法收入及企业清算后的资金，可以按当日挂牌汇率折算成外汇后汇往国外。

5.2.2 国际合资经营企业

1. 合资经营企业的含义

合资经营属于合营（Joint Venture）的形式之一。在合营中，两个或两个以上的投资者分别提供企业经营所需要的人力、物力和财力资源，合作从事企业经营，并分享企业的所得。

合资经营企业也被称为股权式合营企业（Equity Joint Venture），是指由两个或两个以上的投资者以有形资产或无形资产作为各自股份共同投资，共同建立具有独立法人地位的企业，并根据股权份额分享企业收益和承担企业风险的合营企业。合资经营企业是目前国际直接投资最为普遍的形式，其主要特征可以概括为共同投资、共同经营、共担风险和共负盈亏4个方面。

2. 国际合资经营企业的出资方式和出资比例

出资方式是指合营各方投入资本的具体方式。总体来说，国际合资经营企业中的资本构成包括有形资产和无形资产两大种类，具体包括以下内容。

(1) 现金出资

合资各方的现金出资必须是自有的资金，包括以自己名义获得的贷款。在采用现金出资，尤其是在采用分期付款的现金出资形式时，要明确规定出资方缴款的具体金额和时间。在我国，以现金出资时，中方可以人民币形式出资，也可以以外币形式出资，但外方必须以外币的形式出资。

(2) 实物出资

实物出资主要包括机器设备、建筑物及土地等。在我国，依据《中华人民共和国外资企业法》的规定，外方出资的机器设备或其他物料必须符合以下条件：

① 是合营企业生产所必不可缺少的；

② 是在中国不能生产或可以生产但价格过高，或在技术性能和供应时间上不能保证需要的；

③ 作价不能高于同类机器或物料当时的国际市场价格。

(3) 工业产权和专有技术投资

工业产权是商标和专利等所有权的统称，其所有者享有的独占等权利受法律的保护。因工业产权不可以擅自和无偿使用，故其所有者可以以此折算出资。专有技术作为未公开的技术知识和商业秘密，虽不受法律保护，但其能够创造价值及市场稀缺性的特征，决定了其使用的有偿性，因此投资者也可以以专有技术折算出资。在我国，依据《中华人民共和国中外合资经营企业法实施条例》的规定，外国合营方作为投资的工业产权和专有技术，必须符合以下条件：

① 是能生产中国急需的新产品或出口适销产品；

② 是能显著改善现有产品的性能和质量，提高生产效率；

③ 是能显著节约原材料、燃料、动力等。除此以外，该条例还规定，以工业产权或专有技术形式投资的，其在投资总额中所占的比重一般不能超过15%。

(4) 场地使用权出资

东道国合营一方的投资除以上所列之外，还可以包括为合资企业经营期间所提供的土地使用权。一般而言，场地使用费的确定要考虑场地的用途、地理环境条件、企业对基础设施的要求、征地拆迁费用和使用年限等条件。另外，在确定场地使用费时还要考虑不同地区、不同行业及土地市场的供求等因素。

出资比例是指在合资经营企业中不同投资者的出资份额的对比关系，对于一个合资企业来说，不同投资者的出资比例直接决定着投资者对企业的支配权、利润分配比例及风险承担比例。在合资经营企业的出资比例问题上，不同国家、地区、行业往往有不同的规定，即使在同一国家、地区和行业，在不同时期的规定也多有不同。在经济发达国家，国家对于合资经营企业各方的投资比例管制较少。一般说来，在一些涉及国计民生和国家安全的部门和行业的合资经营企业，国家会对外资股份比例实行限制。对于一般部门和行业的合资经营企业，合资经营企业中各方的投资比例完全由当事人自己通过协商确定。在多数发展中国家，为了保证本国资本在合资经营企业中的控制地位，对合资经营企业中外方投资者的投资比例一般都制定了一些限制性的规定，如规定外资不得超过总资本的49%等。当然，在发展中国家，合资经营企业中外资不得超过总资本49%的规定也不是绝对的，如外方投资者投入的是先进技术和产品，而产品大部分是用于出口的，则外方投资者出资的比例就可以超过总资本的49%。

3. 国际合资经营企业的优势与劣势

与独资经营企业相比，合资经营共同投资、共同经营、共担风险和共负盈亏的特点使其具有诸多方面的优势。

(1) 有利于提高合资企业在东道国的竞争优势

合资经营企业竞争优势的形成和提高是基于以下两个方面：一是合资经营企业中东道国投资方对于本地政治、经济、文化环境的了解及在东道国贷款、融资、销售渠道及原材料供应方面的优惠，前者有助于合资经营企业对于东道国市场的开拓，后者有利于合资经营企业降低经营成本；二是合资经营更容易获得东道国民众的支持，使得企业在东道国的发展更为顺利。

(2) 可以使合资企业获得多重优惠

由于企业是国外投资者与当地投资者合资经营，共负盈亏，外国投资者除可以享受对外投资的优惠外，还可以获得东道国对本国企业的优惠待遇，在一些行业和领域，甚至还可以享受投资母国对合资企业的优惠。

(3) 可以使合资企业减少或避免政治风险

政治风险是指东道国政治制度变革、政策变化及政局的不稳定等非市场因素对企业经营的影响。在以外资独资企业形式进入东道国市场时，由于外资投资者与东道国政府、企业及民众可能存在利益、市场及民族情绪方面的冲突，因而使独资企业可能面临着较大国有化、政策改变等的政治风险。合资经营企业的情况则有所不同，由于合资经营企业中东道国投资者的存在，使得合资经营企业与东道国政府、企业及民众的利益具有一定的共同性，从而可以减少、缓和或避免政治风险。

国际合资经营方式也存在一定的劣势。首先，在合资企业中，同股同权的经营管理机制意味着拥有多数股权的一方实际控制着合资企业的运行与管理，这使得拥有少数股权的合资方处于相对的被动境地。其次，由于双方是合资经营，合作对于任何一方都非常重要，如果双方经营的理念、经营目标和经营风格不同时，就可能导致双方潜在的矛盾。当某一方投资的目的得到满足或经营的环境发生变化时，任何一方都可能撤资或违背最初合资时的承诺，从而使另一方遭受损失。

4. 我国的中外合资经营企业

根据《中华人民共和国中外合资经营企业法》的规定，允许外国公司、企业和其他经济组织或个人在我国境内，与我国的公司、企业或其他经济组织共同举办组织。在合营企业的注册资本中，外国合营者的投资比例一般不低于25%。在企业组织形式上，合资经营企业主要为有限责任公司。在企业设立、税收等方面，中外合资经营企业与外商独资经营企业基本相同。2007年，我国中外合资经营企业实际利用外资250.6亿美元，占同期实际利用外商直接投资额的30%。

5.2.3　国际合作经营

1. 国际合作经营的含义

合作经营也称为契约式合营（Contractual Joint Venture），是合营的另一种形式。合作经营是指合作方共同签订合作经营合同，规定各方的投资条件、收益分配、风险责任及经营方式的一种非股权的契约式合作方式。国际合作经营是指由某一国的企业、经济组织或个人与其他国家的企业、经济组织或个人通过签订并履行确定双方权利和义务的合同而产生的经济组织。

与合资经营所产生的经济组织——合资企业必须是法人不同，由双方签订合作合同而产生的组织可以是法人，也可以不是法人。对于前者，人们称之为合作企业；如果合作方属于不同国家，则称之为国际合作企业。

在我国，中外合作经营是由双方实行契约式经营，由中外合作各方自行协商而组织起来的一种有限责任制的经济合作组织。在这种经济合作组织内，各方不以投入的资本比例作为分配收益的依据，合作各方的责任、权利、义务及风险和亏损的分担等事项均通过协议或合同确定，收益的分享也可以根据不同的情况，在各方协商的基础上采取产品分成、收入或利润分成等多种灵活方式进行。

从国际合作经营企业的法律地位分，国际合作经营企业可以分为“法人式”的合作经营和“非法人式”的合作经营两大类。

(1)“法人式”的合作经营

是指由两国或两国以上的合营者在东道国境内，根据东道国有关法律，通过签订合同建立的契约性合营企业。“法人式”的合作经营企业有独立的财产权和法律上的起诉权和应诉权，在企业内部建立规范的组织机构，如董事会和联合经营管理机构。在对外债务上，“法人式”的合作经营企业可以以自己的全部财产承担责任，实行有限责任制。

(2)“非法人式”的合作经营

是由两国以上的合营者作为独立经济实体，通过契约组成松散性的合作经济联合体，而该联合体不在东道国独立注册。以“非法人式”的合作方式经营，合作双方对合作企业的财产只有使用权而无独立的财产所有权。合作各方仍以各自法人资格享有对各自财产的所有权，并对合作企业的债权、债务按合同约定的比例承担各自的责任。在对合作企业的管理上，可以由各方派代表组成联合管理机构进行管理，也可以由某一方进行管理，甚至可以由双方同意的第三方进行管理。在债务的承担上，合作经营的参与各方一般都以其全部出资为限，实行有限责任制。

我国《中华人民共和国中外合作经营企业法》规定，鼓励外国企业和其他经济组织或个人按照平等互利的原则，同中国的企业或其他经济组织在中国境内共同成立中外合作经营企业。对于中外各方所签署的协议书和合同经我国政府或有关部门批准后，受法律的保护。另外，《中华人民共和国中外合作经营企业法》还规定：由外方合作者负责经营管理的合作企业，须经我国有关部门的批准，并要符合下列条件：

① 具有为我国国民经济发展所急需的世界先进技术；

② 生产的产品主要用于出口或我国每年需要大量进口的重要产品；

③ 全部资金（除土地使用权外）和主要技术由我国合作方提供；

④ 中外合作者通过董事会或管理委员会能对合作企业的经营管理进行有效的监管。

2. 国际合作经营的主要特征

合作经营与合资经营不同，它是建立在合同基础之上的合营关系。以中外合作经营企业为例，国际合作经营主要具有以下特点。

(1) 合作经营的投资形式和合作内容灵活多样

在投资形式上，合作的各方可以以现金形式投资，也可以以实物、土地使用权、工业产权、技术或其他产权的形式投资，并且合作方的投入可以不用同一计价标准计算各自的股份比例，也可以不按各自的股份比例享受权益。在合作内容上，双方合作经营的项目，既可以是单项的，也可以是综合性的；在合作时间上，双方合作既可以是长期的，也可以是短期的；在合作经营的关系上，合作各方既可以分别签订单项合同分别执行，也可以把单项合同归并为一个综合性的合作协议来执行。

(2) 合作经营的组织形式和管理方式灵活多样

合作经营既可以组成具有法人地位的经济实体，也可以建立在契约基础之上的合作生产、合作建设、合作销售、合作投资等形式的不具有法人资格的松散性的经济联合体。合作企业的经营管理既可以是合作双方共同参与，也可以是合作双方中的一方负责经营管理，还可以委托双方认同的第三方代为管理。

(3) 合作经营的产品销售和回收投资的方式灵活多样

在产品销售上，合作经营的产品可以销往国际市场，也可以在有关部门批准的情况下，销往国内市场；产品既可以由企业直接销售，也可以委托其他企业或机构进行销售。在投资的回收上，具体的投资回收方式、期限由参与合作经营的各方商订。合作经营的各方或其中的一方，都可以在合同期满前回收其投资；投资回收既可以通过利润分成的方式进行，也可以通过折旧的方式进行。

(4) 合作经营的盈亏损益分配形式灵活多样

以合作方式经营的企业，收益分配主要按照合同规定进行，而不一定是要按照各自投资的股份比例进行；收益分成既可以采取利润分成的形式，也可以采取产品分成的形式，还可以采取利润分成和产品分成相结合的方式；在收益分成的比例上，可以是长期固定不变的分成比例，也可以根据合作时期的不同而变动，有的合同还规定保证外方或合同的一方的收益达到一定的比例或金额。在债务和经营风险的分担上，合作经营企业各方也按照合同约定进行，但各方都实行有限责任制，即各方均以自己的投资对债务和经营风险负责，相互之间不负连带责任。

(5) 合作经营企业合作期满的清算方式灵活多样

根据合作经营企业的投资回收情况，合作经营企业在合作期满后，可以采取不同的清算方式：

① 若外方投资者已先期回收其投资本金并且享有利润分成时，须将其在合作经营项目内所有财产交归东道国合作方所有，不再另行清算；

② 若外方合作者尚未回收本金，但双方同意延长合作期限的，经东道国主管部门核准后，可适当延长合作经营的期限；

③ 若外方投资者尚未收回投资本金，并且不再延长合作期限的，按合作双方合同或协议的规定办理清算。

3. 我国的中外合作经营企业

(1) 中外合作经营企业的设立

在我国，中外合作经营企业是指外国（或我国港澳台地区）的公司、企业或其他经济组织或个人，按照平等互利的原则，以契约式的合作经营方式与中国的公司、企业或其他经济组织在中国境内共同举办的各种企业或共同进行的某种经济活动。根据《中华人民共和国中外合作经营企业法》的规定，我国鼓励举办产品出口或者技术先进的生产型合作经营企业，并依法保护合作经营企业和中外合作者的合法权益。该法律还规定，中外合作者成立的合作经营企业，应当依法在合作经营企业的合同中约定投资或合作条件、收益或产品分配、风险和亏损的分摊、经营管理方式和合作企业终止时财产的归属等事项。另外，中外合作经营企业符合中国法律关于法人条件规定的，依法取得中国法人资格。在企业设立、税收方面，中外合作经营企业与中外合资企业类似。

(2) 中外合作经营企业的发展

与在我国的外商独资经营企业和中外合资经营企业相比，中外合营企业是我国外商直接投资的一种补充形式。2007 年，我国中外合营企业利用外资金额 11.9 亿美元，占同期实际利用外商直接投资额的 1.43%。从行业的分布领域看，中外合作经营企业主要集中于制造业。

4. 中外合资经营企业与中外合作经营企业的异同

1) 中外合资经营企业与中外合作经营企业的相同点

① 两者所依据的法律大同小异，中外合资经营企业的法律依据是《中华人民共和国中外合资经营企业法》，中外合作经营企业的法律依据是《中华人民共和国中外合作经营企业法》，其中，中外合作经营形式就是在中外合资经营的基础上派生的一种经济合作形式，在《中华人民共和国中外合作经营企业法》通过之前，中外合作经营企业就是参照《中华人民共和国中外合资经营企业法》的优惠规定和具体要求执行的。

② 两者的经营都是以双方的合作为基础，双方的平等互利、真诚合作是中外合资经营企业和中外合作经营企业能够顺利运作的重要保证。

③ 两者都实行有限责任制，合作各方按合同规定取得各自的利益，以各自的注册资本为限承担对债权人的责任。合作企业的负债不仅与投资各方自有的其他财产无关，而且投资各方相互之间也不承担连带责任。

2) 中外合资经营企业与中外合作经营企业的区别

(1) 经营形式

合资经营企业一般为股权式经营企业，出资各方的资本投入无论采取现金方式还是以实物或其他权益（土地使用权或工业产权等）形式，都要折算成现金以计算各出资方投资的比例，并据此比例以分享收益和承担风险。合作经营企业一般为契约式经营企业，中方合作者通常以土地、厂房、公用设施及劳务作为投资，而外方合作者多以资金、技术设备和原材料等作为投资，各方投入的实物或权益无需折算成现金，也不计算各方的投资比例，合作各方的权利、义务、责任及风险承担等事项都由合同加以规定。

(2) 收益分配

合资经营企业的各方按注册资本的比例分享利润，承担风险与经营亏损，在合同中也不可以以任何形式保证外商的利润。合作经营企业的各方收益分配方式和比例由合同加以规定，相应所承担的风险和经营亏损也按合同规定执行。在收益分配形式上，既可以采取利润分成、产品分成的方式，也可以采取各方商订的其他方式。在合同中，可以保证外商的收益达到一定的数额或占总收益中的比例。

(3) 投资构成

在合资经营中，双方不但要共同投资，而且还要按同一货币计算投资比例。在合作经营中，双方提供的生产要素不以同一货币计算各自的投资比例。

(4) 所得税征收

合资经营企业作为纳税人，要按照我国有关的所得税法缴纳所得税，并按有关规定享受所得税优惠待遇。合作经营如果不组成法人，则合作双方需要分别缴纳所得税，外方缴纳自己收入部分的所得税，并可享受所得税优惠待遇；中方缴纳自己收入部分的所得税，但不享受所得税优惠待遇。

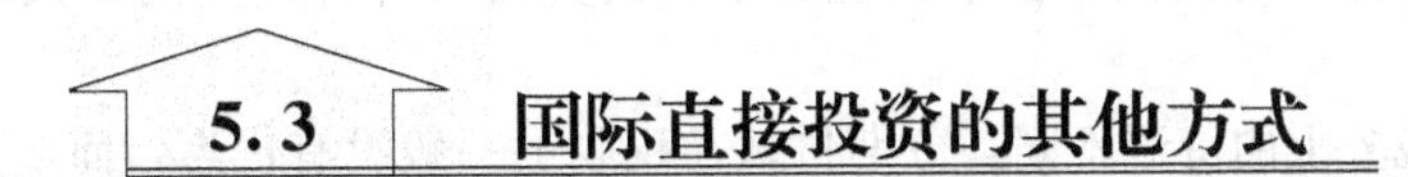

5.3　国际直接投资的其他方式

近几十年来，由于技术的进步和金融工具的创新，新的国际直接投资方式不断涌现，以下主要介绍国际租赁、BOT 投资、国际工程承包和 OEM 投资 4 种形式。

5.3.1　国际租赁投资

1. 国际租赁的概念

国际租赁（International Lease），是指东道国企业（承租方）向外商（出租方）支付租金，以取得在一定时期内使用出租方财产权利的经济行为。在租赁期内，承租方拥有租赁财产的使用权，而租赁财产的所有权仍然属于出租方。在租赁期满后，承租方可以在退租、续租和留购三种方式中选择。典型的租赁活动涉及三方当事人（承租方、出租方、供货人）和两个合同（租赁合同、供货合同）。

在国际租赁中，出租方一般有：

① 专营租赁业务的公司，包括经营性租赁公司和融资性租赁公司；

② 制造商和经销商附设的租赁公司；

③ 银行、保险等金融机构；

④ 由厂商或租赁公司与金融机构组成的联合机构；

⑤ 国际性租赁公司。

国际租赁是国际性商品信贷和金融信贷的结合，对于出租人而言，国际租赁能起到对外投资和商品出口的双重作用；对于承租方而言，国际租赁既能利用外资，又能引进国外的先进技术。

2. 国际租赁的基本形式

从利用租赁的目的和收回投资的角度划分，租赁可以分为“完全付清”（Full Pay-out Lease）的金融租赁和“不完全付清”（Not Full Pay-out Lease）经营租赁两种基本形式。在此基础上派生了杠杆租赁、维修租赁、转租租赁和回租租赁等。

(1) 金融租赁

金融租赁（Financial Lease）也称为融资租赁、财务租赁或设备租赁。一般是由出租人向制造商购买由承租人选定的设备，再将该设备租赁给承租人使用，并按租赁合同的规定收取租金的一种租赁形式。因承租方所缴纳的租金足以使出租方收回设备的全部费用并取得适当的利润，所以金融租赁属于“完全付清”的租赁。金融租赁的租期较长，一般等于设备的有效寿命期。在承租人付清全部租金后，出租人对租赁设备的所有权一般会转移给承租人。

在租赁期内，金融租赁合同不可以撤销。

金融租赁按内容可划分为干租（Dry Lease）和湿租（Wet Lease）两种。干租是出租人只向承租人提供设备，但不提供该设备的操作人员。湿租是出租人除向承租人提供设备，还随同设备提供操作与维修人员。

金融租赁与分期付款在形式上有一定的相似性，但两者之间有本质的区别。

① 租赁物和分期付款标的物的使用权和所有权归属不同：在分期付款中，标的物的所有权和使用权均属于购买人，在金融租赁中，租赁物的所有权归出租人，而使用权归承租人。

② 两者在税务上的待遇不同：分期付款在税收上一般没有优惠，而金融租赁在税收待遇上一般有优惠。

③ 在付款期限上，金融租赁的付款期一般要比分期付款的期限长。

（2）经营租赁

经营租赁（Operating Lease）又称服务租赁、营业租赁或管理租赁，是出租人将设备直接出租给承租人使用的一种租赁方式。在经营租赁中，承租人根据自己的需要决定租赁设备时间的长短，其目的在于对设备的使用。出租人用于租赁的物品一般是一些需要专门技术进行维修保养和技术更新较快的设备。

与金融租赁不同，经营租赁的主要特点如下。

① 租赁的主要目的是获得资产的使用价值，即租赁的着眼点完全在于融物而不是融资。

② 租期短，租赁的期限远远低于租赁物的使用寿命。

③ 经营租赁属于“不完全付清”的租赁，即出租人必须把设备连续出租多次，才能够收回其投资于设备的资金和获得适当的利润。

④ 租赁合同具有可解约性，即承租人可以根据需要，在合同期限内提前通知出租人，要求中途解约，退还租赁设备。

⑤ 为了保持租赁设备的良好状态，出租人一般都提供有关设备维修、保养和保险等服务。

⑥ 租赁设备的所有权始终属于出租人，不发生转移。

（3）杠杆租赁

杠杆租赁（Leverage Lease）又称衡平租赁或减租租赁，是指由承租方政府通过向出租方提供信贷或减税而使租赁公司可以以优惠的条件向承租方租赁设备的一种租赁方式。在杠杆形式中，租赁对象主要是价值较高、有效寿命期较长的设备。

利用杠杆租赁形式，出租人一般只需要投入购置设备款项的20%～40%，即可以在经济上拥有该租赁设备的所有权，并享有设备百分之百同等的税收优惠，而其余60%～80%的款项由银行、保险公司等金融机构以出租人的设备、收取租金的受让权等为担保而提供。由于出租人只需要投入购置设备款项的20%～40%，即可以在经济上拥有该租赁设备的所有权，其形式与物理学中的杠杆原理非常相似，故称之为杠杆租赁。

（4）维修租赁

维修租赁（Maintenance Lease），是以金融租赁和各种服务条件相结合的一种租赁形式。在维修租赁方式中，出租人不仅向承租人提供设备，还有义务对设备维修、保养等提供租后服务。维修租赁的租赁期一般都在两年以上，租赁物一般为易耗损、维修保养工作量大而承租方又不具备维修能力的设备，如飞机、汽车等。

(5) 转租租赁和回租租赁

转租租赁（Sublease）是指租赁公司从另一家租赁公司租进物品，然后再将其转手租给承租人的一种租赁形式。转租租赁的目的主要在两个方面：一是为了从其他租赁公司获得资金融通，扩大业务经营；另一方面是利用不同国家或地区在租赁税收规定上的差异而获得相应的优惠和利益。

回租租赁（Sale and Lease，Back Lease）是承租人将其所有的物品出售给出租人，并再从出租人手中将该物品重新租回的一种租赁形式。采用回租租赁可以使承租人迅速收回购买物品的资金，加速了资金的周转。在回租租赁中，租赁对象一般为已经使用过的物品或不动产。

3. 国际租赁合同

国际租赁一般涉及出租人、承租人和供货人三方当事人，如果是杠杆租赁形式，则还要涉及贷款人、物主、物主委托人、包租人等多方当事人。为了有效地规范各当事人的行为，明确各当事人的权利和责任，在国际租赁活动中需要签订租赁合同、供货合同、贷款合同、设备维修合同等一系列有关合同。以下仅对国际租赁合同进行简单介绍。

国际租赁合同是规范出租人和承租人在跨越国界的租赁活动中有关各自权利和义务的书面文件。虽然目前在国际上并没有国际租赁合同的标准条款规定，但国际租赁合同一般包括以下基本内容。

① 对租赁物的描述，即在合同中对租赁物的名称、品牌、型号、性能、数量、产地等的规定。

② 租赁期限的规定，即在合同中对租赁业务的开始日期、终止日期、合同有效期，以及在整个合同有效期内，当事人双方是否可以提前解约和续约的规定。

③ 租金的规定。包括：a. 明确租金的数额、租金的交付日期、第一次缴纳租金的时间、租金缴纳的期数、租金缴纳的形式、支付次数、支付地点、支付币种及不能按期支付的处理等；b. 明确规定租金的构成和计算方法，包括租赁物品的货价计算、采购费用计算、利息支出计算、有关税收计算、保险费计算、佣金管理费、手续费计算及利润计算等；c. 租金的变更条款，主要涉及由于税收、利率等因素变动而对租金构成和计算的规定等。

④ 出租物品所有权的规定，包括租赁有效期内租赁物品所有权的规定和租赁期满后租赁物品所有权的规定等。

⑤ 租赁物品的交货、验收、质量保证等规定。

⑥ 租赁物品的保险、维修、保养等方面的规定等。

5.3.2 BOT投资

1. BOT投资的含义

BOT是英文Build-Operate-Transfer的缩写，意指建设—经营—转让，是自20世纪80年代以来在国际上非常盛行的一种直接投资方式。

BOT实质上是一种利用私人资本投资于公益性基础设施或工业性项目的融资方式。一种典型的BOT投资形式是：一国政府提出某一项目（主要是本国的基础设施建设或工业性项目），然后与对项目有兴趣的私营部门（包括国外与国内公司）签订协议，在所定协议的范围和期限内，私人部门负责投资、承建、经营这一项目和设施，收回投资本息并获得适当的利润；在协议期限结束后，私人部门将项目无偿转让给所在国政府。

2. BOT 投资方式的优点和缺点

采用 BOT 投资方式，对于东道国及项目本身具有以下优点。

第一，BOT 投资方式有利于减轻东道国财政负担和国内资本的不足，有利于东道国基础设施的建设和经济的发展。政府允许国内外私人企业通过筹资、建设和经营的方式参加本国的基础设施项目或本国的工业项目，就可以减轻政府财政的支出负担和国内资本的不足，而财政节约下来的资金就可以转移到其他项目的投资和开发。基础设施的改善和工业项目的发展有利于东道国经济的发展和社会的进步。

第二，BOT 投资方式可以避免政府的债务风险。由于 BOT 投资的资金属于私人企业负责筹措，私人企业也就必须对资金的安全、使用效率及偿还负完全责任并承担相应的风险。因此，在 BOT 投资方式下，东道国政府不仅不承担项目的债务，并且不会影响政府在国际金融机构的贷款限额。

第三，BOT 投资方式有利于提高项目的运作效率和管理水平。BOT 项目一般都具有投资金额大、建设周期长、资金回收慢等特点。因此，私人企业为了减少风险，获得较高的收益，势必对整个项目的运作进行严格的、科学的筹划和管理，这有助于项目运作效率和管理水平的提高。

当然，东道国政府采用 BOT 投资方式也存在缺点。首先，BOT 投资方式虽然可以减轻财政及国内资本的不足，但政府也必须为之付出了一定的代价，如在一定时期内使用权的让渡，甚至是部分产权的让渡；其次，当对一些具有自然垄断性的社会公用事业采取 BOT 投资方式时，由于这些行业缺乏竞争，在定价不当或协议考虑不周时，投资方有可能获得过高的垄断利润，从而实际上损害了东道国的利益。

3. BOT 投资方式的运作程序

根据国际经验，BOT 投资方式的主要运作程序包括以下内容。

① 确定项目阶段：由政府和投资者双方对项目进行考察，选择并确定可以采用 BOT 投资方式的项目。

② 招标和投标阶段：一方面，政府在确定项目之后，确定招标和要约文件，并对后选承包商进行资格审查；另一方面，有意承包的投资商对该项目进行各方面论证，并进行项目投标。

③ 评价阶段：投资商投标后，政府对各投标方案进行分析评价，依据一定标准选择中标者。

④ 谈判阶段：政府有关部门与中标者就项目的各方面条款进行谈判、协商，形成最后的法律文件。

⑤ 建设阶段：在该阶段，BOT 方式一般按照交钥匙的建设方式进行，即项目建设方案的选择、设计、施工、调试等建设环节均由承包商负责进行，直到项目建成并达到合同的要求为止。

⑥ 经营阶段：BOT 项目建成后，在协议规定的时期内，投资方拥有项目的经营权，即投资方可以通过项目收益以偿还贷款并独享利润。

⑦ 转让阶段：协议经营期满后，投资方将项目的所有权按规定转让给东道国政府。

5.3.3 国际工程承包

1. 国际工程承包的含义

国际工程承包是指一国承包商按照国外业主提出的条件，同意承担某项项目工程的建设任务，并取得一定报酬的跨国经济活动。国际工程承包是一项综合性的商务活动和经济交往，是国际劳务合作的一种形式。从劳动力、资金、技术等要素流动的角度看，国际工程承包也是投资者进行对外直接投资的一种方式。国际工程承包主要涉及两方当事人，即承包商和业主。承包商，也称承包公司或承包人（Contractor），是承包某项工程的自然人或法人，主要负责物质的采购、工程项目的建设及提供咨询业务等；业主，也称发包人（Promoter），是工程的所有者，主要负责工程发包、提供建设所需要的资金并按规定向承包商支付酬金等。

国际工程承包最早由西方国家采用，第二次世界大战后，许多发展中国家也纷纷利用这一方式获得相应的经济利益。目前，国际工程承包所涉及的项目种类非常广泛，主要包括公路、铁路、机场、管道、水利设施、通信系统等。

2. 国际工程承包的方式

(1) 总承包

是指从投标报价、谈判、签约到组织合同实施的全过程，包括整个工程对内对外转包与分包都由承包商对业主负全部责任。该承包方式对业主和承包商均比较有利，是国际工程承包的主要的形式。

(2) 单独承包

是指一家承包商单独承揽某一个工程项目。该承包方式适用于工程规模较小、技术简单，而承包商的实力又比较雄厚的情况。

(3) 分包

也称平等分包，是指业主把一项工程分成几个子项目分别发包给几个承包商。每个承包商之间是平等关系，他们各自对业主负责。该承包方式有利于发挥不同承包人的优势和工程项目的进展，但不易于协调管理。

(4) 二包

是指承包商在总包或分包的工程中把子项目或子项目中的某一部分工程转包给其他承包商。人们把接受第二次承包的承包商称之为二包商。同样道理，二包商可以把自己承包项目的全部或一部分再转包给三包商，以此类推。如同分包一样，进行适当的二包或三包有利于工程项目的进展和不同承包商优势的发挥，但多次转包有可能会对项目建设的质量带来消极影响，应加强管理、监督与协调。

(5) 联合承包

指由几个承包商共同承揽工程项目、各自承包分别负责工程的一部分。在联合承包中，承包商之间的关系平等，而不是总包和分包的关系，他们各自向业主负责。

(6) 其他承包方式

如合作承包、转让承包和“交钥匙”工程承包等。

3. 国际工程承包的特点

(1) 国际工程承包的内容复杂

国际工程承包不仅涉及项目所在国的社会政治、经济和文化，而且涉及工程、技术、金融、保险、贸易、投资、管理和法律等诸多领域。即使是从承包工程本身看，从筹备到完成也要经过可行性研究、设计、估价、招投标、签约、采购、施工、验收、移交等一系列复杂过程。

(2) 合同金额大

国际工程承包项目的性质决定了合同交易金额的庞大，一般少则几十万美元，多则上亿美元，甚至几十亿美元。由于商品、技术和劳动力在各地区成本和价格的差异较大，增大了承包商获得丰厚利润的可能，这也是国际工程承包市场竞争激烈的原因之一。

(3) 项目建设周期长，工程之间差异大

由于国际承包工程项目较大，施工所需要的时间一般都较长，短则1～3年，长则10年左右。另外，由于国际工程承包项目所在国家的地理环境、法律法规、施工条件、施工方法及业主对项目的要求不同，这使得每项国际承包工程，即使是同一类项目之间的差异也很大。

(4) 经营风险大

国际工程承包作为一种资本、技术、设备、劳务和其他商品的综合投资，承包商在实施项目的过程中，要受到各种条件的限制和影响，这其中许多是承包商自已无法估计和能够控制的，诸如项目所在国的政局、政策和法律的变化、货币贬值、设备、材料及工人工资的变动，等等。这一切都意味着国际工程承包在获取巨额利润的同时，承担着较大的经营风险。

(5) 涉及关系广

虽然国际工程承包合同的签约人只有承包商和业主两方，但在合同实施，特别是大型工程项目的实施过程中，还要涉及多方面的当事人。在业主方面有业主的代表、业主的咨询公司等；在承包商方面有分包商（也称为二包商）或合伙人、各类材料供应商等；在业主和承包商之间有银行、保险公司及担保人等。

其他形式的国际直接投资形式还包括许可经营（已在第4章介绍过）、管理合同、销售协议、技术协议、合同制造等。

4. 国际工程承包合同

国际工程承包合同是业主与承包人之间确定各自权利和义务而签订的具有法律约束力的文件。目前，国际性组织和机构编制的供业主和承包商选用的“标准合同”种类较多，其中最为广泛使用的是由“国际顾问工程师联合会”（FIDIC）编制的“标准合同”。

FIDIC合同主要有十二大条款，它们分别是：合同范围、工程期限、承包商的权利和义务、发包人（业主的权利和义务）、工程师及其代表、价格条款、支付条款、转包条款、工程变更条款、索赔条款、仲裁条款、验收条款。

5.3.4 OEM

1. OEM的含义

OEM是英文Original Equipment Manufacturer的缩写，如按其字面意思，可以翻译为原始设备制造商。目前，国内对OEM的含义虽有多种不同的解释，但本质内容大同小异。即OEM是指经营商或原生产者（即原品牌单位）不直接生产产品，而是利用自己所掌握的核心能力，负责产品设计和开发、控制产品的销售渠道，对于产品的具体生产或加工则委托其他企业完成的一种合作经营生产方式。基于以上定义，OEM也可以称之为代工生产、定牌生产或贴牌生产，即国内习惯上称之的加工贸易。

OEM是社会化大生产和大协作的产物。在欧洲，早在20世纪60年代就已建立有OEM性质的行业协会，1998年OEM生产贸易已达到3 500亿欧元。在亚洲，印度就是通过OEM方式而成为世界最大计算机软件的出口国，我国台湾地区也以OEM方式成为全球最大的个人计算机生产基地。美国的耐克公司，其年销售收入高达20多亿美元，而自己却没有一家生产工厂，其产品全部采用OEM方式生产，自己只专注于研究、设计及销售，成为世界上OEM经营成功的典范。我国自改革开放以来，加工贸易发展迅速，已成为我国对外贸易保持快速增长的重要推动因素之一。在我国各类对外加工贸易形式中，OEM方式已逐步成为对外加工贸易的最主要形式。

2. OEM方式迅速发展的原因

首先，OEM适应了科技飞速发展的需要。科技飞速发展导致了产品生命周期的缩短，企业的竞争正从生产和运营转向技术和市场。为了尽快将研究成果转化为商品占领市场，缩短新产品的生产周期和减少产品在生产环节的各项投入，OEM方式是最好的选择之一。

其次，OEM方式适应了品牌拓展的需要。经济的全球化趋势及企业竞争的激烈化，使得品牌和渠道在提高产品最终价值方面的重要性更加突出。OEM方式有助于拥有良好品牌形象的跨国公司将已经成熟的产品或有优势的产品推入国际化的营销渠道，从而有利于自身品牌在世界范围的拓展和赢得更广范围的消费者。

再次，OEM适应了全球化信息管理系统发展的需要。随着科学技术的发展，计算机集成系统逐渐被运用于生产过程之中，质量管理已成为生产过程中可以控制的因素，这就为OEM厂商确保生产出符合原厂商产品质量标准的产品提供了物质保证。这也正是OEM方式在生产自动化程度较高的信息产业、一些机电行业内迅速发展的原因之一。

最后，OEM方式也适应了一些发展中国家充分利用自己的优势、积极进入国际市场的需要。

本章核心概念

国际独资经营企业　子公司　分公司　国际合资经营企业　国际合作企业　国际租赁　经营租赁　金融租赁　杠杆租赁　BOT投资　国际工程承包　OEM

本章练习题

一、选择题

1. 对外直接投资最早和最有影响的理论是（　　）。

A. 垄断优势理论　　B. 内部化理论

C. 国际生产折衷理论　　D. 比较优势理论

2. 依照《中华人民共和国外资企业法》的规定，（　　）不能视为外商独资企业。

A. 子公司　B. 孙公司　C. 母公司　D. 分公司

3. 金融租赁中的“干租”是指（　　）。

A. 出租人只向承租人提供设备

B. 出租人只向承租人提供相关设备的操作人员

C. 出租人只向承租人提供信贷

D. 出租人只向承租人提供供应设备的企业信息

二、思考题

1. 国际直接投资理论有哪些？它们的核心内容是什么？
2. 简述子公司与分公司各自主要的特点。
3. 简述国际独资经营企业的优势与劣势。
4. 国际合资经营企业的出资方式有哪些？
5. 简述国际合资经营企业的优势与劣势。
6. 国际合作经营的主要特征是什么？
7. 比较中外合资经营企业与中外合作经营企业的异同。
8. BOT 投资方式的优点和缺点各是什么？
9. 国际工程承包的特点是什么？
10. 简述 OEM 方式迅速发展的原因。

案例分析

国际直接投资地理分布的中心与外围①

如果用对外直接投资来衡量，在过去的 15 年中跨国公司有很大的发展，对外直接投资比国际贸易和收入增长的速度快，1985—1997 年全球实际国内生产总值年均增长为 7.2%，而世界进口年均增长为 9.2%，对外直接投资的实际流量的年均增长却为 17.6%。这些数字由新投资融资、分支机构的剩余利润和跨境的并购所构成，跨国并购，特别是发达国家之间的并购在 1996 年占对外直接投资流量的 49%，1997 年则为 58%。

跨国公司活动的规模不仅仅只看对外直接投资流量，还要看跨国公司的销售规模，1996 年美国跨国母公司出口占美国商业出口总额的 2/3，达到 4 073 亿美元（总额为 6 210 亿美元），在 4 073 亿美元中主要是产业内贸易，约 1 821 亿美元（44.7%）出口到海外分支机构及其相差的公司，在 1983—1995 年，跨国公司海外分支机构占世界的出口总额的 1/4 和 1/3 之间，一些评论家认为，跨国公司母公司及其分支机构约占世界货物贸易的 75%。

跨国公司的主导地位在各部门之间并不平衡，主要集中在工业部门，特别是高水平的 R&D 部门，有大量的科研技术人员，生产技术复杂和差异化的产品，一些公司将一些无形资产在公司内部投资，而不是通过许可证的方式进行转让，一般说来，投资公司都是该行业较大的公司。

问　题

1. 当前国际直接投资的趋势如何？
2. 当前国际直接投资有哪些突出特点？

---

① 资料来源：http：//www.chinavalue.net/showarticle.aspx？id=13421，作者：肖恩

第 6 章

国际间接投资

本章主要内容

- 国际间接投资概述
- 国际间接投资特点
- 国际股票
- 国际股票市场
- 国际债券
- 国际债券市场
- 国际债券等级评定

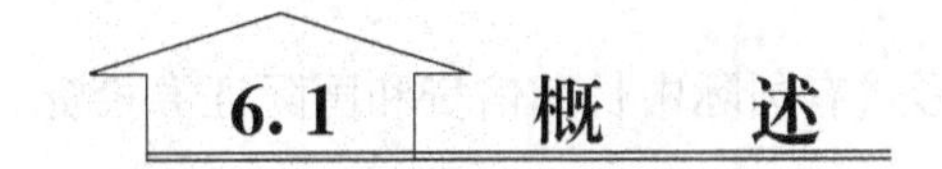

6.1 概　述

6.1.1 国际间接投资概述

国际间接投资有广义和狭义之分。狭义的国际间接投资是指国际证券投资；而广义的国际间接投资除国际证券投资外，还包括国际中长期信贷。

国际间接投资早在自由资本主义时期就已经出现。19 世纪末 20 世纪初，随着生产资本与金融资本垄断性的加强，在一些发达资本主义国家里出现了大量的"过剩资本"，为了争夺商品销售市场和获得高额利润，这些国家纷纷把"过剩资本"输出到国外。在此时期，资本输出主要是以间接投资的形式进行的，即投资者主要采取提供贷款、发行股票和债券等形式对外投资。第一次世界大战后，国际投资的格局发生了很大变化，国际直接投资在规模和比重上均超过了国际间接投资。同时，国际间接投资的形式也发生了变化，商业银行贷款成为国际间接投资的主要形式，这一局面一直持续到 20 世纪 70 年代。20 世纪 80 年代初期，伴随着国际债务危机的发生及金融自由化、证券化的趋势，国际间接投资的形式又发生了重大变化，商业银行贷款迅速下降，而股票和债券的投资迅猛发展。目前，国际间接投资已成为国际投资的最重要形式之一。

6.1.2 国际间接投资特点

与国际直接投资相比，国际间接投资具有以下的主要特点。

(1) 投资周期短，风险相对较小

国际直接投资一般都要参与一国企业的生产，投资周期长，资金一旦投入某一项目，再要抽出就比较困难，流动性较小，因而风险较大。与国际直接投资不同，国际间接投资回收期较短，流动性大，风险也就相对较小。尤其是随着证券二级市场的日益发达和完善，证券的流动性进一步增强，进一步减小了投资者所承担的风险。

(2) 货币形式的资本转移

在资本移动的形式上，国际直接投资不只是单纯货币形式的资本转移，它是货币资本、技术设备、经营管理理念和经验等经营资源等在国际间的一揽子转移，而且这些转移不一定要通过金融市场来完成。与国际直接投资不同，国际间接投资是以证券（股票和债券）为媒介的投资，是通过货币形式的资本转移来获取利息或股息的，并且这些转移是通过金融市场来实现的。

(3) 灵活性大

国际直接投资建设周期较长，经营范围限制较多，并且一经投资就很难撤资。但在国际间接投资中，各种有价证券可以在国际证券市场上相当方便地转换和易主。例如，因国际间利率的不同而引起的国际资本流动，投资者可以迅速地从低利率国家转移到高利率国家。另外，投资者还可利用汇率的变动及其差价，进行套利和套汇等投机活动，也可以利用国际证券投资的这种灵活性通过对有价证券的价格变动进行预测，进行期权、期货交易以取得投机性利润。

6.1.3 国际间接投资形式

国际间接投资的主要形式有国际中长期信贷和国际证券投资。

1. 国际中长期信贷

国际中长期信贷指借贷资本的国际间流动，主要包括国际中长期银行信贷、出口信贷、政府贷款、国际性金融机构信贷和混合信贷等形式。

(1) 国际中长期银行信贷

国际中长期银行信贷是国际中长期信贷的最主要形式，其贷款人多为金融发达国家的商业银行，而借款人则包括世界各国的公司、企业、银行、政府机构及国际机构。在贷款形式上，贷款人可以是独家的，也可以是由多家银行组成的银团；在贷款条件上，与其他国际中长期银行信贷形式相比，银行信贷条件相对严格和苛刻，贷款利率水平较高，并且多为浮动利率，而贷款期限则相对较短。但国际中长期银行信贷在资金使用上相对自由，并且资金供应充分。

(2) 出口信贷

出口信贷属于中长期对外贸易政策性信贷，贷款期限长、金额大、利率低，并且一般都有国家设立的机构进行担保。正因为出口信贷的政策性，因此各国对于出口信贷资金的使用限制都比较大，如规定接受出口信贷的企业必须将此贷款用于购买提供信贷国家的商品等。

(3) 政府贷款

政府贷款是一国政府利用财政性资金向另一个国家政府或企业提供的优惠贷款。政府贷款的期限一般长达 10 年或 20 年，而利率一般较低，甚至无息。政府贷款往往规定一些附加性的条件，并且金额一般都不大。

(4) 国际性金融机构贷款

国际性金融机构贷款主要是指世界银行、国际货币基金组织、国际开发协会、国际金融公司及区域性国际金融机构提供的中长期贷款。虽然国际性金融机构贷款的使用范围因其组织机构的宗旨而异，但该类贷款一般具有期限较长、利率较低、借款手续烦琐、审核严格等特点。

(5) 混合信贷

混合信贷是以上各种形式的结合。

2. 国际证券投资

国际证券是一种有价证券，是国际资本市场上的一种金融资产。证券投资是机构或个人购买有价证券，以获得收益的投资行为。有价证券的种类很多，但在国际证券投资中，人们多将有价证券定义为资本性证券，即投资者可以从发行者处获取固定或非固定收益的权益性或债务性的证券，主要包括股票和债权。因此，国际证券投资主要分为国际股票投资和国际债券投资两种形式。

6.2 国际股票投资

6.2.1 股票概述

所谓股票（Share Certification），是指投资者（股东）向股份公司提供资本的权益合同，是股东对公司的所有权凭证。股东的权益在利润和资产分配上表现为公司支付债务本息后的剩余收益，即剩余索取权（Residual Claims）。

股票作为股东对公司所有权的证书，代表着一定收入的权力，具有一定的价值，可以作为商品在市场上流通。同时，股票作为股东对股份公司的所有权，也代表着股东对公司的有限责任，即当公司因为经营失败而导致破产时，股东最多只损失其最初的股权投资，而对公司的债务无须承担无限责任。

按股东享有的权利和承担的风险的不同，可以把上市公司的股票分为普通股票和优先股。

1. 普通股

普通股是股份公司发行的基本股票形式。普通股是相对于优先股而言的，是指在优先股股东的要求权得到满足之后才参与公司利润和资产的分配的股票，代表着最终的剩余索取权，其股息收益不封顶，也不保底。

股份公司初次发行的股票一般均为普通股，普通股的股东是股份公司的基本业主类别。普通股的股东一般享有以下权利。

① 对企业经营的参与权。普通股的股东有出席股东大会的参加权、表决权和选举权。

② 盈余分配权和剩余资产索取权，股份公司在把公司红利分派给优先股的股东之后，普通股的股东有权享有公司分派的红利。同时，在公司解散或清算时，普通股的股东有权在公司的财产在清偿其债务和优先股股东后，参与分配公司的剩余财产。

③ 优先认股权和股份转让权。在优先认股权制度下，现有的普通股股东有权保持对企业所有权的现有百分比。如果公司增发普通股票，现有股东有权优先购买新发行的股票，以

维持其在公司的权益比例等。

2. 优先股

优先股是相对于普通股而言的，优先股股东的权利主要体现在以下三个方面。

① 优先股股东通常可以获得固定的股息，股息率不随公司的经营状况而波动。

② 当公司由于破产而进行清算时，优先股股东的索偿权虽位于债权人之后，但位于普通股股东之前。

③ 在一般情况下，优先股股东无权参与公司的经营管理，也没有普通股股东那样的投票权。但按规定，在涉及优先股股东权益时，优先股股东也具有表决权。

一些国家的公司法规定，优先股可以在设立公司时发行，也可以在公司增加股本时发行，法律对此不加以限制；但也有一些国家的法律规定，优先股只能在特殊情况下，如在公司增加新股或清理债务时才能发行。

6.2.2 国际股票与国际股票市场

从一国的角度来讲，所谓国际股票，是指本国企业在境外金融市场上发行和交易的股票；或外国企业在本国金融市场上发行和交易的股票。从国际角度而言，国际股票是指股票发行人（股份公司）与股票投资人（股东）位于不同国家或地区的股票。国际股票市场是以国际股票的形式将资本进行国际间转移的场所。应特别注意的是，国际股票市场并不存在一个独立的市场形式，它们多依附于一个高度开放的国内股票市场，如纽约股票交易市场、伦敦股票交易市场、东京股票交易市场等。

1. 国际股票的类型

根据发行市场和交易市场的关系，可以把国际股票划分成境外直接上市股、证券存托凭证、欧洲股票及境内交易外币股等。

1）境外直接上市股

境外直接上市股是指股份公司直接向境外投资者发行的，以上市市场所在国货币作为面值，并直接在该国证券交易所挂牌上市交易的股票。近 20 年来，许多大型的跨国公司都选择到国外一些成熟的证券市场上发行普通股。在欧洲一些国家的股票市场，外国公司上市的数量已占到该市场上市公司总数量的 50%～60%。

越来越多的公司选择在境外直接上市，主要基于两方面的原因。一是在境外直接上市有利于企业建立良好的公司治理结构，提升企业的品牌形象和国际影响力；二是许多国际资本市场已经发展得非常成熟，不但资金供应充足，相关法律和监管手段比较完善，手续更加便捷，而且各个国际资本市场创新能力较好，能针对不同的企业需求开发出不同的上市产品。

2）证券存托凭证（Depositary Receipts）

证券存托凭证，又称存券收据或存股证，是指在一国证券市场流通的代表外国公司有价证券的可转让凭证，属公司融资业务范畴的金融衍生工具。以股票为例，存托凭证的产生过程是：某国的上市公司为使其股票在外国流通，就将一定数额的股票，委托某一中间机构（通常为一银行，称为保管银行或受托银行）保管，由保管银行通知外国的存托银行在当地发行代表该股份的存托凭证，之后存托凭证便开始在外国证券交易所或柜台市场交易。存托凭证的当事人，在国内有发行公司、保管机构，在国外有存托银行、证券承销商及投资人。从投资人的角度来说，存托凭证是由存托银行所签发的一种可转让股票凭证，证明一定数额的某外国公司股票已寄存在该银行在外国的保管机构，而凭证的持有人实际上是寄存股票的所有人，其所有的权力与原股票持有人相同。存托凭证一般代表公司股票，但有时也代表债券。

存托凭证起源于 1927 年的美国证券市场，是为便利美国投资者投资于非美国股票而产生的。到目前为止，存托凭证（DR）主要以美国存托凭证（ADR）形式存在。当然，也存在着另外的一种形式，环球存托凭证（GDR）。

(1) 美国存托凭证

美国存托凭证是一种契约性票据，实际上是境外公司存托股票的替代证券，在本质上仍然是股票。

ADR 可分为两类，即有担保的和无担保的，但无担保的 ADR 已很少使用，而有担保的 ADR 又分为 4 种：一级 ADR、二级 ADR、三级 ADR 和 144A 规则 ADR。但 144A 规则下的 ADR 面对的是美国私募市场，以牺牲流动性来换取较低的发行费用和较宽的信息披露要求。总的来说，一级 ADR 允许外国公司无须改变现行的报告制度就可以享受公开交易证券的好处。想在美国交易所上市的外国公司可采用二级 ADR。如果要在美国市场上筹集资本，则须采用三级 ADR。ADR 的级别越高，所反映的美国证券交易委员会（SEC）登记要求也越高，但相应的对机构投资者和零售投资者吸引力就越大。

存托凭证有着比外国股票更为便捷的优势，具体如下。

① 市场容量大、筹资能力强。在美国发行 ADR 的公司能在短期内筹集到大量的外汇资金，有利于拓宽公司的股东基础，提高其长期筹资能力，提高证券的流动性并分散风险。

② 发行一级 ADR 的手续简单、发行成本低。对股份公司而言，采用一级 ADR 和 144A 规则发行的一级 ADR 方式无须到美国证券交易委员会（SEC）登记注册，不受发行地严格的上市要求的限制，也无须按美国要求进行审计。

③ 提高公司知名度，为日后在国外上市奠定基础。通过在国外发行一级 ADR，公司可以扩大其在国外市场上的知名度，提高公司产品和服务的形象，从而增加股东对公司的信任和兴趣，为今后直接在外国市场上发行证券奠定基础。

(2) 环球存托凭证

如果公司在发行存托凭证时，其股票已经或者同时在国内发行，则这种存托凭证就称为环球存托凭证。环球存托凭证是继美国存托凭证之后在亚洲地区的一个新的金融创新。

就本质而言，美国存托凭证与全球存托凭证无论从法律的、操作的和管理的观点来看，都是一样的，它们都是以美元票价，以美元支付，都可以通过欧洲清算系统联网的美国存券信托公司进行无纸化的账户交割，两者的差异仅仅是营销方向的不同而已。

3) 欧洲股票（Euro Equities）

欧洲股票是指在国外发行的以第三国货币为面值的股票。历史上最早的一笔欧洲股票是由英国于 1983 年在伦敦证券交易所发行的以美元为面值的国际股票，即欧洲美元股票。和欧洲货币、欧洲债券一样，这里的“欧洲”并不是指地理位置上的欧洲，而是“境外”、“离岸”的意思。

欧洲债券的产生和当时的历史背景有着紧密联系。一方面，当时的西欧奉行自由化、私有化的经济政策，迫切地需要大量的资金来发展经济；另一方面，在当时的欧洲债券市场上也已经出现了和股权相联系的债券，在一定期限内可以进行股权和债权的转换。这两方面的原因导致了欧洲股票的产生。到目前为止，欧洲股票在国际股票市场上仍有着举足轻重的地位，发展前景非常宽阔。与境外直接上市的企业往往先在国内上市然后再选择某一金融中心上市企业的国际股票不同的是，欧洲股票一般都是同时在多个国家的市场上发行的。另外，欧洲股票的定价摆脱了传统的固定价格模式，而采用了国际市场竞价发行的方式，有利于股票的发行和潜在投资者的实现。

4）境内交易外币股

境内交易外币股在我国又称为B股，是指以外币发行、买卖的股票。B股是中国在股票市场上的一个创新，它是在中国股票市场尚未完全对外开放的情况下，为了吸引外资投资于中国的股票市场而发行的，其投资人一开始仅限于外国投资者（含我国港澳台投资者），如今已扩大到包括中国内地居民在内的所有外币持有者。除了计价货币和清算机制不同以外，B股股东和A股股东享有的权利和承担的义务是完全一致的。

2. 国际股票市场

股票市场是股票发行和交易的场所。根据市场的功能划分，股票市场可分为发行市场和流通市场。

1）股票发行市场

发行市场又称为一级市场和初级市场（Primary Market），是指公司直接或通过中介机构向投资者出售新发行的股票。发行市场一方面为资本的需求者提供筹集资金的渠道，另一方面为资本的供应者提供投资场所，它实现了资本职能的转化，通过发行股票，把社会闲散资金转化为生产资本。新发行的股票包括初次发行股票和再发行股票两种情况，前者是指公司第一次向投资者出售的原始股，后者是指在原始股的基础上增加发行的新股。股票发行的形式有以下几种。

（1）按照发行的对象分类

股票的发行可以分为公募发行和私募发行。

公募发行（Public Placement）是指面向市场上大量的非特定投资者公开发行股票。这种方式可以扩大股票发行量，筹资潜力巨大，且发行者具有较大的经营管理独立性，同时，这些股票在二级市场上流通可以提高发行者的知名度和股票的流动性。但其缺点也是明显的：发行工作量大，难度也大，通常需要承销者的协助；同时，发行者还必须向证券管理机关办理注册手续，必须在招股说明书上如实地披露公司的经营情况。

私募发行（Private Placement）是指面向少数特定的投资者发行股票，对象一般是个人投资者和机构投资者。前者一般可以是发行公司生产产品的用户或者本公司的职员，而后者则可以是大的金融机构或者是与发行公司有密切业务往来的公司。私募具有节省发行费用、无须向证券管理机关办理注册手续、有确定的投资者而不必担心发行失败等优点。但该方法也存在发行条件高、发行者的经营管理易受干预和股票难以转让等缺点。

（2）按照股票的销售方式分类

股票发行可以分为包销发行和代销发行。

包销（Firm Underwriting）是由代理股票发行的证券商一次性地将公司所新发行的全部股票以低于发行定价的价格承购下来，再转卖给投资者的发行方式。由于包销机构一般都有较雄厚的资金，可以预先垫支，以满足公司急需大量资金的需要，所以公司一般都愿意将其新发行的股票一次性转让给证券商包销；同时，这一方式可以把销售过程中可能出现的跌价风险转嫁给包销商。在包销中，如果公司股票发行的数量太大，一家证券公司包销有困难时，还可以由几家证券公司联合起来进行包销。

代销（Beat-Effort Underwriting）是由上市公司委托代销商代为推销其股票的方式。代销商在代销股票过程中，按规定只可向上市公司收取一定的代理手续费。在这一方式中，代销商许诺尽可能多地销售股票，但不保证能够完成预定的销售任务，在代销期限结束后，代销商可以将没有销售出的股票退回给发行公司。

2）股票流通市场

流通市场又称为二级市场和次级市场（Secondary Market），是投资者之间买卖已发行股票的市场。流通市场一方面为股票持有者提供股票随时变现的机会，另一方面又为新的投资者提供投资机会。与发行市场的一次性行为不同，在流通市场上，股票可以不断地进行交易。

股票流通市场一般有以下 4 种形式。

（1）场内交易市场

场内交易市场是股票集中交易的场所，即股票交易所。有些国家最初的股票交易所是自发产生的，有些则是根据国家的有关法规注册登记设立或经批准设立的。在许多国家，交易所是股票交易的唯一合法场所。交易所的组织形式有两种：公司制和会员制。公司制的股票交易所是以股份有限公司形式组织并以营利为目的的法人团体，由银行、证券公司、投资信托机构及各类公营和民营公司等共同投资入股建立；会员制的股票交易所是一个由会员自愿组成的、不以营利为目的的社会法人团体。在会员制的股票交易所内，会员大会是证券交易所的最高权力机构，理事会是证券交易所的决策机构。

（2）场外交易市场

场外交易是相对于证券交易所交易而言的。在二级市场上，不少股票并不是在证券交易所内进行交易的，而是在分布广泛的证券中介机构中进行的。许多证券公司设有专门的证券柜台进行证券交易，因此场外交易也叫柜台交易（OTC）。一般来说，在场外交易的股票大部分都是小公司或知名度不高的公司发行的，当然也有些可能是一些不愿意在证券交易所上市的大公司所发行的。

场外交易市场和股票交易所的主要不同点是：

① 在场外交易市场，股票买卖价格是证券商之间通过直接协商决定的，而股票交易所内股票的价格则是公开竞价的结果；

② 场外交易市场的股票交易不是在固定的场所和固定的时间内进行的，而主要是通过电话等通信手段交易的；

③ 在股票交易所内仅买卖已上市的股票，而在场外交易市场则不仅买卖已上市的股票，同样也买卖未上市的股票。

（3）第三市场

第三市场是指原来在证券交易所上市的股票移到场外进行交易所形成的市场。第三市场是 20 世纪 60 年代为了适应大额投资者的需要而发展起来的。一方面，机构投资者买卖证券的数额巨大，但如果在证券交易所进行交易，必须按交易所的规定向证券经纪人支付相当数量的标准佣金。机构投资者为了减少投资的费用，于是便把目光逐渐转向了交易所以外的柜台市场。另一方面，一些非交易所会员的证券商为了招揽业务，赚取较大利润，常以较低廉的费用吸引机构投资者，在柜台市场大量买卖交易所挂牌上市的证券。上述两方面因素的相互作用促进了第三市场发展。

和场外交易一样，第三市场并无固定交易场所，场外交易商收取的佣金是通过磋商来确定的，通常情况下，同样的股票在第三市场交易比在股票交易所交易的佣金要便宜一半，所以第三市场一度发展非常迅速。1975 年美国证券交易管理委员会取消了固定佣金比率，交易所会员可以自行决定佣金水平，投资者可选择佣金低的证券公司来进行股票交易。此后，第三市场的发展有所减缓。

(4) 第四市场

同第三市场一样，第四市场也是适应机构投资者的需要而产生的。由于机构投资者进行的股票交易一般都是大数量的，为了保密及节省经纪人的手续费，一些大企业、大公司在进行大宗股票交易时，就通过电子通信网络（Electronic Communication Network，ECN）进行直接交易。具体的交易程序是：用电子计算机将各大公司股票的买进或卖出价格输入储存系统，机构交易双方通过租赁的电话与机构网络的中央主机联系，当任何会员将拟买进或卖出的委托储存在计算机记录上以后，在委托有效期间，如有其他会员的卖出或买进的委托与之相匹配，交易即可成交，并由主机立即发出成交证实，在交易双方的终端上显示并打印出来。

第四市场的出现对交易所交易和柜台交易产生了巨大的竞争压力，有利于促进交易费用的降低，但另一方面也给股票市场的管理带来了挑战。

发行市场和流通市场的关系非常密切，发行市场是流通市场的基础和前提，流通市场又是发行市场得以存在和发展的条件。发行市场的规模决定了流通市场的规模，影响着流通市场的交易价格。没有发行市场，流通市场就成为无源之水、无本之木。在一定时期内，如果发行市场规模过小，会使流通市场供需脱节，造成过度投机；如果发行节奏过快，股票供过于求，则会对流通市场形成较大的压力，致使股价低落，市场低迷，反过来会影响发行市场的筹资。

6.2.3 国际股票发行与交易

1. 国际股票的发行

1) 国际股票的发行程序

正如在前面国际股票市场的介绍中所叙述的，国际股票的发行分为两种情况，即新成立的股份公司首次发行的原始股票和股份公司为扩大自有资金规模而增发的新股。一般来说，国际股票的发行主要有以下程序：

第一步，选择股票主承销商；

第二步，主承销商组织承销团；

第三步，推销股票；

第四步，确定股票发行价格，并发行股票；

第五步，承销团的后续服务。

2) 国际股票的发行价格

国际股票的发行价格与国内股票发行价格一样也存在三种情况，即溢价发行、平价发行和折价发行。股票发行价格的确定是股票发行计划中最基本和最重要的内容，因为它关系到发行人与投资者的根本利益及股票上市后的表现。发行价太高，会增大投资者的风险，增大承销机构的发行风险和发行难度，抑制投资者的认购热情；发行价过低，将难以满足发行人的筹资需求，甚至会损害原有股东的利益。因此发行公司及承销商必须对公司自身的具体情况（如利润、市场占有率等）及外部环境（如行业因素、二级市场的股价水平，总体宏观经济走向等）进行综合考虑以确定合理的发行价格。

从各国股票发行市场的经验看，股票发行定价最常用的方式有累积订单方式、固定价格方式以及累积订单和固定价格相结合的方式。累积订单方式是美国证券市场经常采用的方式。其一般做法是，承销团先与发行人商订一个定价区间，再通过市场促销征集在每个价位上的需求量。在分析需求数量后，由主承销商与发行人确定最终发行价格。固定价格方式是英国、日本、中国香港等证券市场通常采用的方式。基本做法是承销商与发行人在公开发行前商订一个固定的价格，然后根据此价格进行公开发售。累积订单和固定价格相结合的方式主要适用于国际筹资，一般是在进行国际推荐的同时，在主要发行地进行公开募集，投资者的认购价格为推荐价格区间的上限，待国际推荐结束、最终价格确定之后，再将多余的认购款退还给投资者。

2. 国际股票交易

1）股票交易的一般程序

在上面国际股票市场的叙述中简单介绍了国际股票交易市场的 5 种形式，下面介绍证券交易所的股票交易程序。

（1）股票交易账户的开设

根据证券交易所的规定，不论是购买股票还是出售股票，首先都要在股票经纪人那里开立账户。开立账户的主要目的在于确立投资者的信用保证，证明投资者有购买股票的支付能力；同时，在出售所持有的股票时，也能证明投资者所出售的股票确实为投资者自己所有。在投资者选择经纪人时，要注意考察经纪人的实力和信誉，例如是否是证交所的会员、资本金规模等因素。

（2）委托交易

当投资者决定买卖某个股票之后，就要对经纪人进行委托，即将投资者所想买卖的股票的价格、数量、交易的种类委托给开户的证券公司。

根据委托种类的不同，证券交易可以分为市价委托、限价委托、停止损失委托及停止损失限价委托。

① 市价委托（Market Order）是指投资者对经纪人成交的股票价格没有限制条件，只要求立即按当前的最优市价买卖证券。这种方法的优点是成交速度快，尤其是在市价下跌时可以快速抛售减少损失，但当行情变化较快时，执行价格可能跟发出委托时的价格相差很大。

② 限价委托（Limit Order）是要求经纪人按照投资者所规定的价格或者比委托价格更优的价格买卖股票。具体来说，对于限价买进委托，投资者要求经纪人的股票买入价价格要低于或等于所委托的价格；而对于限价卖出委托，则要求股票的卖出价高于或等于委托价。限价委托在一定程度上克服了市价委托的缺点，使得投资者可以按有利的价格进行股票交易，但在很多时候，这种方法也会使得交易无法进行从而可能错失投资良机。

③ 停止损失委托（Stop Order）是一种限制性的市价委托。具体的做法就是投资者委托经纪人当股价上升到或超过某一价位时买进该股票，或者当股价低于或等于某一价位时卖出该股票以减少损失。

④ 停止损失限价委托（Stop Limit Order）是停止损失委托和限价委托的结合，当股价

达到指定的价格后，就会自动变成限价委托。

(3) 竞价成交

当经纪人接到投资的委托命令时，即按照投资者的意图在股票交易所中进行竞价交易。证券交易所的交易，根据交易价格形成方式的不同，可划分为做市商交易（Dealer Trading）和竞价交易（Auction Trading）。

做市商交易制度也称报价驱动制度，是指证券交易的买卖价格均由做市商（Market Maker）给出，证券买卖双方并不直接成交，而是从做市商手中买进或向做市商卖出证券，做市商则以其自有资金进行证券买卖，其利润主要来源于买卖差价。

竞价交易制度也称委托驱动（Order-driven）制度，是指证券交易双方的订单直接进入或由经纪商呈交到交易市场，在交易中心以买卖价格为基准按照一定的原则进行撮合。按证券交易在时间上是否连续，竞价交易制度又可以分为间断性竞价交易制度和连续竞价交易制度。连续交易是指在交易日中的各个时点上进行的、连续不断的交易，这种交易的发生只需要订单匹配的时候，即当新进入一笔买进委托时，若委托价大于等于已有的卖出委托价，则按卖出委托价成交；当新进入一笔卖出委托时，若委托价小于已有的买进委托价，则按买进委托价成交。若新进入的委托不能成交的时候，则按“价格优先，时间优先”的原则进行排队等待。间断性交易是指证券买卖订单不是在收到之后立即被撮合，而是由交易中心（做市商或者证券交易所等）将一段时间内收集的订单累积，并在一个特定的时点上进行集中撮合。因此，间断性交易只有一个成交价格，所有委托价在成交价之上的买进委托和委托价在成交价之下的卖出委托都按这个唯一的价格成交。

(4) 清算交割

当投资者的委托成交之后，交易所就会在当天将他的资金进行清算。因为在股票的实际交易过程中，不是每一笔成交后都发生股票交割，因此要通过清算制度，将交易者的买进额和卖出额相互抵消，然后对其净差额进行清算交割。

股票的交割方式有多种，包括即日交割、次日交割和例行日交割。例行日交割主要是为了方便国际股票投资而实行的，它从成交日算起，在第5个营业日以内办完交割手续。一般来说，如果在达成交易时没有特别说明，都按例行日交割的方式进行。但根据各国交易所的不同，例行日的规定也有所差别，例如纽约的是$T+4$，日本的则为$T+2$，其中T是成交时间。

(5) 过户

即股票原持有者向新持有者移交股票全部权利的过程。买入股票的投资者必须到股票发行公司进行股票持有人登记手续，以便能到期领取股息。随着现代电子技术的发展，如今已经实现了股票的无纸化交易。

2) 国际股票交易的发展

随着股票市场的国际化和计算机化的发展，在国际股票市场上出现了一些新的交易方式，如股票的信用交易、期货交易、期权交易及股票指数期货期权交易等。

(1) 信用交易

股票的信用交易包括保证金交易和卖空交易。

保证金交易（Buying Margin）是指对市场行情看涨的投资者交付一定比例的初始保证金（Initial Margin），由经纪人垫付其余的资金为他买进指定的股票。最低初始保证金一般由中央银行制定，例如美国联邦储备局规定的比率是 50%。在保证金交易中，经纪人既作为投资者的受托人，又向投资者提高了一笔股票抵押贷款。这笔贷款的风险是很小的，因为当投资者购入的股票价格下降到一定程度时经纪人会向投资者追加缴纳保证金（Margin Call）；否则，经纪人有权变卖投资者的股票。保证金交易的出现克服了投资者自有资金不足的限制，活跃了股票市场，同时也大大减少了投资者的风险。

卖空交易（Short Sale）即信用卖出交易，是指对市场行情看跌的投资者本身没有股票而向经纪人缴纳一定的初始保证金借入股票然后在市场上卖出，并在未来股票价格下跌后买回来还给经纪人。为了防止过度投资，证交所规定只有在最新的股价中上涨的股票才能卖空。和保证金交易一样的是，卖空交易也要求投资者的保证金比例维持在最低水平以上。

（2）股票期货交易

期货是标准远期合约的交易，在股票期货交易中，投资者与股票交易商签订买卖股票的远期合约，并规定买卖股票的价格和未来交割的时间，在交割时间到达时，交易双方按合约的价格进行股票交割。在实际的股票期货交易中，很少有实际的股票交割。投资者多在交割日到达之前将买卖的股票进行反向交易进行平仓了结。

（3）股票期权交易

股票期权交易又称为股票选择权交易，即投资人与交易商签订协议，允许投资人在规定的期限内按协定价格买进或卖出一定数量的选择权。通常包括买进期权、卖出期权和双向期权三种。

（4）股票指数期货期权交易

股票指数期货期权交易共有三种，即股票指数期货交易、股票指数期权交易和股票指数期货、期权交易。

6.2.4 国际股价指数

所谓股价指数（Indexes），是指反映不同时点上股价变动情况的相对数。通常的做法是把报告期内的股票价格与选定的基期价格进行比较，并把比较得出的结果乘以基期的指数值即可得到报告期的股价指数。

1. 价指数的计算方法

股价指数的计算方法主要有两种：简单算术股价平均法和加权平均法。

1）简单算术股价指数

计算简单算术股价指数又可以有两种方法，即相对法和综合法。

（1）相对法

又成为平均法，先计算各样本股价指数，再加总以求出总的算术平均数，具体计算公式为

$$股价指数=\frac{1}{n}\sum_{i=1}^{n}\frac{p_1^i}{p_0^i}$$

式中：p_0^i 表示第 i 种股票在基期的价格；p_1^i 表示第 i 种股票在报告期的价格；n 为样本数。目前采用这种方法的有英国的“经济学家”普通股价指数。

（2）综合法

综合法是分别把样本股票的基期和报告期价格加总，然后相比求出股价指数，即

$$股价指数=\frac{\sum_{i=1}^{n} p_1^i}{\sum_{i=1}^{n} p_0^i}$$

2）加权股价指数

加权股价指数是根据各期样本股票的相对重要性进行加权，其权重可以是成交股数、总股本等。按时间划分，加权股价指数有以基期计算的拉斯拜尔指数和以报告期计算的派许指数。具体计算公式分别为

$$拉斯拜尔指数=\frac{\sum p_1 q_0}{\sum p_0 q_0}$$

$$派许指数=\frac{\sum p_1 q_1}{\sum p_0 q_1}$$

式中：p_0 和 p_1 分别表示基期和报告期的股价；q_0 和 q_1 表示基期和报告期的成交股数（或总股本数）。目前世界上绝大多数股价指数都是派许指数，只有法兰克福证券交易所的股价指数是拉斯拜尔指数。

2. 国际著名的股价指数

股价指数包括反映整个市场走势的综合性指数和反映某一行业或某一类股票价格走势的分类指数。例如，恒生指数反映的是香港股市整体走势，道·琼斯工业指数反映的是工业行业的市场走势。股票价格指数是证券市场投资的风向标，在进行国际间接投资时必须予以考虑。下面简单介绍几个比较重要的国际股票指数。

1）道·琼斯股票价格指数

道·琼斯指数是世界上历史最悠久的股价指数，由美国道·琼斯公司编制并在该公司出版的《华尔街日报》上发布，是道·琼斯公司所计算和公布的 4 种股票价格指数的总称，即 30 种工业股平均股价指数、20 种运输股平均价数，15 种公共事业股平均股价指数及全部 65 种股票平均价格综合指数。它们均以 1928 年 10 月 1 日为基期，基斯指数为 100。

道·琼斯指数的前身，是 1884 年公布的纽约证券交易所 11 种铁路股票简单平均价。1897 年，铁路股的采样股种发展为 20 种，并开始计算 12 种工业股简单平均股价。1928 年，工业股发展为 30 种。同年，道·琼斯公司公司发明了调整简单平均股价的除数调整法，并正式用于铁路股和工业股的计算。1929 年，18 种公共事业股股价平均数发表。1938 年，公共事业股减为 15 种。随后，包括 20 种铁路股、30 种工业股和 15 种公共事业股的 65 种股票综合股价指数问世。1970 年，20 种铁路股改为 20 种运输股，其成分含铁路股、轮船股和航空股。

道·琼斯指数指数以其悠久的历史在国际上享有盛名，是目前世界上影响最大的股价指数。该指数通过电子计算机连续采样，每分钟计算一次，每小时发布一次，计算迅速，发布及时，所选用 65 种代表股票都是举足轻重的。

2）标准·普尔股票价格指数

标准·普尔股票价格指数是由美国最大的证券研究机构——标准·普尔公司编制和发布的 137 项证券价格指数中最为重要的一项指数。该指数从 1923 年开始编制，样本股票为纽约证券交易所上市的 233 种普通股股票。1957 年，样本股票扩增为 500 种，其中工业股 425 种，铁路股 15 种，公共事业股 60 种。1976 年 7 月，该公司对 500 种样本股票的构成做了

重新调整，将工业股减为 400 种，铁路股改成运输股并增至 20 种，公共事业股减少 40 种，另新增金融股 40 种，这种样本结构一直延续至今。

标准·普尔股票指数属于综合股价指数，采用加权平均法计算，基期为 1941—1943 年。标准·普尔股价指数按随机原则抽选样本。方法是：先将各种产业部门的股票分成上中下三类，然后用分层随机抽样方式选取样本股票，所确定的 500 种样本股票占纽约证券交易所内上市的全部普通股票的 90%。标准·普尔股票指数虽然在显示每日内的短期变化方面不如道·琼斯指数灵敏，但由于它是按发行量加权计算，既考虑了不同股票的数量对股价的影响，又无须对股票进行调整，而且样本覆盖面广、代表性强，因此长期以来被认为是能较全面地反映股市动态的指数。美国商务部出版的《商情摘要》一直把它用为观测经济周期变化的 12 个先行指标之一。

3) 恒生股票价格指数

恒生股票价格指数由香港恒生银行编制，1969 年 11 月 24 日起开始公布，是香港股票市场上影响最大、代表性最强的股价指数。该指数以 1964 年 7 月 31 日为基期，基数为 100，按综合法计算。原先只编制综合指数一种，它是用样本股票每日的收市价计算的报告期市价总额与基期市价总额相比的百分数，每日发表一次。从 1985 年 1 月 2 日起，恒生银行开始编制工商业、地产业、金融业及公共事业 4 类股价指数，每隔 15 分钟公布一次，香港各大报刊均有登载。目前使用的 33 种样本股票的构成为：工商业 14 种、地产业 9 种、公共事业 6 种、金融业 4 种。通过这 33 种股票价格的综合变动，即可反映整个香港股市的行情动态与发展趋势。

4) 日经平均指数

日本经济新闻社指数是按道·琼斯平均股价指数的方法编制和发布的股票价格指数。该指数于 1950 年 9 月 7 日开始计算，样本股票为在东京交易所内上市的 225 家公司的股票，并以当日为基期，以当日的平均股价 176.2 日元为基数。日经平均指数涉及各行各业，覆盖面极广，而各行业中又是选择最有代表性的公司发行的股票作为样本股票；同时，不仅样本股票的代表公司和组成成分随着情况的变化而变化，而且样本股票的总量在不断增加，目前已从最初的 225 种扩增为目前的 500 种。因此，该指数被看作日本最有影响和代表性的股价指数，是日本经济活动的“晴雨表”。

5) 金融时报指数

金融时报指数是由英国伦敦《金融时报》编制并公布的股票价格指数。它是反映伦敦证券交易所股价变动的最具权威的指数，同时也是世界上较有影响的重要股价指数。《金融时报》股价指数主要有三种：《金融时报》普通股股票指数、《金融时报》综合精算股价指数及《金融时报》100 种股票价格指数。

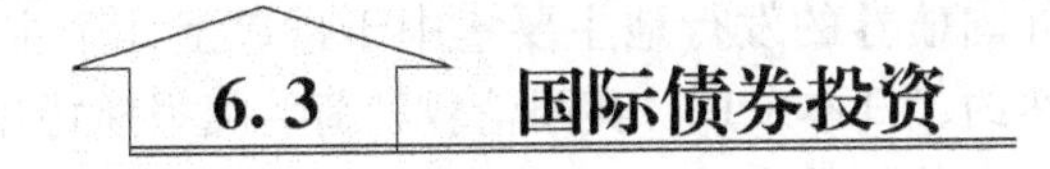

6.3 国际债券投资

6.3.1 债券概述

债券是一种有价证券，是国家、政府、金融机构或企业等为了筹措资金而向投资者发行的，承诺在一定时期内还本付息的凭证。

债券和股票一样，都是筹集资金的传统方式，但两者之间有着本质的区别。

1. 投资者权力不同

股票是权益性融资凭证，股票所有者，即股东作为公司的拥有者，对公司的经营管理有着一定的决策权。债券作为一种债债务性凭证，投资者与债券发行人之间只是一种债权和债务的关系，因此债券持有者不拥有对发行债券主体的管理决策权。

2. 偿还期限不同

股票一般都是永久性的，一经购买，持有者便不能退股，只能在二级市场上转手，因此发行人是无须偿还的；对债券发行人来说，债券是有到期日的，并且要偿还本金和利息。

3. 索偿的等级不一样

在索偿的等级上，股东是在债权人之后的。当公司因经营不善而导致破产时，债权人有优先取得公司破产财产的权力，其次是优先股股东，最后才是普通股股东。当然，债权人的债务索取权仅限于发行债券公司的资产，并不延伸至股东的个人财产。

4. 承担风险不同

通过股票融资所获得的权益资本作为一种风险资本，不涉及抵押担保的问题，因此具有较大的风险性，投资者获得收益的多少主要取决于公司的经营状况。而通过债券融资获得的债务资本却可以要求债券发行公司提供一些特定资产作为债务的抵押或者担保，这样实际上就降低了债务人的违约风险。

6.3.2 国际债券和国际债券市场

1. 国际债券的类型

国际债券是指在国际金融市场上发行的以外国货币为面值的债券。根据不同的划分标准，国际债券可以分成很多种类。例如，按照发行主体可以分成政府债券、公司债券和金融债券；按抵押担保状况可以划分为信用债券、抵押债券、担保信托债券和设备信托债券；按利率不同可以划分为固定利率债券、浮动利率债券、指数债券和零息债券等。

目前，国际债券比较常见的划分标准是根据债券的发行地和债券面值的关系，依据这一标准，国际债券可以分为外国债券、欧洲债券和全球债券。

1）外国债券

外国债券（Foreign Bonds）是指在本国以外的其他国家或地区发行的以发行所在国货币为面值的债券。例如，中国政府在德国发行的欧元债券、日本公司在纽约发行的美元债券等就属于外国债券。

发行外国债券对目标发行国有比较高的要求，诸如政局稳定、法制健全、证券市场发达、目标国资金充裕、目标国货币具有较高国际性等。因此，在全球能够被选为债券发行地的国家并不多。目前，外国债券的发行地主要集中于世界上几个主要国家的金融中心，例如，瑞士苏黎世、美国纽约、日本东京、英国伦敦和荷兰阿姆斯特丹等。在这些金融中心发行的外国债券一般都有一个共同的名称，如在美国发行的外国债券统称为扬基债券（Yankee Bonds），在日本发行的外国债券统称为武士债券（Samurai Bonds），在英国发行的外国债券统称为猛犬债券，在荷兰发行的外国债券统称为伦布兰特债券等。近年来，随着亚洲经济的发展，出现了一种新兴的外国债券——龙债券（Dragon Bonds），它是以非日元的亚洲国家货币为面值而发行的债券。

外国债券作为一种传统的国际债券，在第二次世界大战前就已经有了一定的发展。第二次世界大战后，外国债券成为筹集长期资本的最为重要的信用工具。20 世纪 70 年代中期以来，美元债券在外国债券中占据着霸主地位，但 80 年代后，美元债券地位有了一定的下降，随之而兴起的包括瑞士法郎债券和日元债券等。

2）欧洲债券

欧洲债券（Euro Bonds）是指在本国以外的其他国家或地区发行的以发行所在国以外国家的货币为面值的债券。欧洲债券的一个最主要的特点是发行人、投资者及债券面值分属三个不同的国家或地区。如中国政府在新加坡发行的以美元为面值的债券即为欧洲债券。

与外国债券比较，欧洲债券的发行一般不受政府的管制，发行便利、迅速，并且采取不记名形式，缴纳的税种少，筹资成本低，因此受到了投资者的追捧。在利率水平上，欧洲债券的利率要比银行利率更为优惠；在利率形式上，欧洲债券的利率一般为固定利率，但浮动利率债券也在不断增加。

历史上最早的一笔欧洲债券出现在 1963 年。当时伦敦的一家商业银行连同比利时、原联邦德国及荷兰的三家银行联合起来组成国际银行辛迪加发行了一笔 1 500 万美元的欧洲债券。整个 60 年代的欧洲债券主要是美元债券，70 年代后以日元、德国马克、瑞士法郎及 1999 年后的欧元为面值的欧洲债券所占比重逐渐增加。目前，欧洲债券在国际债券中占据着主导地位，并以其独特的优势发挥出巨大的魅力。

3）全球债券

全球债券（Global Bonds）是指在全世界各主要资本市场同时大量发行，并且可以在这些市场内部和市场之间自由交易的一种国际债券。全球债券是 20 世纪 80 年代末金融创新的一个新的金融产品。与欧洲债券不同的是，全球债券是记名债券，通常在美国注册。全球债券的出现加大了不同国家和地区投资者之间的联系，获得了大量投资者的青睐，其规模经济效益得到很好的发挥。

历史上第一笔全球债券是由国际复兴与发展银行（IBRD）于 1989 年发行的，在此之后，全球债券在国际债券市场上一直占据着主导地位。全球债券的发行面值包括美元、欧元和日元等。到目前为止，规模最大的全球债券是由德意志电信公司于 2000 年 6 月发行的 145 亿美元全球债券。值得一提的是，国际复兴与发展银行在全球债券市场中所发挥的积极的作用在 2000 年 1 月，该机构创新地发行了 30 亿美元的电子债券，把全球债券的潜在需求发挥到了极致。

2. 国际债券市场

国际债券市场是国际债券发行和流通的市场。在分类上，国际债券市场与国际股票市场是一样的。以下就一些比较重要的国际债券市场进行介绍。

1）美国的外国债券市场

美国的外国债券市场是国外筹资者在美国筹措长期资金的一个传统市场。1997 年以前，该市场一直是国际上最大的外国债券市场。美国的外国债券市场主要特点如下。

① 发行额大，流动性强。

20 世纪 90 年代以来，该市场上平均每笔的扬基债券发行额大体都在 7 500 万～15 000 万美元之间。扬基债券的发行地虽在纽约证券交易所，但实际发行区域遍及美国各地。同时，由于欧洲货币市场是扬基债券的转手市场，因此扬基债券的交易实际上遍及世界各地。

② 期限长。

扬基债券的期限一般为5～7年，一些信誉较好的大机构发行的扬基债券年限甚至长达20～25年。

③ 债券的发行者多为机构投资者。

如各国政府、国际机构、外国银行等。购买者主要是美国的商业银行、储蓄银行和人寿保险公司等。

④ 美国政府对其控制得较为严格，申请手续比一般债券要烦琐。

2）日本的外国债券市场

1970年，亚洲开发银行最早在日本发行外国债券。1973—1975年由于受到世界石油价格暴涨的影响，日本国际收支恶化，武士债券的发行曾中断，80年代以后，日本贸易出现巨额顺差，国内资金充裕，日本放宽了对外国债券发行的限制，武士债券发行量大幅度增加，1996年发行量达到了355亿美元。随后，随着日本经济的低迷，在日本发行的外国债券开始减少。武士债券均为无担保发行，典型期限为3～10年，一般在东京证券交易所交易。

3）瑞士外国债券市场

瑞士外国债券市场是目前世界上最大的外国债券市场，其发行量超过扬基债券。瑞士外国债券市场快速发展的主要原因如下。

① 瑞士经济一直保持稳定发展，国民收入持续不断提高，储蓄不断增加，有较多的资金盈余。

② 苏黎世是世界金融中心之一，是世界上最大的黄金市场之一，金融机构发达，有组织巨额借款的经验。

③ 外汇完全自由兑换，资本可以自由进出。

④ 瑞士法郎一直比较坚挺，投资者购买以瑞士法郎计价的债券，往往可以得到较高的回报。

⑤ 瑞士法郎债券利率低，发行人可以通过互换得到所需的货币。瑞士法郎外国债券的发行方式分为公募和私募两种。瑞士银行、瑞士信贷银行和瑞士联合银行是发行公募债券的包销者。私募发行没有固定的包销团，而是由牵头银行公开刊登广告推销，并允许在转手市场上转让。但是迄今为止，瑞士政府不允许瑞士法郎债券的实体票据流到国外，必须按照瑞士中央银行的规定，由牵头银行将其存入瑞士国家银行保管。

3. 欧洲债券市场

欧洲债券市场产生于20世纪60年代，包括欧洲金融中心债券市场和世界其他地区的债券市场。欧洲债券的产生有两个主要原因。一方面，美国资金的不断外流迫使美国政府采取一系列限制措施，如1963年7月，美国政府开始征收“利息平衡税”，规定美国居民购买外国在美国发行的证券，所得一律要付税；1965年，美国政府又颁布条例，要求银行和其他金融机构限制对国外借款人贷款数额。这两项措施使外国借款人很难在美国发行美元债券或获得美元贷款。另一方面，当时许多国家有大量盈余美元，需要投入借贷市场获取利息，于是一些欧洲国家开始在美国境外发行美元债券。

与外国债券市场相比，欧洲债券市场有着一些显著的特点。

① 欧洲债券市场是一个境外市场，其发行不受各国金融法规的约束，管制较松，审查

不严，债券发行较为自由，不用得到有关政府的批准。

② 欧洲债券市场发行费用低，债券发行不需要缴纳注册费，债券持有人不缴纳利息税。在利率水平上，欧洲债券的利率优惠于银行利率。

③ 欧洲债券种类繁多，二级市场发达。欧洲债券所用货币灵活多样，既可以是单一货币（如美元、欧元、日元等），又可以是复合货币单位（如前欧洲记账单位，特别提款权等），这对于汇率风险的分散有着巨大的作用。同时，欧洲债券市场交易量大，交易活跃。

6.3.3　国际债券的发行

国际债券的发行和国际股票的发行类似，所不同的是债券是有期限的，因此其一级市场多了一个偿还环节。

1. 国际债券的发行条件

国际债券在发行以前，应该定下一些基本的条件，以确保债券的正常发行和流通。通常的条件包括以下内容。

1）发行额

发行额即债券的发行规模。对于债券发行人而言，债券发行额应该适当，除了要考虑发行人的信用级别外，还要根据资金需要、发行市场的具体情况及债券种类等因素来确定。

2）发行价格

债券的发行价格是以其出售价格与票面金额的百分比来表示的，它应与当时的市场利率保持同步，即利率定得偏高时，可提高发行价格；反之，则应降低发行价格。具体来说，债券可以采取溢价、平价或者是折价的方式发行。

3）利率

利率是发行者承诺支付给购买者的利息收入与购买者购买价格之比。对发行者而言，在不影响销售的情况下，应争取尽可能低的利率，因为利率越低对发行者越有利；对投资者而言，则希望利率越高越好。影响债券利率水平的因素是多方面的，诸如银行存款利率水平、资金供求状况等。

4）偿还年限和偿还方式

国际债券的偿还年限一般较长，短则5年，长则10年、20年以上。在偿还方式上，国际债券主要采取定期偿还、任意偿还和购回偿还等方式。

2. 国际债券的发行程序

不同国际债券的发行程序虽然不尽相同，但大体上都包括以下一些程序。

1）选定牵头的银行和其他中介服务机构

牵头行（Lead Manager）是国际债券发行的主要组织者，并承担着保证债券在二级市场上的流动性的责任，因此发行者必须选择资金雄厚、经营丰富、信誉卓绝的大银行来担任。选定牵头行后，发行机构可以独立或和牵头行一起选择其他中介机构，包括法律顾问、会计师事务所等。

2）进行债券信用评级

发行国际债券时，必须进行国际债券信用等级评估。具体内容在下一部分进行详细阐述。

3）确定债券发行的主要条件

即确定债券的发行金额、发行价格、面值货币、利率及偿还方式等。对于初次发行的债券，发行金额不宜太大，因为发行人的知名度不高，一旦债券不能全部发售，将会损害发行人的信誉。发行价格是发行人筹资的重要内容，一般到临近发售时才会确定。至于其他的诸如利率、偿还方式等也要慎重考虑，因为这些都直接涉及发行人的筹资效果。

4）制作相关文件

国际债券发行所涉及的各种法律文件都有固定的格式和内容，例如债券销售书、认购协议、承销团协议等都要严格按照相关规定制定。除了上述法律文件以外，对于外国债券的发行，发行人还必须在债券正式发行以前在债券发行国的证券交易所进行注册，办理登记手续。

5）一级市场的销售

当上述手续完成后，发行人和牵头行就可将债券销售书、债券等级评定及相关的宣传资料等向投资者派送。牵头行同时开始和相关机构接触，组建承销团，开始债券在一级市场的销售。

6.3.4 国际债券的等级评定

在国际债券的发行中，债券发行者的资信状况或债券的风险程度对于投资者来说是十分重要的，因此，有必要对发行人的经济实力、资信、债券的质量、投资者所承担的风险等进行评估。然而，评估债券特别是对公司债券的风险进行评估是一项非常专业和复杂的工作，因此，在一些发达国家如美国和日本出现了一些专门评定债券和股票信用等级的金融服务公司。这些专门机构试图将风险的评判简单化、标准化，使一般投资者能够一目了然。目前，在国际资本市场的债券等级评定上，应用最广泛、最具权威性的是美国的标准·普尔公司和穆迪投资服务公司的标准。这两个公司的等级评定及比较如表6-1所示。

表6-1 美国标准·普尔公司和穆迪投资服务公司的等级评定及比较

	有投资价值的债券				低质量、投机，和/或“垃圾”债券评级					
	高级		中等		低等				极低等	
穆迪	Aaa	Aa	A	Baa	Ba	B	Caa	Ca	C	D
标准·普尔	AAA	AA	A	BBB	BB	B	CCC	CC	C	D

穆迪	标准·普尔	
Aaa	AAA	最高评级债券，有极强的还本付息能力
Aa	AA	有很强的还本付息能力，这一组和最高评级债券构成了最高等级的债券级别
A	A	有很强的还本付息能力，但有时容易受到环境和经济条件不利变化的影响
Baa	BBB	有足够的还本付息能力，但通常附带许多保护性参数，不利的经济环境或形势的变化会削弱还本付息能力，属于中等风险债券
Ba，B	BB，B	投资者一般以投机性为主，BB和Ba有最低级别的投机性，而CC和Ca
Caa	CCC	级别则有最高级别的投机性。尽管这些债券会有一些保证和保护性
Ca	CC	特征，但过高的不确定性和不利条件下过高的风险会使其价值大打折扣，这些问题还会导致违约问题的发生
C	C	这是不付利息的收益债券
D	D	债务人已经违约，本金和利息的支付已经处于拖欠状态

一般来说，穆迪和标准·普尔都会不时对这些评级进行调整。标准·普尔采用“+”“-”号：A+表示最强的A级，A-则是最弱的；穆迪采用1、2、3表示，1是最高级。

由表6-1可以看出，两家公司都把债券分成投资级和投机级两类。投资级的债券分别对应于标准·普尔公司和穆迪公司的AAA，AA，A，BBB和Aaa，Aa，A，Baa；而BB级以下（包括BB级）和Ba级以下（包括Ba级）的债券则被定义为投机级。通常，投机级的债券被称为垃圾债券（Junk Bonds），而发行时投资级的债券变为投机级时被称为失落的天使（Fallen Angela）。

信用评级是对债券质量的一种评价制度，是对该债券的发行质量、发行公司的资信和投资者所承担的可能的投资风险的综合评价。对于规范债券市场的发展有着重大的作用。当然，债券评估机构对债券投资者只是道义上的义务，对投资者的风险并不承担法律上的责任。

本章核心概念

国际间接投资　股票　国际股票　境外直接上市股　境内交易外币股　证券存托凭证　欧洲股票场内交易市场　场外交易市场　第三市场　第四市场　委托交易　做市商交易　竞价交易　股价指数　外国债券　欧洲债券　全球债券

本章练习题

一、选择题

1. 如果在美国市场上以ADR形式筹集资金，则ADR需达到（　　）。
   A. 一级　B. 二级以上　C. 三级以上　D. 满足144A规则
2. 欧洲股票中的“欧洲”指（　　）。
   A. 地理意义上的欧洲　B. 指“境外”
   C. 专指在伦敦证券交易所交易　D. 专指在法兰克福证券交易所交易
3. 依照标准·普尔公司的标准，（　　）级以下的债券被称为垃圾债券。
   A. A　B. BBB　C. BB　D. B

二、思考题

1. 什么是国际间接投资？国际间接投资有哪些特点？
2. 优先股和普通股的区别是什么？
3. 国际股票有哪些种类？各自特点分别怎么样？
4. 国际股票的交易方式主要有哪些？
5. 国际债券的主要形式有哪些？
6. 国际债券的发行程序如何？
7. 外国债券和欧洲债券有什么区别？
8. 国际债券的评级具体如何？

案例分析

俄罗斯国家石油公司发行欧洲债券[①]

俄罗斯国家石油公司2001年11月发行了价值1.5亿美元，5年期，年利率12.75%，

① 资料来源：http://www.hgzx.com.cn，本文有所修改

每年支付利息两次的欧洲债券。俄罗斯石油公司此次所筹集的资金将用于提高萨哈林和西西伯利亚油田的开采量及全面改造两个大炼油厂。

当时，俄罗斯许多大石油公司都想利用这种融资手段。例如西伯利亚石油公司正在筹备发行2.5亿美元的欧洲债券，秋明石油公司打算明年进入欧洲债券市场。这些石油公司认为，通过发行欧洲债券融资现在是最好的时机，因为利息较低，而且从国际市场上筹集到的是长期贷款，可以用于大的投资项目。

问　题

1. 什么是欧洲债券？欧洲债券的发行程序如何？
2. 欧洲债券有哪些优点？

第 7 章

国际商务战略管理

本章主要内容

- 战略管理的内容和层次
- 国际商务战略规划与实施
- 国际商务战略管理中的竞争理论

随着经济的全球化和信息技术的快速发展，全球化时代和网络化时代已经到来。这时，企业的边界越来越模糊，伸向全球的每一个角落，企业的经营活动不断跨越国界，由此导致国际间的商务活动越来越频繁。国际商务活动涉及产品流、资金流、人才流、信息流、技术的转移与扩散。面对全球化的激烈竞争，企业需要在全球市场配置资源，而要达到其预期的目的，必须建立良好的战略计划并有效地实施战略管理。本章主要介绍战略管理的内容、战略规划与实施、国际商务战略理论等内容。

7.1 战略管理的内容和层次

7.1.1 战略管理的概念及其特征

“战略”一词，最先应用于军事上，《辞海》的解释是：“军事名词，对战争全局的筹划和指挥。依据敌对双方的军事、政治、经济、地理等因素，照顾战争全局的各方面，规定军事力量的准备和运用。”

在西方，英文的“战略”（strategy）一词来源于希腊语 strategos，其含义是将军，后演变为对战争全局的筹划和谋略。随着社会的发展、科学技术的进步和对战略研究的深入，战略的内涵不断得到丰富和完善，在各个领域中都有着广泛的应用。

企业战略自从 20 世纪中后期提出以来，相关研究层出不穷，很多学者对此有着不同的解释。哈佛大学商学院教授安索夫（H. L. Ansoff）在其《公司战略》一书中，从过程要素的角度对战略进行了描述，认为战略的构成要素应包括产品与市场范围、增长向量、协同效果和竞争优势。后来许多学者就战略及其构成要素进行了研究，现在一般认为战略的构成要素为：经营范围、资源配置、竞争优势和协同作用。后来，哈佛大学商学院教授迈克尔·波特在 1996 年发表的《战略是什么》一文中对战略进行了全面的定义，他认为：战略的本质就是选择，即选择一套与竞争对手不同的活动，以提供独特的价值，企业的这种独特定位能够有效避免由于企业间的相互模仿所导致的过度竞争。随着企业经营活动不断地跨越国界，跨国公司或国际企业的大量出现，这些企业不同于一般国内企业管理，它需要跨越国界，着眼于全球市场，因此国际商务战略开始成为国际商务管理活动中的核心问题。

战略管理，有广义和狭义之分。广义的战略管理是指运用战略管理思想对整个企业进行管理；狭义的战略管理是指把企业内部的能力与企业在其内外环境中所面临的各种机会和挑战结合起来，通过制定、实施和评价使企业能够达到其目标而进行决策一个过程。因此，狭义的战略管理由战略制定、战略实施和战略评价三个主要部分组成。战略制定包括根据企业使命和宗旨，确定企业任务，认定企业的内部优势与劣势，分析企业外部的机会和危险，建立企业的长期目标，进行战略拟订，以及选择特定的实施战略。战略实施要求企业树立年度目标、制定政策和资源的有效配置，以便使制定的战略能够贯彻执行。战略评价是战略管理在实施过程中和实施完以后，管理者对战略进行评价，以便能够及时纠正和为今后新的战略制定提供信息支持。在全球化和信息化的今天，国际商务战略管理具有如下几个方面的特征。

1. 战略管理是一种全局性的管理

战略管理是以全球市场为导向，全球资源为自己所用，要求在对全球市场进行充分了解的基础上，确定企业经营目标，正确制定实现该目标的战略。它是企业未来发展的蓝图，制约着企业经营管理的一切具体活动，追求企业的总体效果。

2. 战略管理是一种系统化的管理

战略管理是对企业未来相当长时期内如何生存和发展的全盘筹划，它是企业长远目标、发展方向、前进道路，以及所采取的基本方针和政策，它要求企业在进行决策时必须具有长远眼光和长期目标，反对短期化行为，战略决策一经制定，应该具有稳定性和连续性，以利于各部门贯彻执行。

3. 战略管理是一种指导性的管理

战略规定了企业在很长一段时期内的发展目标和方向，以及实现这一目标的基本途径，它是原则性、概括性的规定，具有行动指南的意义，指导和激励企业全体员工朝着这一目标努力工作。

4. 战略管理是一种不断调整和优化的管理

战略是通过分析企业内外部环境，为适应激烈竞争的国际市场而制定的，其目的是为了增强企业的活力和竞争优势。战略的作用在于通过密切注视国际市场竞争态势和企业自身的相对竞争地位，从多个可行的战略规划中选择最佳的战略，以求在激烈的商战中克敌制胜。同时，在战略的执行过程中，根据经营环境的不断变化，对战略进行及时调整，使其不断完善。

7.1.2 战略管理的内容

战略管理一般来说包括如下几个方面的内容。

1. 确定企业宗旨和使命

每一个企业都有自己的宗旨和使命，它规定了企业的目的和回答了下述问题：我们到底从事的是什么事业？因此，根据企业的宗旨和使命，可以确定企业的经营范围和方向，进而确定企业的经营哲学和目标。经营哲学是企业在生产经营活动过程中所确定的价值观、道德规范、信念和行为准则的总和，是企业长期经营活动所形成的一种企业文化。经营哲学主要通过企业对其利益相关者的行为、态度、企业提出的核心价值观、政策和目标及管理者的管理风格等方面体现出来。经营哲学在很大程度上决定着企业的经营范围、战略制定和经营效果。企业目标是企业使命和宗旨的具体化，是企业的基本战略，企业目标包括战略目标、长期目标和年度目标三个层次。

2. 战略分析

战略分析是战略管理的关键内容。战略分析就是要对企业的战略环境进行分析，特别是对那些关键性影响因素进行分析，对企业的市场竞争态势作出客观判断，并根据企业战略环境的发展趋势，分析可能对企业产生的影响。具体包括内部条件分析，即分析企业的现状、企业自身所处的相对位置，分析企业的资源和能力，明确企业的优势和劣势，进而不断改善企业的内部资源，提高企业的核心竞争力。外部环境分析，其目的是要了解企业所处的外部战略环境，掌握各外部环境因素的变化规律和发展趋势，发现外部环境变化将可能给企业发展带来的机会和威胁。战略分析具体就是要分析企业所面临的直接环境和一般环境。

3. 战略制定

根据环境分析，拟订供选择的几种可能的战略方案，并根据企业的资源和实力在可选择的战略中确定最合适的战略。战略制定必须充分考虑与企业相关的所有内部和外部因素，它将使企业在相当长的时期内与特定的产品、市场、资源和技术相联系，决定了企业的长期竞争优势。选择战略的两个标准：一是考虑选择的战略是否发挥了企业的优势、克服了劣势，是否充分利用了全球市场机会，并将可能的威胁降低到最低限度；二是考虑该战略能否被企业的利益相关者所接受。

4. 战略实施

战略方案确定下来以后，必须贯彻执行，才能实现企业目标及战略目标。战略实施也称战略执行或战略行动，是企业动员全体员工将已经制定的战略方案付诸行动，使企业活动朝着既定战略目标与方向不断前进的过程。它要求企业实施目标管理，进行有效的计划、组织、领导和控制，把企业的一切资源在全球范围内进行有效的配置，增强企业的竞争优势，激励企业的每一个员工为已经明确的目标而努力工作。

5. 战略评价与控制

战略评价与控制是指重新审视系统条件和环境因素，判断、评估既定战略的实施情况，当战略的实施结果与预期目标不一致产生偏差时，要适时采取措施进行调整，使战略的实施不偏离预定的方向。战略评估与控制是战略管理过程中的最后一个阶段，也是一个不可忽视的重要环节。由于企业经营环境在不断变化，战略的执行并不能保证完全按照既定的方向前进，所以在战略的执行过程中必须对战略的执行情况进行跟踪评估，必要时做出调整。

从战略管理的内容可以看出，战略管理是一个过程。随着企业内外部环境的变化，企业管理层必须不断考虑、研究并最终修订企业的目标、经营战略和战略的实施方式。所以，从战略管理的内容来看，战略评估和控制既是战略管理周期的结尾，也是下一战略管理周期的开始。因此，战略管理是一个不断循环、没有终点的过程，而不是一个既有起点又有终点的事件，即一旦完成，就可以结束。

国际商务战略管理的全过程如图7-1所示。

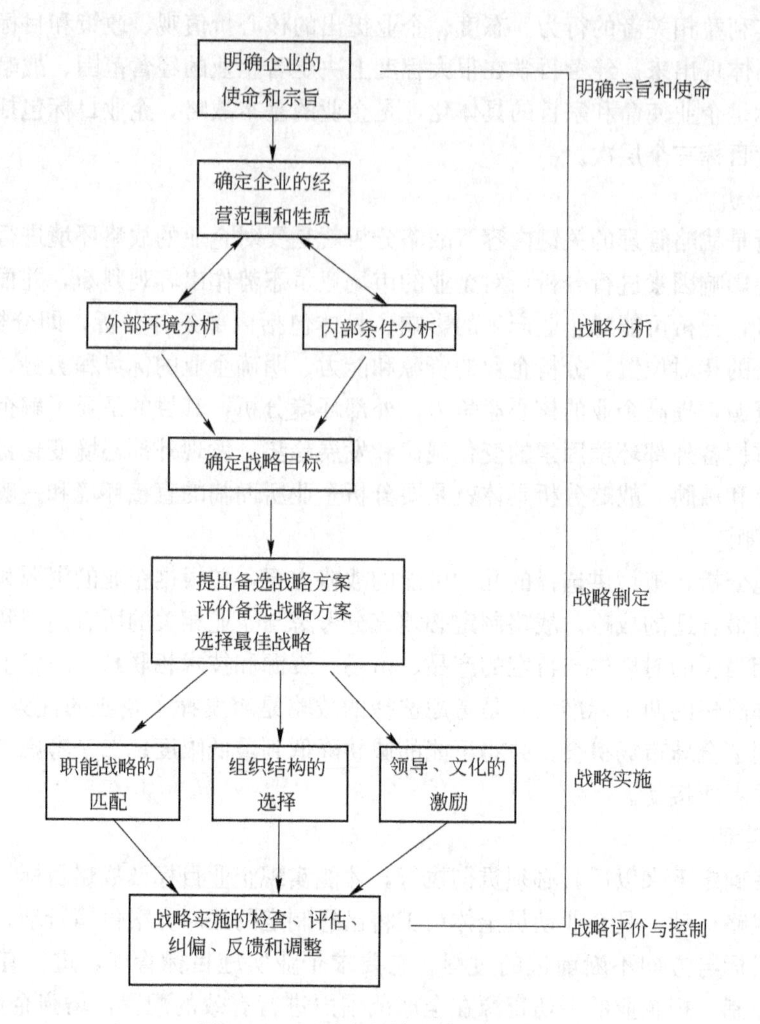

图 7-1　国际商务战略管理过程图

7.1.3　战略管理的层次

企业的目标是多层次的，战略管理不仅要说明企业整体目标及达到这些目标所采用的方法，还要说明企业内每一层次、每一类业务及每一部分的目标及其实现方法，这就决定了战略管理也是多层次的。战略管理一般分为三个层次：总体战略、经营单位战略和职能性战略。战略管理的划分力求保持与企业组织层次和权力层次相一致，以保证责任与权力的对等。战略管理层次与管理层之间的关系如图 7-2 所示。

1. 总体战略（公司战略）

总体战略又称公司战略，寻求回答的问题是：我们应当拥有什么样的事业组合？每一种事业在企业中的地位如何？因此，总体战略是企业最高管理层为了整个企业的长期生存和发展，对企业未来所要从事的经营活动所做出的全面安排，是企业一切行为的最高行动纲领。总体战略的主要任务是决定企业的长期经营业务范围种类和经营目标，合理安排各类业务活动在企业中的比例及各类业务之间的相互关系，从而合理有效地配置企业经营活动所需要的资源，使各项业务活动相互支持、相互协调。总体战略的主要内容是确定企业的业务范围和

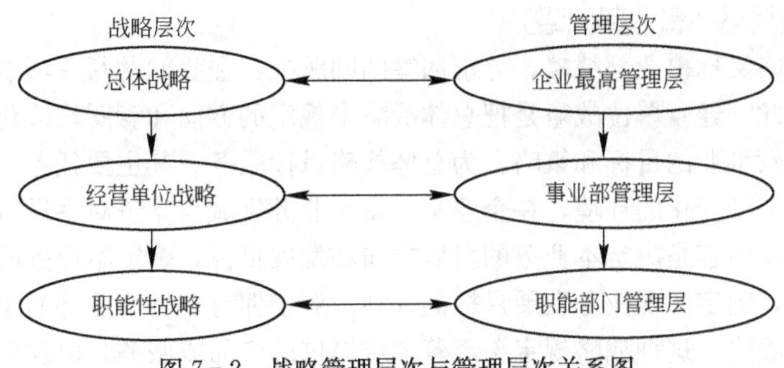

图7-2 战略管理层次与管理层次关系图

核心业务、决定战略业务单位和各战略业务单位的资源分配、建立战略变革的决策机制。根据企业的经营情况，总体战略可分为以下三种类型。

(1) 稳定型战略

企业依靠内部自有的资源，保持原有的业务组合和资源分配原则与方式，维持现有的竞争力以求稳定地、非快速地发展的战略。稳定型战略的特征是很少发生重大的变化，持续地向同类型的顾客提供同样的产品和服务，维持市场份额，并保持组织一贯的投资报酬率记录。衡量稳定型战略的标准通常有：追求既定的或过去相似的经营目标、以过去相同或基本相同的产品或服务服务于社会、市场占用率或总体利润水平保持现状或微有增加。企业采取稳定型战略，主要原因是：企业最高管理层不希望承担总体战略改变带来的风险；企业管理资源有限，快速发展可能导致经营规模超出管理资源，进而导致效率低下；资源配置模式改变困难。

(2) 增长型战略

又称扩张型战略，是企业在处于有利的竞争条件下，充分发挥自己的竞争优势，努力提高本企业现有增长率的一种战略，也就是一种使企业在现有的战略基础水平上向更高一级的目标发展的战略；也是企业以发展作为自己的核心内容，通过外部获取资源，调整企业业务组合，增强竞争力以求快速发展的战略。衡量发展型战略的标准通常有：更高的销售额、更大的市场份额、更多的员工等。企业采取增长型战略主要有以下几个方面的原因：获取竞争上的优势；生存的需要；学习效益和规模经济；高层管理者有着积极、进取的精神，将企业发展看着是他们个人事业的成功。增长型战略主要通过扩张、收购兼并或多元化经营的方式实现。发展型战略的利弊主要有：产生好的绩效；巨大的吸引力，成功的发展能够扩大自身的价值，企业市场份额扩大和绝对财富的增加。弊端是：导致盲目的发展和为发展而发展，从而破坏企业的资源平衡；可能降低企业的综合素质和竞争能力，使企业出现内部危机和混乱；使企业过分注重投资结构、收益率、市场占用率、企业的组织结构等问题，而忽视产品和服务的质量；重视宏观的发展而忽视微观的问题，导致企业不能达到最佳状态。

(3) 防御型战略

又称紧缩型战略，是企业在外部环境十分不利的情况下，为了维持和巩固自己的地位而采取的对策性战略。防御型战略和发展型战略相反，不是寻求企业的快速发展、规模的扩大，而是通过业务组合的调整来缩小企业的经营规模来达到生存的目的。出现这种现象的原因是多方面的，比如激烈的全球竞争、制度失调、合并和兼并，以及重大技术突破等。防御型战略通常表现为大量裁员、市场领域和产品系列的收缩、调整和撤退，资源投入的减少等。

2. 经营单位战略（事业部战略）

经营单位战略又称事业部战略，寻求回答的问题是：在我们的每一项事业领域里应当如何进行竞争？因此，经营单位战略是把总体战略中规定的方向和意图具体化，分解为更为明确的针对各项经营事业的目标和策略，为总体战略目标服务。其主要任务是在企业总体战略的指导下，针对不断变化的环境，在企业某一特定业务领域与竞争对手进行有效的竞争。经营单位战略的主要内容是决定本业务的发展方向和发展目标，确定本业务的核心活动内容及其竞争战略类型，制定实现业务发展目标的计划。对于拥有多种事业部的组织，每一个经营部门都有自己的战略，这种战略规定该经营单位提供的产品或服务，以及向哪些顾客提供产品或服务；同时这种战略必须与整体战略保持一致。

3. 职能战略

职能战略又称职能部门战略，寻求回答的问题是：我们怎么支持经营单位战略？因此，职能战略是贯彻、实施和支持总体战略与经营单位战略而在企业特定的职能管理领域制定的战略。它是企业内主要职能部门的短期战略计划，其任务主要是要确定各职能部门的近期经营目标和经营策略。职能战略一般可分为研究与开发战略、生产战略、人力资源战略、营销战略、财务战略等。职能战略的主要内容是确定本职能在业务战略中的作用和发展方向、确定本职能与其他职能活动的关系及可以共享的资源、对本职能的各项具体活动进行组织和安排、确定资源在本职能部门内部的分配等。

战略管理的三个层次多适用于多元化经营的大型企业集团。对于单一事业的单位，一般只有总体战略和职能战略两个层次。企业战略的三个层次，共同构成了企业的战略管理体系。三个层次战略的制定和实施过程实际上是各管理层充分协商、密切配合的结果。

7.2 国际商务战略规划与实施

国际商务环境异常复杂，进行良好的国际商务战略规划并按照战略规划有效实施，对从事国际商务活动的企业来说尤为重要。国际商务战略规划与实施是这样一个过程，即首先评价企业的环境和内部优势，之后确定战略目标，最后实施达到这些战略目标的行动计划。

7.2.1 战略环境分析

在现代社会，任何一个企业都不可能孤立存在，必须与其周围的环境发生各种各样的联系。企业作为一个完全开放的系统，在企业内部以及在企业和它的外部之间发生着物质和信息的交换，企业的国际商务活动一般都会或多或少受到它内部和外部环境的影响。因此，在进行国际商务战略规划时，必须首先对其国际商务环境进行分析。

1. 外部环境分析

外部环境是企业生存发展的土壤，它既可以为企业国际商务活动提供必要的资源条件，同时也对其经营活动起着制约作用。从事国际商务活动的企业不同于国内企业，它处于国内、国外和国际三种变化莫测、错综复杂的环境之中，如图 7-3 所示。

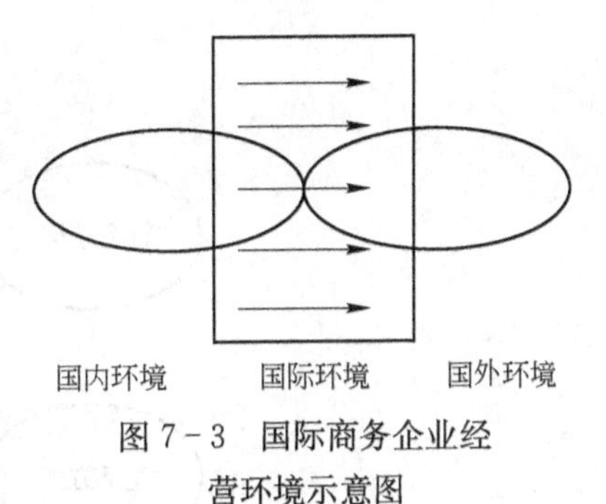

图7-3 国际商务企业经营环境示意图

参与国际商务活动的企业其经营活动范围是跨越国界的，其外部环境与国内企业相比有三个显著特征。一是外部环境的多样性。外部环境的多样性体现为外部环境不仅包括国内的环境，还包括国际环境，更重要的是国际商务活动涉及其商务活动所在的东道国以外的所有其他国家。二是外部环境的复杂性。外部环境的复杂性是由于国际商务活动涉及的国家和市场越多，对企业起作用的外部环境因素越多，而且这些重要因素之间都两两相互作用，最终影响国际商务战略的规划。三是外部环境对内部环境的渗透。其渗透是指一些原本只属于外部环境的因素，现在也在企业内部起作用，在一定程度上成为企业内部环境因素的一部分，比如政治法律方面的因素、货币方面的因素、社会文化方面的因素。

1）宏观环境分析

(1) 经济因素

经济因素是诸多影响因素中最直接、最具体、最关键的因素，可直接影响国际商务战略的潜在吸引力。经济因素是指国际经济环境及企业国际商务活动所涉及的国家影响到企业生存与发展的经济状况和经济政策等因素的总和。国际经济大环境涉及全球经济的增长或萧条、国际市场原材料价格、能源价格的上涨或下跌、国际金融市场的稳定与否。国家经济因素涉及经营活动所在国家的经济结构、经济体制、经济发展状况、宏观经济政策等。例如，国际石油价格上涨，导致企业国际商务活动的运输成本增加；如果企业向国外市场出口，出口市场所在国汇率上升或下降，将会直接影响商品的销售。

(2) 政治与法律因素

企业国际商务活动不仅受到很多国家国内政治、法规的影响，而且还要受到国际社会政治、法律和体制的影响。国际商务活动准则、条款和不同国家的社会制度对国际商务活动有着不同的限制和要求。政治和法律的多样性，往往导致国际商务活动的成本增加，甚至国际商务活动受阻。政治与法律因素主要包括国际关系准则、世界贸易组织规则及国际商务活动所在东道国的政治体制、国家安全与稳定、政府政策与法规、政府机构的廉政与效率和政治风险等。

(3) 社会文化因素

国际商务活动首先离不开与人打交道。如果在从事商务活动时，企业经营管理人员希望生活在其他文化环境中的人与自己一样，能按自己的方式思考问题、处理问题，那么在进行国际商务活动时一定会四处碰壁，注定要失败的。社会文化因素是指企业国际商务活动所处的社会结构、社会文化、社会习俗、宗教信仰、社会价值观念、生活方式、人口规模与结构及其地理分布等因素。其中文化准则和价值观是核心，起主导作用，影响是最大的，如图7-4所示。

(4) 技术因素

技术进步的深度和广度影响到社会的许多方面，当然也会对国际商务活动的开展产生影响。技术因素是企业国际商务活动所处国家的科技要素及与该要素直接相关的各种社会现象的总和，它包括国家科技体制、科技政策、科技水平和科技发展趋势，也包括与企业国际商务活动直接相关的新技术、新工艺、新材料的发明情况、应用程度。例如，网络时代的到来，改变了人们的生活、工作方式，对国际商务活动的运行模式也将产生重大影响。生物工

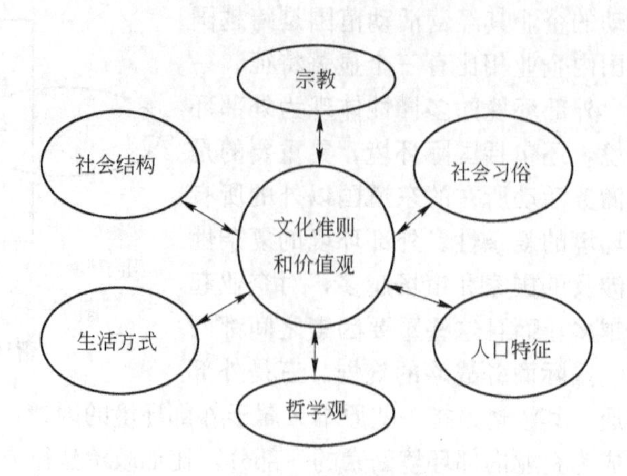

图 7-4 社会文化决定因素

程、微电子技术、环保技术、航空航天科技等新学科技术的发展，促成了一批朝阳产业的产生和发展，也在各个方面改造着过去的朝阳产业。

2）产业环境分析

(1) 产业生命周期分析

在一个产业中，企业的国际商务活动状况取决于两个重要的因素：一是所处产业的整体发展状况及其经济特性；二是该企业在产业中所处的竞争地位。产业的发展状况及其经济特性与该产业所处生命周期的阶段有关。产业生命周期是一个行业从出现直到完全退出社会经济领域所经历的时间。

产业生命周期的划分和产品生命周期的划分一样，一般分为开发期、成长期、成熟期和衰退期。在生命周期的每一个阶段，其经济特性不同，企业国际商务活动的内容及所面临的风险也不同。在开发阶段，产品设计尚为稳定定型，销售额少且增长缓慢，市场占有率分散且变动，销售成本高，行业内竞争较少，但面临的风险很大。在成长阶段，产品的工艺设计和产品制造方法基本成熟，顾客对产品的认知程度迅速提高，销售和利润迅速增长，成本不断降低，生产能力出现不足，这是市场的扩大和丰厚利润的驱动使得新的企业大量进入该产业，竞争开始形成和展开。在成熟阶段，市场趋于饱和，利润不再增长，企业依靠顾客的重复购买来生存和发展，竞争非常激烈。在衰退阶段，市场开始萎缩，利润额大幅度下降，产业生产能力过剩，有些企业开始退出该产业或转型。产业不同的生命周期阶段，有不同的经济特性，其竞争程度和风险大小也不同，表 7-1 为产业不同生命周期阶段的危机表现，因此，产业生命周期对战略制定有着重要的作用，不同的生命周期阶段企业在进行国际商务活动时应该考虑不同的战略。表 7-2 给出了产业生命周期对战略的影响。

表 7-1 生命周期阶段的危机表现

开发期	创业者不能取得足够的支持；在忙乱与疲惫中失去信心；长期缺乏流动资金，导致夭折或长不大；缺乏主要的获利业务
成长期	未经审慎评估盲目地扩张；未能建立功能团体，过早分权容易失控
成熟期	缺乏具有综合管理能力的高级人才；过于自傲自满，缺乏危机意思；领导班子过早退休，传承失败
衰退期	注重形式，忽视目的与本质，重视做事过程的对错；失去创业精神，趋于保守，害怕犯错误；制度严密，但缺乏创新文化配合，导致活力丧生

表7-2 产业生命周期对战略的影响

产业阶段	开发期	成长期	成熟期	衰退期
市场发展	缓慢	迅速	下降	亏损
市场结构	零乱	竞争对手迅速增多	竞争激烈，对手成为寡头	取决于衰退的性质，或形成寡头，或出现垄断
产品线特征	种类繁多	种类减少，标准化程度增加	产品种类大幅度减少	产品差异度小
财务状况	起动成本高，需要大量现金投入，回本无保障	销售增长带来利润，但大部分利润用于再投资	稳定的销售带来巨额利润，再投资减少，形成现金来源	利润下降，现金来源取决于退出壁垒的高低
生产特征	一次性或批量生产，未能形成流水线生产	经验曲线上升，成本下降	强调降低成本，提高生产效率	产业生产能力下降
研究和开发投入	在产品设计和生产作业方面大量投入	对产品的研究减少，继续进行对生产过程的研究	较少，多为渐进的革新，多围绕降低成本和提高效益展开	除非生产过程或重振产品有此需要，否则无支出
战略重点	产品开发战略	市场开发战略	综合的竞争战略	退出战略

(2) 产业竞争分析

决定企业盈利能力首要的和根本的因素是产业的吸引力。一个产业的竞争激烈程度取决于产业内的经济结构，产业内的经济结构状况又对竞争战略的制定和实施起制约作用。哈佛大学商学院迈克尔·波特教授在《竞争战略》一书中提出了产业结构分析的基本框架——五动力模型分析。波特认为：一个产业内部的竞争状况取决于5种基本的竞争作用力，即潜在进入者、替代者、购买者、供应者与现有竞争者直接的抗衡。如图7-5所示。

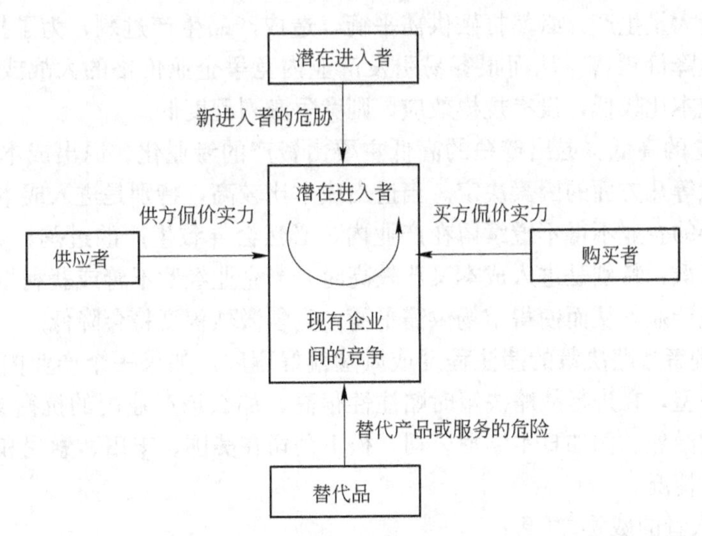

图7-5 驱动产业竞争的5种力量

这5种竞争力量共同决定了产业的竞争强度和最基本的盈利能力，其主要原因是它们之间的相互作用共同影响了产业内的价格、成本和投资。这五种竞争因素影响力的大小，会随着产业的不同而有所不同，并随着产业的发展而变化。但无论怎样，存在五种竞争力的产业结构对企业的国际商务竞争非常重要。

① 产业内现有竞争者间的竞争。

随着产业内竞争企业的增多，各竞争企业为了争夺市场，使得竞争变得非常激烈，常常采取各种竞争手段，如通过广告大战，扩大企业和产品品牌的知名度；通过促销手段，如价格大战、提高售后服务等，来提高消费者的购买欲望；通过提高产品质量、增加产品性能和改进外观设计来实施产品差异化。在这些竞争手段中，降价销售是最为常见的一种竞争手段，比如中国彩电行业的价格大战，当一家彩电企业实施降价销售，其他品牌也跟着降价。

在产业内，某一企业的某项竞争性行动往往会引起现有竞争对手的注意，其他竞争对手马上也常常会采取相应的行动予以回击或报复。现有竞争者之间的良性竞争，在一定程度上会使消费者得到更多的实惠，也会提高整个产业所有参与竞争者的素质，使整个产业朝有利的方向发展。但如果现有竞争者之间的过度恶性竞争（如价格战），会导致竞争企业的两败俱伤，会提高竞争企业的经营成本，降低企业甚至整个行业的盈利水平，使该产业内的企业都蒙受损失，以至于陷入困境不能自拔。

在一个产业，现有竞争者间竞争的强度主要有以下几方面的因素决定。

• 产品差异程度和消费者的转移成本。如果产业内各企业的产品性能差别很小，而且消费者从一种产品转移到另外一种产品的成本非常低，甚至转移成本为零，则消费者往往看重价格和服务水平，企业间的竞争就会很激烈；反之，竞争就不激烈。

• 现有竞争者的数量和实力。在市场需要量一定的情况下，销售同一性能和价值产品的企业多，而且竞争者的实力相当时，为了获取市场份额，当其中一家企业采取行动时，其他竞争企业也会马上做出反应，竞争就比较剧烈。反之，当该产业内竞争企业很少，只有一家或少数几家企业控制，且实力不是相当或势均力敌，则竞争就不那么激烈。

• 成本结构与规模效应。当该行业企业的固定成本投入比较高或需要获得规模经济效应时，各企业会大量生产，必然打破供需平衡，造成产品生产过剩，为了把产品销售出去，常见的办法就是降价销售，从而很容易引发产业内竞争企业价格的大战或低价格竞争。反之，如果固定成本比较低，没有规模效应，则竞争激烈程度低。

• 退出壁垒的高低。退出壁垒的高低主要由资产的专业化、退出成本、关联成本、政府和社会的现状等几方面的因素决定。当退出成本比较高，特别是进入成本又比较低时，使得那些经营不善的企业不得不继续留在产业内，必然会导致生产的过剩，竞争加剧。反之，当退出成本比较低，特别是进入成本又比较高时，当企业经营不善或获利很低时，有一部分企业就会退出该产业，从而使得市场供需平衡，竞争激烈程度将会降低。

• 高层管理者战略决策的赌注程度或风险偏好程度。如果一个产业内大量企业高层管理者是风险偏好型，在进行战略决策时赌注性很高，那么该产业内的抗衡会变得反复无常，竞争会变得非常激烈。例如日本索尼公司、松下公司在美国、丰田、索尼和飞利浦公司在中国曾经就是这种情况。

② 潜在进入者的威胁。

当某一产业有利可图，都会有潜在竞争者加入。当新的竞争者加入该产业时，会带来新的生产能力，扩大产业规模；同时，它们会争夺生产资源，抢占市场，从而对原有竞争者产生压力，构成危险，原有竞争者势必会做出反应，导致该产业的竞争程度提高。潜在进入者对某个产业的危险程度，取决于该产业进入壁垒的高低，同时也取决于该产业现有竞争者的反应剧烈程度和潜在进入在对此反应的预期。

产业进入壁垒的高低主要取决于几个方面的因素，主要包括：规模经济、消费者的消费偏好和对原有产品的忠诚度、学习效应、资本需求大小、分销渠道、政府的管制政策、资源获取的难易程度、潜在市场的饱和程度等。

③ 替代品的威胁。

从广义上看，一个产业的所有企业都与生产替代产品的产业竞争。替代品，是指那些与本产业的产品具有相同功能的其他产品，也就是与本产业中的产品一样满足消费者的相同需求的产品。如铁路运输、公路运输和航空运输之间就是一个相互替代的关系。替代品设置了产业中企业可获利的最高限价，从而限制了该产业的潜在收益。

如何识别替代品及如何判断替代品的威胁程度就显得非常重要。一般来说，对现有产业构成威胁的替代品具有如下特征：

• 生产成本低廉，具有明显的价格优势，即替代品的价格比竞争产品的价格更低；

• 产品性能比竞争产品更高，且还有继续改善的空间；

• 消费者转向替代品的转移成本非常低。当某种替代品具备这些特征时，替代品带来的威胁和竞争的压力就会增大。

因此，对被替代产业的企业来说，一方面要从战略上尽可能设法阻止那些威胁程度大的替代品，同时也要把替代品威胁作为一种不可避免的关键因素来考虑战略的制定。

④ 供应商的侃价实力。

供应商能否根据生产企业的要求按时、按质、按量地提供所需要的生产要素，将直接影响到企业正常的生产运作活动；而供应商所提供产品价格和服务水平的高低将很大程度上决定企业的生产成本，进而影响到企业的获利水平。供应商可以通过提价、降低所售产品或服务的质量、停止供货等方法来显示其力量，向某产业企业施压，提高其讨价还价能力。供方侃价实力与供买方侃价实力相互消长，在下列情况下，供应商有较强侃价实力：

• 供方产业的集中度比买方产业高，只由几家大企业控制，而买方企业众多，实力比较弱；

• 没有好的替代品可供选择；

• 买方不是供方的重要客户，但供方产品是买方重要的生产投入要素，是买方的重要客户；

• 供方产品的差异化和转换成本比较高；

• 供方前向一体化的可能性很大。

⑤ 购买者的侃价实力。

对企业来说，购买者也是一个不可忽视的竞争力量。购买者可以通过压低价格、要求较高的产品质量和更高优质的服务，甚至通过挑起产业中的竞争者相互竞争残杀来降低企业的获利水平，买方以此从中获利。在下列情况下买方有较强的侃价实力：

• 购买者集中，购买数量大且占整个行业产出的很大比例；

• 购买者从该产业购买的产品对其产品生产过程的重要程度低；

• 从产业中购买的是标准产品或差异很小的产品；

• 买方的转移成本很低，转向购买其他产业产品的选择余地大；

• 购买的产品对买方产品或服务的质量及服务无重大影响；

• 买方采取后向一体化的可能性很大；

• 购买者掌握充分的信息。

(3) 主要竞争对手分析

主要竞争对手是指那些对企业现有市场地位构成直接威胁或对企业目标市场地位构成主要挑战的竞争者。主要竞争对手对企业国际商务活动产生最直接的影响。因此，在分析了外部宏观环境和产业环境分析以后，企业战略规划者应该把目光聚焦在主要竞争对手身上，分析主要竞争对手的使命、目标、拥有资源状况、市场地位和实力、当前战略等要素，以便评估主要竞争对手的战略定位和发展方向、预测主要竞争对手未来的战略、判断主要竞争对手对本企业战略行动所能做出的反应、评估主要竞争对手的核心竞争力及竞争优势持续能力。

① 主要竞争者的目标分析。了解竞争者的目标主要是要了解竞争对手各层次的行动目标，了解竞争对手的财务状况和财务目标，从而判断竞争对手可能的战略变化及其反应。

② 主要竞争对手高层管理者的管理风格和行为准则。高层管理者的管理风格和行为准则影响对环境的认识和战略的选择，也影响对战略风险的偏好。

③ 竞争对手的现行战略分析。对竞争对手战略的了解主要通过了解竞争对手在做什么、正在哪些领域开展业务、竞争对手的市场行为等来推断它的现行战略，进而估计实施现行战略的效果及对本企业的影响。

④ 主要竞争对手的假设分析。竞争对手目标战略的规划都是以其对环境和自我的认识为前提。竞争对手的战略假设包括两个方面：一是对自己认识的假设，即对自己自身的力量、市场地位、发展前景等方面的假设，比如可能把自己看成是产业中的老大或老二、知名企业等；二是对产业及产业内其他企业的假设，包括对产业构成、产业竞争程度和主要产业威胁、产业发展前景、潜在获利能力等方面的判断和认识。了解竞争者的战略假设，可以了解竞争对手当前的竞争战略、竞争行为及可能采取的竞争手段。

⑤ 竞争对手的能力分析。要分析竞争对手的优势和劣势、核心能力、战略反应能力、环境适应能力，进而和自己的能力进行比较分析，从而确定自己的竞争战略。

2. 内部环境分析

知彼知己，百战不殆。一个企业在进行战略规划时，仅了解企业的外部环境是不够的。相同的外部环境对不同企业的影响和作用是不一样的，因此还必须对企业自身有一个清醒的认识，特别是对自身的战略要素的认识。

在现代企业竞争格局中，资源、能力和核心竞争力组成了企业内部环境。它比外部环境因素对企业经营活动产生更直接、更重要的影响。不同的企业，从事相同的国际商务活动，面临的外部环境完全相同，但由于其内部的资源、能力和核心竞争力不同，其经营效果可能会完全不同，有的可能很成功，有的可能失败。

1) 企业资源分析评估

资源是企业生存与发展的“必需品”，是企业的“阳光、空气、水和食物”。资源是指被投入企业生产过程的生产要素。企业资源可以是有形的，也可以是无形的。

企业资源分析评估是对企业可得资源的数量和质量进行评价和分析，以便确认企业是否拥有战略维持和战略延伸所需要的资源。资源通常可以划分为以下几类。

(1) 实物资源

实物资源是指企业的厂房、机器设备、原材料、产成品等。评估企业的实物资源，不仅要列出设备、产成品的数量，而且还有对这些资源的自然状况进行了解、更需要了解企业获取原材料的能力和生产能力。

(2) 人力资源

人力资源是企业最重要的资源，也是构建企业核心竞争力的关键要素。保洁公司总裁说过："如果你夺走了保洁的人才，却留下金钱、厂房和产品，保洁将会失败；如果夺走了保洁的金钱、厂房和产品，留下了人才，保洁将会在10年内重建王国。"对人力资源评估需要了解人力资源的数量和质量、人力资源的配置状况、人力资源的使用效率、人力资源的适应性、人力资源的需要和内部供给情况等。

(3) 财务资源

财务资源是企业获取资金的能力，以及企业使用资金的效率和管理控制资金的能力。如借款的能力、现金管理、资金使用效果、对债务人和债务的控制等。

(4) 无形资产资源

无形资产资源是企业资产的重要组成部分，是比有形资产更加重要的资产，主要包括专利技术、专有技术、管理技术和管理经验、商誉等。商誉主要涉及商标、品牌、企业形象等，是无形资产的重要组成部分，如美国可口可乐公司的商标价值就达到200多亿美元。

对企业资源的分析评估应该注意以下几个方面：一是应该主要评估那些与企业能够获得的且与战略相关的资源；二是应该评估那些能够巩固企业独特能力的资源；三是要主要确认企业需要与战略资源的缺口，以便企业更好地利用目前的资源与环境，扩大和改变企业目前的资源存量，创造新的资源，以达到战略目标的要求；四是要对主要资源的使用过程和使用效率进行评估。

2) 企业能力分析

能力来源于资源的有效整合，同时也是企业核心竞争力的来源。如果企业拥有较强的能力，则可以使企业能够利用洞察力和智慧创造并利用外部的机会，建立持久性的优势。

价值链是企业用于分析企业能力的有效工具。迈克尔·波特教授在其《竞争优势》一书中指出：竞争优势来源于企业在设计、生产、营销、交货等过程及辅助过程中所进行的许多相互分离的活动，所有这些活动都是为顾客创造价值的经济活动，企业所有这些互不相同但又相互关联的价值创造活动叠加、串联在一起，构成了企业的价值链，如图7-6所示。

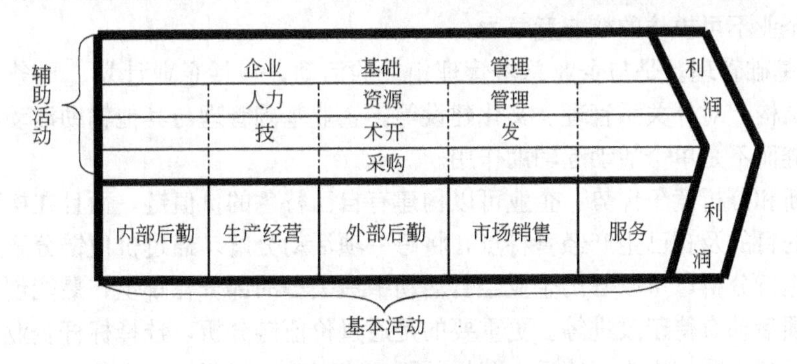

图7-6 企业价值链

迈克尔·波特教授把企业经营活动分为两类：一是基本活动或主体活动，是企业生产经营的实质性活动，主要是如何将输入有效地转化为输出，并直接与顾客发生联系，主要包括内部后勤、生产经营、外部后勤、市场销售和售后服务等活动；二是辅助活动或支持活动，是用以支持基本活动而且内部之间又相互支持的活动。

(1) 基本活动、主体活动

① 内部后勤。是指与产品投入有关的接收、存储和分配相关联的各种活动，如原材料的搬运、储仓、库存控制、车辆调度、运输和向供应商退货。

② 生产运作。是将投入转化为最终产品的活动，如机械加工、装配、包装、设备维修、检测等。

③ 外部后勤。是指与产品的集中、存储和发放到买方有关的活动，如产成品库存管理、入库、客户订单处理、送货等活动。

④ 市场销售。是与促进和引导购买者购买企业产品的有关活动，如广告、人员促销、定价、销售渠道选择、市场调查、分销商管理等。

⑤ 售后服务。是指以增加或保持产品价值有关的各种活动，如安装、维修、培训、零部件供应和产品调整等。

(2) 辅助活动、支持活动

① 采购。是指购买各种生产资源以满足企业价值链的所有相关活动，是一种获取各种资源的过程。改善采购管理，对缩短资源到达的提前期、提高采购物质的质量、降低采购物质活动的成本有着重要作用。

② 技术开发。企业每一项价值活动都包含着技术成分，无论是技术诀窍、程序，还是在工艺设备中所体现的技术。技术开发既包括生产技术，也包括非生产技术，企业的每项生产经营活动都包含不同性质、不同开发程度和应用范围的技术。某项技术开发可以改进或提高企业价值链上某部分的价值，因而对企业中的竞争优势非常重要，有时甚至起到核心作用。

③ 人力资源管理。是为了实现组织的战略目标，影响组织成员的行为、态度及绩效的各种政策、管理实践及制度的总和。其基本内容是选人、育人、用人、激励人和留人。具体包括人力资源规划、工作分析、招聘选拔、开发与培训、考核、薪酬等各项活动。这些活动支持着企业的每一基本活动和辅助活动，以及整个价值链。在现代社会，人力资源上升为第一资源，有效的人力资源管理活动，能够充分挖掘人的潜力和调动人员的工作积极性，并且还可能成为企业不可模仿的核心竞争力。

④ 企业基础管理。是与企业总体管理相关的活动，包括企业计划、财务、会计、质量管理、组织结构、对外关系管理、文化建设等。企业基础管理与其他辅助活动不同，它是通过整个价值链而不是单个活动起辅助作用。

为了诊断和分析竞争优势，企业可以构建有自己特色的价值链，而且在构建时可以根据价值链分析的目的及自己生产经营特点，将每一项活动分解。通过价值链分解及对价值链上每一项活动进行分析，可以看出企业经营活动中最关键的部分在哪里，最能创造价值的部分在哪里，哪项活动有待于改进等。更重要的是通过价值链分析，选择标杆企业并参照标杆企业的价值链，建立起基准指标体系，分析差距，确定改进目标，制定行动方案并组织实施。

3) 企业核心竞争力分析

“核心竞争力”是目前出现频率很高的一个词，它对企业的竞争实力和持久竞争力起到至关重要的作用。核心竞争力（Core Competences）的英文原意是核心能力或核心技能。根据美国管理学教授普拉哈拉德和伦敦商学院教授汉默尔在《哈佛商业评论》上发表的《企业核心竞争力》一文中的定义，核心竞争力是“组织中的积累性学识，特别是关于如何协调不同的生产技能和有机地结合多种技术流的学识”。核心竞争力是指那些能够为企业带来相对于竞争对手的竞争优势的资源和能力，是企业内部一系列互补的技能和知识的组合，是提升企业竞争力和盈利的关键因素。简单地说，核心竞争力就是企业所独有的、不可替代的、竞争对手难以模仿的，且能够为企业创造价值并构成企业竞争优势的能力。核心竞争力既可以以某种先进技术的形式表现出来，如英特尔公司快速推出的功能强大的计算机微机处理技术，也可以以其他形式表现出来，如麦当劳公司方便、快捷的服务体系。因此，核心竞争力可以表现为很多方面，比如科学技术、管理、组织和营销等各方面。

在分析企业核心竞争力的过程中，需要注意的几个问题。

第一，核心竞争力是可以通过学习来提升的能力。在科学技术快速发展和知识不断更新的新经济时代，学习型组织不断出现，在干中学，在学中干。通过组织学习，能够使竞争力得到强化和提高。

第二，核心竞争力不是永久不变的，具有相对性。也就是在当前条件下有竞争力的能力，能够为企业赢得竞争优势，但随着条件的变化，带来竞争优势的能力可能失去活力，变成制约企业发展的因素。

第三，核心竞争力与环境之间有着高度的相关性。

那么，什么样的资源和能力是核心竞争力，其判断标准是什么？为此，有学者在研究他人成果的基础上，提出判断一项能力是否是核心竞争力，需要看它是否满足 4 个标准，即它是有价值的、稀有的、难以模仿的及不可替代的。这 4 个标准结合的结果如表 7 - 3 所示。

表 7 - 3　核心竞争力的四个标准结合的结果

资源和能力是否有价值	资源和能力是否稀有	资源和能力是否难以模仿	资源和能力是否不可替代	竞争后果	业绩评价
否	否	否	否	竞争无优势	低于平均回报
是	否	否	是/否	竞争对等	平均回报
是	是	否	是/否	暂时性的竞争优势	高于平均回报
是	是	是	是	持久性的竞争优势	高于平均回报

从表 7 - 3 中可以看出，企业只有拥有那些有价值的、稀有的、难以模仿的及不可替代的能力，才能获得持久性的竞争优势，并持久地获得高于产业平均利润水平的超额利润。

3. 企业外部环境和内部条件的综合分析

在进行企业国际商务战略规划时，除了分析企业的外部环境和内部条件，还必须对企业的外部环境和内部条件进行综合分析，即分析企业的优势、劣势、机会和威胁。

1）企业优势分析

企业优势是指企业所具备的那些能够提升企业竞争力的并明显强于其他竞争企业的特征。一个企业潜在的优势主要表现在：一是与竞争对手相比更突出的技能与重要专长，如拥有专利技术或技术秘诀；二是雄厚的资金实力和很强的资金获取能力；三是高素质的员工队伍，而且这些员工具有很高的忠诚度和创新精神、团队合作精神，是学习型团队；四是具有良好的商誉；五是有很好的销售网络和销售组合策略；六是完善的经营管理；七是很强的产品创新能力；八是有效的战略联盟……

2）企业劣势分析

企业劣势是指企业在生存和发展过程中需要的，但目前尚不具备的那些竞争性资源或能力以及使企业处于不利竞争地位的内部条件。一个企业潜在的劣势主要表现为如下几个方面：企业形象较差；缺乏管理经验；较弱的销售网络；缺乏某些主要的技能或能力；缺乏企业运作中重要的资源；创新能够比较差；等等。

企业的优势和劣势是相当于竞争对手而言，企业优势和劣势可以是单项的优势或劣势，也可以是综合的优势或劣势。单项优势或劣势比较容易判断，综合的优势或劣势比较难判断，需要通过加权来评价。

3）企业机会分析

在激烈的市场竞争中，市场机会稍纵即逝，因此必须对市场机会加以分析，以便及时把握市场机会，获取竞争优势。企业应该抓住下列机会：为顾客提高新产品或服务；能进入新的市场；能够实现产品多元化经营；能够激发企业潜在的竞争优势；能够获得市场的快速增长；能够充分利用企业的竞争性资源；等等。

4）企业威胁分析

外部环境的变化，可能对企业产生现有或潜在的威胁，企业必须充分认识到，不然可能对企业带来灾难性的影响，如当年的美国铱星公司在创建之初并没有意识到其竞争对手——一般的蜂窝状手机的技术突破可能给企业带来的威胁，导致投资 40 多亿美元的铱星公司在商业运作一年以后被迫宣布破产倒闭。企业可能面临的威胁分析，不仅要分析企业面临的现有的威胁，更重要的是要分析其面临的潜在威胁。一个企业面临的威胁主要包括：新技术的出现或现有技术的突破，竞争对手能够生产成本更低、性能更好的产品；利率和汇率的变化，如汇率提高变化，可能给出口企业带来很大的负面影响；国际政策和法律的变化，如环保法律法规的制定，就给那些对环境污染严重的企业生存带来了很大的挑战；国际或国内经济的衰退；敌意的收购；消费者消费偏好的转移；等等。

5）SWOT 法的分析过程

SWOT 矩阵分析法是一种对企业内部条件拥有的优势、劣势以及外部环境给企业带来的机会和威胁的综合性判断分析方法。通过 SWOT 分析，企业可以对自己的经营状况、竞争地位、竞争格局、战略选择做出全面而系统的评价。SWOT 中的 S 是指企业内部的优势（Strengths）；W 是指企业内部的劣势（Weaknesses）；O 是指企业外部环境出现的机会（Opportunities）；T 是指企业外部环境可能带来的威胁（Threats）。

SWOT 分析的具体过程如下。

（1）建立 SWOT 矩阵模型

首先列出外部环境所有可能出现的对企业国际商务活动有影响的因素，分析可能出现的或潜在的机会与威胁，特别是潜在的因素要考虑到，从中选出最关键和影响最大的因素，关键因素数量在 5～10 个；然后列出对企业经营活动及其发展有重大影响的内部因素，数量也在 5～10 个；最后把内部优势和外部机会相匹配、内部优势和外部威胁相匹配、内部劣势和外部机会相匹配、内部劣势和外部威胁相匹配，并把匹配结果放入 SWOT 矩阵模型里面，如表 7-4 所示。

表7-4 SWOT矩阵模型

内部条件 外部环境	优势（5～10项）	劣势（5～10项）
机会（5～10项）	SO部分 发挥优势，利用机会	WO部分 利用机会，克服劣势
威胁（5～10项）	ST部分 利用优势，规避威胁	WT部分 减少劣势，规避威胁

(2) 利用层次分析法分别对优势和劣势、机会和威胁进行分析

层次分析法（AHP）是美国运筹学家Saaty教授于20世纪80年代提出的一种实用的多方案或多目标的决策方法。其主要特征是，它将合理地把定性与定量的决策结合起来，按照思维、心理的规律把决策过程层次化、数量化。该方法自1982年被介绍到我国以来，以其定性与定量相结合地处理各种决策因素的特点，以及其系统灵活简洁的优点，迅速地在我国社会经济各个领域内，得到了广泛的重视和应用。

利用层次分析法对优势和劣势、机会和威胁进行分析，首先要确定每个因素对企业竞争的影响程度，也就是对其重要性进行排序，确定各个因素的权重；其次根据企业现行战略对各因素打分，这里打分可以请外部专家或内部专家来进行；接着把各因素的打分值与其相应的权重相乘，得到加权分值；再将所有因素的加权分值加起来，得到企业总的加权分数；最后根据加权评分结果分析企业是优势大于劣势还是机会大于威胁。

7.2.2 国际商务战略目标

国际商务战略目标是企业在战略管理过程中所要达到的市场竞争地位和管理绩效的目标，是根据自身的竞争实力和竞争对手的势力来考虑企业在全球范围内的市场分布与资源配置，其目的是不断增强竞争能力，巩固和发展竞争实力，最大限度地去实现企业的总体利益。

国际商务战略目标是企业使命和功能的具体化，是企业战略的重要内容，它指明了企业的总体发展方向和具体操作标准。企业战略管理目标是多元化的，既包括经济目标，又包括非经济目标；既包括定性目标，又包括定量目标。管理学大师彼得·德鲁克在《管理实践》一书中提出了8个关键领域的目标：市场方面的目标、技术改进和创新方面的目标、提高生产力方面的目标、实物和金融资源方面的目标、利润方面的目标、管理人员方面的目标、员工积极性发挥方面的目标、社会责任方面的目标。但归纳起来，主要是市场目标、创新目标、盈利目标和社会目标四大核心目标。也可以根据企业实际情况细分为以下4种目标。

① 基础目标，即保持公司经营活动在总体水平上有效益，并能适当地管理由于获得现有收益而可能导致的经营风险。

② 核心目标，它决定企业能否赢得未来的优势和垄断优势。

③ 发展目标，它是公司保持和提高全球竞争势力的关键。

④ 优先目标，它体现了突出重点、解决主要矛盾的指导思想。

国际商务战略目标是国际商务战略管理的主要内容，一个好的战略目标应该具有以下特征：

① 战略目标的表述必须明确而清晰，要能够协调各方利益相关者的利益要求；

② 战略目标必须是具体的，可以检验的；

③ 战略目标应该具有挑战性，不是不加任何努力就可以实现的，同时又必须是企业通

过全体员工的共同努力可以实现的；

④ 战略目标能够根据内外部环境的变化及时调整，具有灵活性。

由于企业内不同利益相关者的存在，目标之间不可避免地会出现冲突和矛盾，因此战略目标的重点是构建战略目标体系。即通过对上述目标及各个目标之间相互作用的管理，减少目标之间的冲突，使得它们的组合效应最佳，也使得战略总目标的实现达到令人满意的程度。战略目标体系一般是由企业总体战略目标和职能战略目标组成，其中总体战略目标是主目标，职能性目标是保证目标。

7.2.3 战略实施

企业一旦选择了合适的战略，战略管理的重点就开始转移到战略的实施。战略实施就是将战略转化为行动，即贯彻执行企业既定战略，进而达到经营目标的过程。管理学大师伯纳得·莱曼曾说："如果得不到很好的实施，再好的战略也注定要失败。"这和俗话中"说到不如做到"是一样的意思。

战略实施需要考虑以下几个方面的问题：如何在企业内部各部门和各层次间分配资源且有效使用资源；为了实现战略目标，需要从外部获得哪些资源及如何获取；什么样的组织结构是与战略相匹配；如何进行企业文化的建设和管理，以保证战略的成功实施；如何确定保证战略实施的预算方案；如何进行组织的协调和各方利益的协调；如何建立保证战略有效实施的激励机制等。

战略实施的关键在于其有效性，战略实施的成功与否取决于管理者激励员工能力的大小和处理人际关系的能力。战略实践表明，战略实施只有在企业组织架构下，通过组织协作，发挥协调效应，从而才能有效地实现企业的战略意图，因此，战略实施的核心是全局性、整体性和协同性。只有企业各层次人员有全局的眼光、整体的观念和协作精神，追求整体最优而不是局部最优，各部门相互配合，各成员齐心协力，企业战略才能顺利有效实施。

7.3 国际商务战略管理中的竞争理论

7.3.1 国际商务战略管理的一般竞争理论

迈克尔·波特教授在其《竞争战略》一书把竞争战略描述为：采取进攻性或防守性行动，在产业中建立起进退有据的地位，成功地对付5种竞争作用力，从而为公司赢得超常的投资收益。为了对付这5种竞争作用力，不同的企业面临其独特的内外部环境，从而会采取不同的战略方法。波特教授提出了具有内部一致性的三种基本竞争战略，即成本领先战略（Cost leadership strategy）、差异化战略（Differentiation strategy）和集中战略（Focus strategy）。

1. 成本领先战略

成本领先战略的指导思想是在某一产业中以低于竞争对手的成本取得一个领先的地位，从而以较低的销售价格吸引市场上众多对价格敏感的消费者，或者在与竞争者销售价格相同的情况下获得更高的利润水平，其方法主要是通过加强内部成本控制，在研究与开发、生产运作、销售、服务和广告等领域把成本降到最低限度，成为产业中的成本领先者。企业能否实施成本领先战略的关键是产业内所提供的产品差异比较小，需求量很大。价格是顾客购买最为敏感的因素，价格竞争是产业内主要的竞争手段。

(1) 实施成本领先战略的动因

随着规模经济效益、经验曲线效益、学习曲线效益逐渐被人们所熟知，成本领先战略越来越被众多企业所采用。企业采取这种战略的动因主要有：规模经济所导致的成本优势或其他成本优势往往容易形成和提高竞争企业的进入壁垒；低成本优势能够提高企业与购买者的侃价空间和侃价能力；低成本优势导致的性价比高能够有效降低替代品的威胁；能够在与现有竞争对手竞争中保持领先。

(2) 实施低成本领先战略的途径

取得和维持低成本优势的途径很多，企业应该根据自身资源和能力状况选择合适的获取成本效率的最佳途径。具体有：建立高效规模的生产设施，利用规模经济降低成本；通过改进工艺设计和产品设计降低成本；利用学习曲线和经验曲线降低成本；实行业务流程再造并提高管理来降低成本；等等。

(3) 实施成本领先战略的风险

企业要实施成本领先战略，需要前期很高的设备投入费用，对新技术和新产品保持高度的敏锐性。这正是成本领先战略的风险所在，风险主要包括：技术上的突破或新技术的出现，使得过去的投资及学习经验不起作用；产业中的其他竞争者通过模仿或购买先进技术设备获得比其更低的成本优势；容易将注意力集中在降低成本上，而忽视了产品和市场的变化；产业内出现了差异化的竞争者，价格对购买者的敏感性下降；原材料或生产成本受外界原因突然升高，从而低成本领先战略很难实施。

2. 差异化战略

差异化战略是指企业在产品或服务方面有别于其他竞争对手，树立起在全产业范围内独具一格的特色产品或服务。差异化战略是利用购买者对产品或服务品牌的忠诚以及由此产生对价格的敏感性下降使企业获得竞争优势。企业能否实施差异化战略的关键是企业提供的产品或服务的独特性所带来的溢出价格超过因为其独特性所增加的成本。

(1) 实施差异化战略的动因

随着消费者消费偏好的转移和个性化不断增强，原来那种标准化生产、一对多的模式越来越不能满足消费者的需要和认同，个性化、差异化越来越受到企业的重视。企业采取差异化战略的动因主要有：差异化导致购买者对产品或服务品牌的忠诚和信赖，从而提高其他竞争对手说服消费者消费转移的成本，提高了其进入壁垒；降低了消费者对价格的敏感度；增强了企业的侃价实力；防止替代品的威胁等。

(2) 实施差异化战略的途径

差异化战略的方式很多，企业应该根据自身实力选择合适自己的最佳途径。具体有：产品创新差异化、产品质量及可靠性差异化、销售服务差异化、品牌差异化或者以上多个差异化的组合等。

(3) 实施差异化的风险

实施差异化战略也是要冒风险的，主要风险有：实施差异化的成本过高，大多消费者对价格难以承受；竞争对手模仿或超越，差异化程度缩小；消费者消费偏好发生转移，市场需要发生变化。

3. 集中战略

集中战略又称专一化战略，是指企业把经营范围集中在一个特点的目标市场上，为特定的地区或特定的购买群体提供特定产品或服务的一种战略。由于企业的资源和实力有限，全线作战、整个产业全面铺开往往顾此失彼，很难赢得竞争优势，因而寻求在某一特定的目标市场集中优势资源或特殊能力寻求突破，以便能够比竞争对手更为有效地为特定的目标顾客群服务。当市场被细分，特定的目标市场和特定的顾客群体确定以后，接下来就是通过成本领先战略或差异化战略来赢得竞争优势。

(1) 集中战略实施的适用条件

实施集中战略的关键是选择好战略目标。一般的原则是，企业要尽可能选择那些竞争对手最薄弱的目标和最不易受替代产品冲击的目标。在具体选择目标市场时，还必须考虑以下因素：

① 不同的购买群体间在需求上存在较大差异，这是目标市场能够细分的关键；

② 在目标市场上，没有其他竞争对手采取类似的战略；

③ 所选择的目标市场在市场容量、成长速度、获利能力、竞争强度方面具有相对的吸引力。

④ 企业的资源实力有限，不宜追求更大的市场面。

(2) 实施集中化战略的风险

① 由于细分后的目标市场狭小，难以支撑必需的生产规模，可能会带来高成本，从而导致在较宽范围内经营的竞争对手与采取集中战略的企业在成本上差距扩大，抵消了企业在目标市场上的成本优势或差异化优势。

② 以较宽的市场为目标的竞争对手也采取相同的集中战略，或者竞争对手从企业的目标市场中找到了可以再细分的目标市场，并以此实施集中战略，从而使原来实施集中战略的企业失去竞争优势。

③ 由于技术进步、替代品的出现、价值观的更新、消费者偏好的变化等原因，使得细分的目标市场与总市场之间在产品或服务的需求方面差别变小，从而企业采用集中战略赖以生存的基础丧失。

④ 竞争对手认识到集中战略的有效性，对企业已经细分的目标市场进行再细分并且采取集中战略。

波特认为，这三种基本竞争战略都是每一个企业必须要明确的，因为徘徊在三种战略之间的企业战略就是非常糟糕的中庸战略，这样的企业必定是市场占有率低、缺少资本投资、企业文化含糊、组织结构不合适等。波特认为，以投资收益率代表盈利性指标，企业盈利性与市场占有率之间存在U形关系，这种关系的形成与企业所选择的竞争战略有关，如图7－7所示。

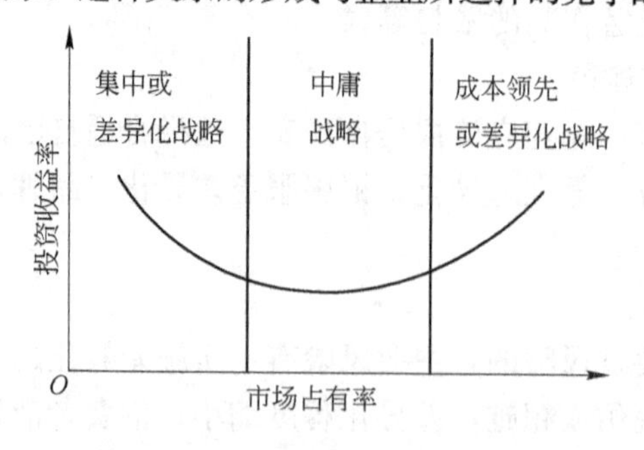

图7－7 竞争战略、盈利性与市场占有率的关系

波特教授认为，三种基本竞争战略实施需要不同的资源和技术，同时在实施过程需要企业有相应的组织结构和组织环境与之相匹配。所需要的资源和基本组织要求如表7-5所示。

表7-5　波特的三种基本战略所需资源、技术和组织要求

基本战略	所需资源和技术	组织要求
成本领先战略	* 持续的资本投资和良好的融资能力 * 工艺加工技能 * 对工人严格监督 * 所设计的产品易于制造 * 低成本的分销系统	* 结构分明的组织和责任 * 以满足严格的定量目标为基础的激励 * 严格的成本控制 * 经常而详细的控制报告
差异化战略	* 强大的生产营销能力 * 产品加工 * 对创造性的鉴别能力 * 很强的基础研究能力 * 在质量或技术上领先的公司声誉 * 在产业中有悠久的传统或具有从事其他业务中得到的独特技能组合 * 得到销售渠道的高度合作	* 在研究与开发、产品开发和市场营销部门之间的密切协作 * 重视主观评价和激励，而不是定量指标 * 营造轻松愉快的氛围，以吸引高技能工人、科学家和创造性人才
集中战略	针对具体战略目标，由上述各项组合构成	针对具体战略目标，由上述各项组合构成

7.3.2　国际商务战略管理的国际竞争理论

1. 国际化战略

进入21世纪以来，在经济全球化的大背景下，越来越多的企业走出国门，积极参与国际产业分工，这是经济全球化的客观要求，也是企业发展壮大自己的一个重要途径。在这种背景下，企业必须实行走出去的国际化战略之路。国际化战略是企业的产品和生产要素在流通过程中积极参与国际分工和国际竞争，全面提升企业的核心竞争力，以适应世界经济一体化的发展趋势和尽快与国际接轨，在较大范围、更广领域、更高层次的参与竞争，不断提升企业的综合竞争能力。

国际化战略的特点是：面向国外市场，在海外建立自己的研发中心和生产基地；建立自己的国际营销和服务网络，更好地开发国际市场；与外方在共赢的基础上共同开发国际战略资源。

2. 全球化战略

随着国际经济体之间限制措施的逐步弱化和各国关税的日益降低，国际间的贸易更加自由化，加上金融市场及资本市场的全球化、信息技术的快速发展及其广泛应用，促进了企业在国际范围内商务活动的异常活跃，只要有利可图，商务活动就会出现在世界上的任何一个角落。全球化战略是企业向全球市场销售其产品或服务，其核心是在全球范围内合理配置资源，基于全球市场来构思和设计企业的标准化产品或服务，并选择在低成本国际生产。全球化战略强调的是通过兼并实现资本在全球范围内的集中和控制，从而增强其在全球的垄断地位，通过对技术资源的控制实现核心技术在全球范围的垄断。比如宝洁公司（P&G）这个跨国企业在一次性尿布业务上在全世界范围内就采取全球化战略，快餐业的肯德基（KFC）

也是实施全球化战略。

全球化战略实施的条件是：全球消费者的需求与喜好已日趋一致；产品既要符合当地的消费者偏好，又要进行标准化生产；全球消费者愿意牺牲产品的性能、功用及设计以获得价廉质优的产品；企业通过面向全球市场可以达到可观的生产及销售规模。

3. 本土化战略

本土化战略是20世纪90年代跨国公司在“无国籍化”经营战略基础上的发展。20世纪80年代，伴随着当时地区经济一体化浪潮，来自不同国家或地区的跨国公司，在它们的海外投资过程中，由于贸易壁垒、文化的差异、民族主义与本土利益等因素的影响，如果带有更多来自母国的政治、经济与文化色彩直接进入东道国，很容易受到东道国的排斥、疑忌和限制，为此，跨国公司积极倡导无国界限制和无国籍化。经过十多年的发展，更多跨国公司开始实施本土化战略，加快本土化进程，以获取高额利润。如摩托罗拉、沃尔玛等。

本土化战略是企业根据东道国的法律法规、政治制度、文化氛围等人文因素和经营环境的不同，对自身的经营战略、经营模式等进行优化调整，在产品品牌、人力资源、资本运作、产品制造、研究开发、企业文化等方面大力实施本土化的战略。

实施本土化战略的途径通常有：用适用产品占领东道国目标市场，进行产品本土化；大胆聘用当地适用人才，实施人才本土化；积极与东道国社会文化融合，实现品牌与营销本土化；实现生产本土化和原材料采购的本土化；了解产业技术信息和消费动态，实施研发本土化；树立企业良好形象，建设本土化公共关系；以全球市场为导向，实施管理本土化等。

本章核心概念

战略　战略管理　战略环境　核心竞争力　战略目标　成本领先战略　差异化战略　集中战略

本章练习题

一、选择题

1. 在战略层次上，企业最高管理层应制定的是（　　）。
   A. 公司战略　B. 事业部战略　C. 职能性战略　D. 海外发展战略
2. 依据迈克尔·波特的观点，一个产业的竞争激烈程度取决于（　　）。
   A. 产业内的经济结构　B. 产业外的经济结构
   C. 宏观经济形势　D. 产品与技术的差异
3. 有关企业核心竞争力，下列说法中错误的是（　　）。
   A. 核心竞争力是可以通过学习来提升的能力
   B. 核心竞争力是企业独有的、不可替代的
   C. 核心竞争力具有相对性
   D. 核心竞争力是企业内部的能力，与环境无关
4. 企业实施差异化战略的最主要风险是（　　）。
   A. 成本过高　B. 容易被竞争对手模仿
   C. 市场变化　D. 政策变动

二、思考题

1. 什么是国际商务战略管理？战略管理包含哪些内容？
2. 简述企业的外部环境分析的主要内容。
3. 什么是企业的优势、劣势、机会和风险？如何运用SWOT分析法进行分析？
4. 如何理解企业的核心竞争力？
5. 简述国际商务战略的一般竞争战略。
6. 如何理解国际化战略、全球化战略和本土化战略？

灰狗看起来像条狗

如果你看过1934年拍摄的电影《一夜风流》，就可以看到电影主角克拉克·盖博在灰狗车上偶遇克劳迪特·考伯特及影迷们蜂拥搭乘灰狗欣赏其魅力的镜头。但是现在，灰狗很可能是某些恐怖电影的标志物。20世纪80年代中期以来，总部设在达拉斯的美国长途客车灰狗公司一度疲于拼命，它在面对着激烈的地方竞争、飞机的替代性、汽车租赁业、工人罢工、经济不景气、多变的消费群等威胁，以至破产案的诉讼。

在现代社会，公交公司遭受了来自运输替代物的激烈竞争。特别是航空公司已经降低了它们的成本，抢占了灰狗公司的大部分生意。例如，美国西南航空公司，从凤凰城到圣地亚哥的单程机票是31美元，而灰狗公司要34美元——坐车旅行要贵2美元。除非您特别喜欢死亡谷的景色，不然，你当然会选择坐飞机了。

甚至那些真的打算坐车的旅游者也多半乘坐当地或区域的运输工具而不是灰狗。小飞侠是一家小公司，它成功地为东部小城镇提供服务，几乎被大公交公司所忽略。该公司从连接斯菲尔德、波士顿和东麻省开始，在1986年买下了从新英格兰到纽约德路线经营权。现在小飞侠已经占有了低收入、教徒乘客的城际旅行业务。这以前一直是灰狗公司的重要业务，小飞侠公司分割了它的市场份额。

除了竞争者和替代品的问题，灰狗公司还有劳工问题。1990年，代表6 000多名司机、3 000多名技工的联合运输工会对灰狗公司实行罢工。为了维持运作，灰狗公司和工会强烈对峙，雇用了2 000人代替罢工者的职位。经过痛苦的有时掺杂暴力的3年罢工，最终工会容许成员返回工作岗位，同时灰狗申请了破产保护。1991年从破产阴影中走出后，灰狗公司实施重组计划，以减少运作费用，公司CEO弗兰德·施密德削减了50%的车队，只剩下2 000辆车，削减了大约20%的工人。

但是当管理者削减费用时，许多路线的服务质量也下降了。因过度工作而产生消极情绪的雇员经常在业务高峰期不接电话，失去了潜在的消费者。为了解决这个问题，灰狗公司借鉴了航空业的做法，在1993年推出自己的第一个全国计算机订票系统。这个叫作Trips的系统有一个免费的电话号码，顾客可以在全国范围内打电话预订车票。计算机订票系统是一个失败，它需要45秒来反应每一个指令，7分钟打印出车票。不幸的顾客要不跳出排队的队伍，要不就得误了车。于是灰狗公司关闭了这个系统，降低票价，在某些区域票价甚至低于成本。公司聘请了伯瑞德利·哈斯莱姆——美国航空Sabre预订系统的制造者来重新设计订票系统，反应时间从45秒缩短到2秒。现在Trips处理超过70%的灰狗公司业务，连接250多个城市，并提供信息，帮助公司确定哪个路线最有利润（灰狗公司有2 600个站点）。

施密德做许多努力，包括贷款1.84亿美元购买新车，把车龄从平均11.5年降低到6.5年，灰狗公司通过“我走得简单，我走得自在，我坐灰狗”来推出自己的形象。但这一切太晚了，面对着激烈的竞争和出色的替代品，灰狗公司的利用率从历史上的80%降到50%，准时率降低60%，公司很难在迟到的半空的车上赚到钱。

1994年8月，弗兰德·施密德被迫辞去了CEO，被灰狗前任总裁克瑞格·兰茨所代替。几个其他高层管理者包括灰狗的财务总监也被迫辞职。灰狗公司的股票从1993年5月开始一路下跌了90%，公司再次濒临破产的边缘。

问　题

1. 灰狗公司采取的是什么层次的战略？
2. 灰狗公司为什么会遭遇如此的失败？

第 8 章

国际市场营销

本章主要内容

- 国际市场营销概述
- 营销环境
- 营销调研
- 市场细分
- 产品策略
- 价格策略
- 分销渠道策略
- 促销策略

8.1 国际市场营销概述

8.1.1 市场营销与国际市场营销

19 世纪末 20 世纪初，随着西方资本主义国家生产力的迅猛发展，生产效率大大提高，生产能力的增长速度超过市场需求的增长速度，市场供求状况发生了很大的变化，这些变化的产生与发展引发了市场营销思想的产生并将市场营销理论的发展推向深入。

关于市场营销，西方市场营销学者和相关学术团体从不同角度对其有多种定义，其中，比较具有代表性的定义如下。

Philip Kotler 于 1984 年对市场营销所下的定义为：市场营销是指企业的这种职能，“认识目前未满足的需要和欲望，估量和确定需求量大小，选择和决定企业能最好地为其服务的目标市场，并决定适当的产品、劳务和计划（或方案），以便为目标市场服务”（《市场营销管理》序言）。美国市场营销协会（AMA）于 1985 年对市场营销所下的定义为：市场营销“是对思想、产品及劳务进行设计、定价、促销及分销的计划和实施的过程，从而产生满足个人和组织目标的交换”。比较而言，AMA 的定义比 Philip Kotler 的定义更为全面。主要表现在：产品概念扩大了，它不仅包括产品或劳务，还包括思想；市场营销概念扩大了，市场营销活动不仅包括赢利性的经营活动，还包括非赢利组织的活动；强调了交换过程；突出了市场营销计划的制定与实施。

上述两个定义存在着一定的差异，但就其核心内容而言，就是在买方市场条件下，卖方如何从顾客的需要出发，制订企业发展战略，组织企业市场营销活动，从而在满足顾客需求的前提下，使企业在激烈竞争的市场环境中获得生存和发展。

冷战结束之后，全球进入了改革开放的浪潮。20 世纪 90 年代以来，信息技术进步日新月异，跨国直接投资突飞猛进，贸易自由和资本流动自由成为时代的主题，全球经济一体化成为不可阻挡的新世纪潮流。

在全球经济一体化的大背景下，跨国商品和服务的国际贸易额迅猛增长。企业国际营销活动的发展，促使国际营销学逐渐形成。

国际营销是指企业在两个或两个以上的国家经销自己的产品、技术、服务和信誉的跨国性商务活动。从营销活动的具体程序与内容方面来看，国际营销与国内营销基本相似：首先要进行市场调研，确定目标市场，然后制定适当的营销组合方案以满足目标市场的需要，从而最终确保企业利润的实现。

尽管国际营销学以现代营销学的基本理论为基础，在理论方面并没有新的突破，但由于国际营销是在两个甚至两个以上国家进行的经营与销售活动，这种跨国经营的性质决定了国际营销还具备许多方面的特殊性，主要表现在两方面：一方面，国内营销只需适应国内环境，而国际营销则更多强调的是对国际环境的适应；另一方面，国际营销所使用的分销渠道与国内营销完全不同。

8.1.2 国际市场营销环境

营销环境是企业营销活动的各种外部因素，这些因素错综复杂，而且瞬息万变，对企业的营销决策至关重要。企业开展国际市场营销活动所面临的营销环境因素主要包括：社会文化环境、经济环境及政治法律环境。

1. 社会文化环境

企业跨国经营面临的第一个问题就是异国他乡的不同文化传统，其相应的政治制度、法律体系、语言与价值观、经营习惯等与本国均存在着不同程度的差异，如果企业开展跨国营销，则该问题更为复杂。因而，企业要成功地开展国际营销活动，就必须要在营销实践中处理好上述诸多方面的问题。由于文化因素影响的广泛性，在上述诸多影响因素中，最为关键的是能否跨越文化障碍。

1991 年一家国际性的杂志曾就“什么是在全球市场做生意的最大障碍”为题在美国、欧洲、日本、亚洲其他地区进行调查，备选项目包括：价格竞争、信息、法律法规、文化差异、交货期、外汇、时差、语言共 8 项。调查结果显示：文化差异因素被列为第一位。国际营销实践也证明，企业国际营销活动的成败，往往在于能否很好地理解和适应不同国家和地区的特定文化。因此，就其本质而言，国际营销实质上就是跨文化经营与销售活动。

社会文化环境的主要因素包括：语言、教育水平、宗教信仰、价值观念、消费习俗、审美观念等。

(1) 语言

作为沟通的基本工具，语言在国际营销活动中起着极其重要的作用。一方面，通晓当地语言可使国际营销人员流畅地表达思想观念，与当地相关人员亲密合作；另一方面，对当地语言的了解也可以使企业的品牌翻译避免出现不良内涵。

(2) 教育水平

一个国家或地区教育水平的高低直接影响到当地经济发展状况，影响到当地居民对消费品的鉴赏和追求，从而直接影响到其消费行为。另外，由于居民受教育程度的差异，居民在理解企业发布的各种相关信息方面，其接受的方式和程度也会存在着相应的差异。因此，这些方面对市场调研活动及促销活动方面都将产生相应的影响，要求企业因地制宜，相应调整策略以配合当地的教育水平。

(3) 宗教信仰

宗教是社会意识形态之一，是支配着人们日常生活的自然力量和社会力量在人们头脑中的某种反映。由于宗教直接影响着信徒的生活，因此特定宗教的崇拜和禁忌对与之相关的产品和服务都会产生巨大的影响。在国际市场营销活动中，了解当地居民的宗教信仰状况对于企业更好地把握商机，避免与当地宗教信仰的冲突有着极为重要的意义。市场营销实践经验表明，触犯当地宗教信仰的产品及广告宣传往往最终都难以取得好的市场业绩，严重的甚至被当地政府封杀。

(4) 价值观念

所谓价值观念即人们对社会生活中各种事物的态度和看法，具体到消费行为方面，则体现为消费者的不同偏好。因此，在国际市场营销中，企业的市场营销人员应针对不同国家和地区的特定价值观念采取相应的策略，迎合当地消费者的追求。

(5) 消费习俗

消费习俗是人类的重要习俗之一，是人们历代传递下来的一种消费方式，也是人们在长期经济与社会活动中所形成的一种消费风俗习惯。世界不同国家和地区消费习俗的差异根源于地区人们所处时代的政治、经济发展水平的不同，根源于人们的文明程度、信仰、道德等方面的差异。在国际营销活动中，全面了解当地特定的消费习俗是企业开展市场营销活动的重要前提。

(6) 审美观念

审美观念通常指人们对事物的好坏、美丑等的评价。消费者对消费品选择购买的过程在某种意义上也是一个审美活动过程，特定的审美观念在很大程度上决定着消费者最终的购买决策。由于不同国家和地区的消费者其审美观念往往存在着一定程度的差异，因此在开展国际营销活动中，当地消费者的特定审美观念也是企业必须把握的一个重要方面。

2. 经济环境

在市场营销活动中，企业需要满足的是其目标消费者的需求，也即目标消费者对有能力购买并且愿意购买的某个具体产品的欲望。目标消费者的个体购买能力及群体购买能力总量的大小直接决定于其所处的经济环境，因此在开展国际市场营销活动中，了解当地的经济环境有助于对当地市场容量的大小及其未来的发展趋势做出准确的判断。

对一国经济环境主要研究其市场规模和经济特性两大因素。

一国市场规模的大小取决于该国的人口与收入。在分析特定国家和地区的人口因素时，应重点分析的人口因素指标包括人口总量、人口增长率及人口的年龄结构与性别；在分析特定国家和地区的收入因素时，应着重分析国民生产总值、人均国民收入、可支配收入及可任意支配收入这 4 个指标。

对经济特性的研究包括生产要素、经济发展阶段及基础设施等因素。不同国家和地区的生产要素禀赋决定了其需求结构；处于不同经济发展阶段的消费者的消费需求结构各不相同；而包括能源供给、交通运输、通信设施、金融机构、市场调研及咨询机构等的基础设施是市场营销活动开展的基本平台，直接影响到企业跨国市场营销活动的顺利开展。

3. 政治法律环境

企业的跨国市场营销活动是社会经济活动的重要组成部分，而社会经济活动总是在特定的政治法律框架下开展的。因此，政治法律环境是国际市场营销环境的重要组成部分。

政局的稳定与否是企业跨国市场营销活动中首先必须考虑的政治环境因素，在动荡的政局下，企业无法正常开展其市场营销活动；其次，政策的延续性影响着企业对未来的预期，也直接影响到企业开展跨国市场营销活动的策略。

企业的跨国市场营销活动必须遵循当地的相关法律法规。一般而言，关于专利、商标、包装、竞争、合同、票据以及保护消费者权益和保护生态环境等方面的法规均与企业在当地正常开展市场营销活动直接相关。

8.1.3 国际市场营销调研

有效决策的前提是充分掌握相关信息，有鉴于此，在国际市场营销实践中，营销调研更是企业跨国市场营销活动的重要环节。

1. 国际市场营销调研的类型

根据市场调研目的的不同，国际市场营销调研可分为探测性调研、描述性调研、因果性调研和预测性调研 4 种。

① 探测性调研是企业在对市场情况很不清楚或者感到对调研的问题不知从何处着手时所采用的市场调研方法。采用探测性调研的目的主要是为了发现和提出问题，以便进一步确定调研工作的重点所在。

② 描述性调研是针对已经找出的问题作如实的反映和具体的回答，其重点在于通过调研活动明确消费者的购买对象、购买时机、购买方式等问题，并在此基础之上提出一些相关问题。

③ 因果关系调研，是在描述性调研的基础上进一步分析问题发生的因果关系，并弄清楚原因和结果之间的数量关系。

④ 预测性调研则是对未来市场需求的变化进行估计。预测性调查的作用是使企业的营销计划建立在充分可靠的信息基础之上，使企业避免较大风险和损失。

上述 4 种调研虽然其目的与作用各不相同，但从根本上来说是相互联系、逐步深入的。探测性调研的作用是发现问题和提出问题；描述性调研的作用是在探测性调研的基础上说明问题；因果性调研主要是分析问题的原因；而预测性调研则主要是估计问题的发展趋势，从而为企业营销决策服务。

2. 国际市场营销调研的程序

为确保国际市场营销调研达到预期的目的，调研过程应该按照科学合理的程序展开。一般而言，一个完成的国际市场营销调研程序包含 4 个基本环节：确定问题、制定调研计划、执行调研计划、解释并报告调研结果。

在确定问题阶段，调研人员应首先确定营销中存在的主要问题；在制定调研计划阶段，则需要确定营销决策所需要的相关信息并确定信息的具体来源；执行调研计划阶段则需要根据调研计划收集第一手资料和第二手资料，并对其进行整理、统计和分析；最终，对调研结果做出合理的解释和说明，得出结论，供决策者参考。

8.1.4　国际市场细分

1. 市场细分的概念及其理论基础

受个人偏好、收入水平等主客观因素的影响，消费者的现实需求千差万别。同时，社会经济的发展过程伴随着人类自身的解放，对个性化的追求不仅在西方社会成为一种普遍现象，即使是在注重群体观念的东方也逐渐为社会所认同。基于这一背景，消费者需求多样化和多变化成为一种潮流。面对这样一个纷繁复杂的市场，任何一个企业，无论它的规模多大，资金多雄厚，都无法提供满足整体市场全部需求的产品和服务。为了更好地满足消费者的需要，并在此基础上实现企业的良性发展，在整体市场中选择其中的某一部分加以满足就成为企业的理性选择。有鉴于此，企业必须进行市场细分。

市场细分是在 20 世纪 50 年代中期由美国市场学家温德尔·斯密在总结市场营销实践的基础上提出的一个概念，其涵义是指企业根据消费者群之间需求的差异性，把一个整体市场划分为若干个分市场，用以确定目标市场的过程。

市场细分的理论基础是市场“多元异质性”理论。该理论认为，消费者对大部分产品的需求存在着一定程度的差异，是异质的，需求的这种异质性是市场可能细分的客观基础。

2. 国际市场细分的作用

企业在开展国际市场营销活动中，对国际市场进行细分并合理选择目标市场的作用具体体现在如下几个方面。

(1) 有利于发现新的市场机会

市场机会是指那些客观存在而又未被满足或未被充分满足的消费需求。在整体市场策略下，由于企业针对整体市场提供单一品种的产品或服务，因此，消费者的消费需求难以得到充分满足，对于部分消费者来说，当前厂商提供的普适性产品或服务无法满足其特定需求。通过企业的市场细分活动，这些未被满足或未被充分满足的市场需求才能充分暴露出来，成为企业新的市场机会。

(2) 有利于企业制定经营策略和调整经营组合

通过市场细分，将整体市场划分为若干个分市场，可以使市场特征更为明显突出，从而企业可以根据各分市场特征，结合企业自身优势，制定适当的营销方案，使产品、渠道、促销、价格等策略能更好地适应目标市场的特点，以便企业更好地满足市场需求，取得良好的经济效益。

(3) 有助于小型企业在某一细分市场上确立自己的地位

在市场竞争中，不同实力的企业应当采取不同的市场策略。对于小型企业而言，由于其力量相对薄弱，如果针对整体市场提供产品或劳务，则势必无法与大型企业竞争。但是，如果在市场细分的基础上，选择较小的分市场，则以企业的实力就可以充分满足其目标市场的消费需求，在该目标市场上形成较强的竞争力，从而确立企业自身的地位。

(4) 能有效地开拓新市场，扩大市场占有率

在市场细分的基础上，企业集中其人力、物力和财力在分市场开展营销活动，有利于快

速占领市场，更好地满足消费者需求，扩大企业的市场占有率。

3. 国际市场细分应遵循的原则

市场细分并不是企业的最终目的，而是一种手段。为了确保市场细分取得良好的效果，在市场细分实践中，应遵循如下的原则。

（1）可计量性

用以细分市场的特征必须是可以计量的，细分出的分市场应当具有明显的特征，各分市场之间有明显的区别，每一个细分市场包括什么，不包括什么，要划分清楚，各分市场的组成成员应具有共同的需求特征，表现出类似的购买行为。同时，经过细分后的市场的范围、容量、潜力等也必须是可以衡量的，这样才有利于企业确定其目标市场。

（2）规模效益性

细分后的市场必须具有一定的规模，必须有一定的人口和购买力。如果规模太小，则市场无开发占领的价值；反之，如果规模太大，则以企业的实力无法充分满足消费者需求，难以取得较好的经济效益。

4. 目标营销策略

目标营销是指企业在市场细分的基础上，根据企业自身的资源情况、营销能力及细分市场吸引力的大小，选定一个或若干个细分市场作为目标市场，并相应地制定营销策略的过程。企业的目标营销策略一般有三种。

（1）无差异性目标营销策略

无差异性目标营销策略是指企业把一类产品的整体市场看作目标市场，不考虑单一细分市场的特殊性，运用统一的营销组合策略。其目的是通过大规模的生产经营，实现规模经济效益，降低生产和营销成本。但由于忽视不同国家、不同客户需求之间的差异，可能会丧失许多市场机会。

（2）差异性目标营销策略

差异性目标营销策略是指企业把一类产品的整体市场划分为若干个细分市场，从中选择多数甚至全部细分市场作为自己的目标市场，并根据不同细分市场的特点为相应的细分市场制定不同的营销组合策略。这种策略可以增加企业的竞争能力，扩大销售额。但由于品种、渠道、广告宣传等因素的多样化，生产、营销和管理成本也相应增加。

（3）集中性目标营销策略

差异性目标营销策略是指企业把一类产品的整体市场划分为若干个细分市场，从中选择一个或少数几个细分市场作为目标市场，制定相应的营销组合策略。资源有限的中小企业多采用这一策略。这种策略的优点是适应了企业资源有限这一特点，可以集中力量迅速占领某一特定细分市场，通过集中性的生产和营销活动降低企业的经营成本。采用这一策略，由于企业的目标市场较为单一，一旦目标市场突然变化，企业就可能陷入困境，因此，采用该策略风险较大。

以上三种目标营销策略各有优缺点，为选定恰当的策略，企业应综合考虑如下几个方面的因素：企业实力、产品特点、市场特点、产品生命周期、竞争者的目标营销策略。

5. 目标市场定位

企业在选定其相应的目标营销策略之后，接下来应考虑的问题就是要在目标市场上进行市场定位。所谓市场定位是指确定目标市场后，企业通过何种营销方式、提供何种产品和服务，在目标市场上将自己与竞争者区别开来，取得有利的竞争地位。实际上，市场定位的过程也就是企业差别化的过程，即如何寻找差别、识别差别和显示差别。

企业通常采用的市场定位包括：根据具体产品的特点进行定位、根据产品所满足的需要及产品所提供的利益进行定位、根据使用场合进行定位、直接针对竞争者或避开竞争者进行定位、为不同的产品种类进行定位。

市场定位的过程具体包括如下环节：确认据以定位的可能竞争优势、选择正确的竞争优势、有效地向目标市场显示企业的市场定位。

确认可能的竞争优势一般可以从以下4个方面着手：

① 产品差异——企业使自己的产品区别于其他产品；

② 服务差异——企业使其与产品有关的服务区别于其他企业；

③ 人员差异——企业通过雇用和训练比竞争对手好的人员取得竞争优势；

④ 形象差异——企业通过建立独特形象从而与竞争对手区别开来——在相互竞争的产品看起来很相似的情形下，购买者会根据企业或品牌形象区别购买。

在市场营销实践中，企业需要避免的市场定位错误主要有：定位过低，即根本没有真正为企业定好位；过高定位，即传递给消费者的公司形象太窄；定位混乱，给购买者一个混乱的企业形象。上述这三种定位错误都将导致企业无法实现预期的目标市场定位效果。

目标市场定位明确之后，企业就必须采取切实步骤把理想的市场定位传达给目标消费者；同时，调整企业的市场营销组合以支持这一市场定位，使企业的目标市场定位能最终实现。

8.2 国际市场营销产品策略

8.2.1 产品的概念与层次

Philip Kotler 认为，产品是指为留意、获取、使用或消费以满足某种欲望和需要而提供给市场的一切东西。从这一定义出发，产品的内涵不仅包括传统理解的各种有形物品，同时也扩大到服务（如美容、咨询）、人员（如体育、影视明星等）、地点（如桂林、黄山）、组织（保护消费者协会）和观念（环保、公德意识）等方面，即产品的形态既包括有形产品，也包括无形产品。

现代市场学认为，产品是一个整体概念，它由三个层次构成，即核心产品、形式产品和附加产品。其中，核心产品也称为实质产品，是指产品能满足顾客需要的基本效用和利益；形式产品是核心产品的表现形式，是向市场提供的实体和劳务可以为消费者识别的特征，具体包括实体和劳务的外观、质量、款式、特点、商标及包装等；附加产品是指消费者购买产品时所得到的其他利益的总和，如咨询服务、贷款、优惠条件等。

核心产品、形式产品、附加产品这三个层次是不可分割和紧密联系的，它们共同构成产品的整体概念。其中，核心产品是本质，是中心，它必须转变为形式产品才能得到实现；同时，为了更好地满足消费者的需求，企业在向消费者提供形式产品的同时，还要提供更广泛的服务和附加利益，形成附加产品。

8.2.2 国际产品生命周期及营销策略

1. 产品生命周期概念及其曲线特征

产品生命周期，是指产品从试制成功投入市场开始到被市场淘汰为止所经历的整个过程。产品生命周期是指产品的经济生命或市场生命，而不是自然寿命或使用寿命。产品在其生命周期过程中主要经历介绍期、成长期、成熟期和衰退期这 4 个阶段，见图 8－1。

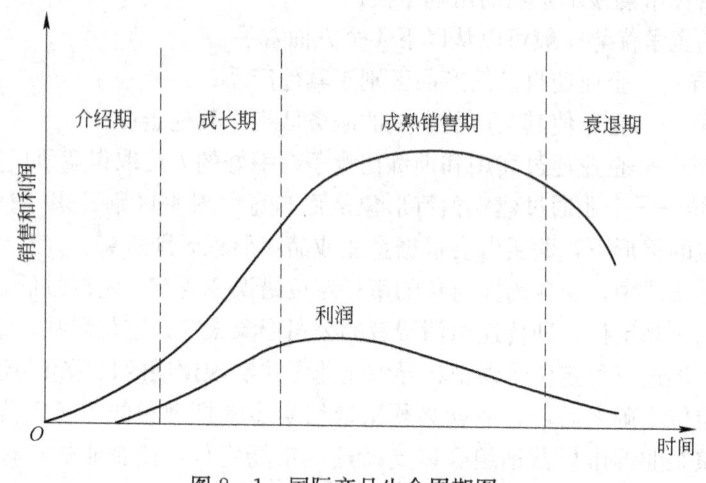

图 8－1 国际产品生命周期图

根据产品生命周期曲线，产品处于介绍期，销售增长很慢，企业微利甚至亏损；到了成长期，销售额和利润额迅速增长，企业获利丰厚；而进入成熟期，销售额和利润开始虽仍有增长，但已出现饱和趋势并随后逐渐下降；进入衰退期后，该产品的销售额和利润额开始急剧下降。

产品生命周期曲线的基本形状是“S”形，但企业可有意识地采取各种策略，努力延长产品生命周期，使之出现“再循环”的局面，为企业获取更多的利润。

2. 产品的生命周期及其各阶段的特点和营销策略

1）介绍期的特点和营销策略

在介绍期，产品正式推向市场，由于产品尚未被消费者了解和接受，销售量增长缓慢，市场上一般没有同行竞争。企业为了使消费者了解和认识产品，需要做大量的广告，开展促销活动，产品的销售费用较大；同时，由于生产批量小，制造成本高，在这个阶段，企业往往是亏损的。

在介绍期，企业应当在对市场环境、竞争状况、企业实力、企业总体战略目标等因素综合分析的基础上，在以下 4 种营销策略中进行选择。

（1）快取撇脂策略

这种策略采用高价格和高促销的方式推出新产品，以便迅速扩大销售量，取得较高的市场占有率。采用这种策略应具备的市场条件是：大多数潜在的消费者还不了解该产品；而已经了解该产品的人急于求购并有相应的购买力；企业面临着潜在竞争者的威胁，希望能迅速使消费者建立对自己产品的偏好。

（2）缓慢撇脂策略

这种策略采用高价格和低促销的方式推出新产品，采用高价格和低促销相结合，一方面使单位销售毛利增加，另一方面降低运营成本，从而获得更多的利润。采用这种策略应具备的市场条件是：市场规模有限，潜在的竞争威胁较小，大多数消费者对该种产品有相应的了解，目标消费者有相应的购买力。

(3) 快速渗透策略

这种策略采用低价格、高促销的方式推出新产品，期望在较短的时间内迅速打入目标市场并取得较高的市场占有率。采用这种策略应具备的条件是：市场容量很大，消费者对该产品不熟悉但对价格却非常敏感，潜在竞争十分激烈，该种产品的规模经济效益十分明显。

(4) 缓慢渗透策略

这种策略采用低价格和低促销的方式推出新产品。采用这种策略应具备的条件是：市场容量很大，产品知名度高，消费者对价格反应敏感，存在一些潜在的竞争者。

2) 成长期的特点和营销策略

在成长期，产品设计已基本定型，产品质量稳定，花色品种增加；经过介绍期的促销活动，消费者对产品的性能、用途已比较了解，购买者迅速增加，产品销售量增长很快；同时，企业各项成本下降，企业获利丰厚；市场上同类产品的生产企业增加，竞争开始出现。

针对成长期的特点，为了维持产品销售的持续增长，企业可以采用的营销策略如下。

① 通过提高质量，增加花色品种，强化产品特色，提供优良的服务等手段对产品加以改进，提高产品的竞争力，形成消费者的品牌忠诚。

② 适时降低产品价格，使对产品价格较为敏感的潜在消费者产生购买欲望，抑制潜在竞争者加入竞争行列，确保企业市场占有率进一步提高。

③ 努力开辟新的分销渠道，扩大销售网点，通过市场细分把产品打入尚未得到满足的细分市场，从而实现拓宽市场的目的。

④ 将广告宣传的重心从介绍产品、建立产品知名度转为着重宣传产品的特殊性能、特色以及提高企业和产品的形象和声誉，促进销售的增长。

3) 成熟期的特点和营销策略

产品处于生命周期成熟期的特点是：销售量虽仍有增长，但基本上已经达到饱和状态，销售增长率呈现逐渐下降的趋势；由于市场上类似产品增多，消费者对产品选择余地增大从而使企业间的竞争十分激烈，产品价格呈现下降趋势，同时销售费用不断提高，企业经营成本迅速增加，获利水平开始下降。

针对成熟期的特点，为了巩固原有市场并使其进一步扩大，尽可能延长成熟期，企业可以考虑采用的营销策略如下。

(1) 市场改进策略

在不改变产品本身的前提下为原有产品寻找新的细分市场，发掘原有产品的新用途，从而提高产品的销售量。

(2) 产品改进策略

即通过改进产品的质量、特点、式样等措施，以吸引新的消费者或使现有顾客增加使用量。

(3) 营销组合改进策略

即通过改变营销组合中的某一因素或若干因素以刺激消费，从而延长成熟期。具体可考虑降低价格、提高促销水平、提高服务质量等手段。

(4) 衰退期的特点和营销策略

产品进入衰退期的特点是：产品的销售量由缓慢下降变为急剧下降，产品价格不断下降，企业利润日益下降。许多竞争者开始转产或部分转产，市场上开始出现替代产品，消费者兴趣发生转移。

对于确已进入衰退期的产品，企业可采取的策略如下。

(1) 维持策略

即保持原有市场策略不变，一直维持到该种产品完全退出市场为止。值得注意的是，该种策略的采用有其前提，只有当企业处于有吸引力的行业且企业有较强的竞争实力时采用该策略才是恰当的。

(2) 集中策略

即淘汰一部分细分市场，将企业的资源集中于最有利的细分市场和销售渠道上，以便在为企业尽可能创造更多利润的同时缩短产品退出市场的时间。

(3) 榨取策略

即大幅度减少各项费用，尤其是促销费用，使企业在短期内获得较多的利润。

(4) 放弃策略

即当机立断地放弃该产品。但在具体操作上，可以根据市场的实际情况选择立即放弃还是逐步放弃，完全抛弃还是转让抛弃。总之，采用该策略需要力争将企业的损失降到最低限度。

3. 国际产品生命周期

上述产品生命周期理论描述了产品在市场上经历的整个生命周期过程。在特定国家或地区中，企业可以根据产品生命周期阶段的演变相应调整其市场营销策略，以确保企业实现其利润最大化的目标。

在国际市场环境下，产品生命周期呈现出它的独特性。20世纪60年代末美国哈佛商学院的雷蒙德·弗农教授提出国际产品生命周期理论，该理论说明了一种新产品在一国出现后如何向其他国家转移的过程（该理论的详细内容可参见3.1.4节的内容）。

8.2.3 国际产品标准化与差异化

国际产品标准化是指企业在其世界各国市场上，都提供同一种产品；差异化则是指企业针对不同国家或地区目标市场需求的差异，提供适合当地消费者需求特征的经过改制的、略有不同的产品。

采取国际产品标准化策略可以实现全球范围内的大规模生产和大规模销售，从而实现规模经济效益；同时，由于产品种类相对单一，因此在研究开发方面可以节省大量的费用。另外，由于采用这一策略，可以实现全球范围的统一营销活动，因此可以节省大量的营销费用。然而企业并不是所有的产品都适合采用标准化策略。当企业在不同国家和地区的目标市场的消费需求存在着差异，或者基础设施条件或地理环境因素等影响到产品的正常使用时，企业就不得不实施产品差异化策略，从而增加产品研究开发及市场营销费用，影响企业的经济效益。

8.2.4　国际产品品牌策略

品牌是生产商或经销商使用于商品或服务之上的标志。美国市场营销协会（AMA）对品牌的定义为：品牌是一个名称、术语、标记、符号或图案设计，或者是它们的不同组合，用以识别某个或某群销售者的产品或劳务，使之与竞争对手的产品和劳务相区别。品牌在本质上代表着制造商对销售给卖方的产品特征、利益和服务的一贯性的承诺。

随着信息技术的发展和国际技术交流的进步，企业生产的产品的内在区别正在逐步缩小，消费者对产品的认知越来越从有形的产品实体向无形的产品附加方面转变。作为附加产品重要组成部分的品牌，在企业市场竞争，尤其是国际市场竞争中起着越来越重要的作用。

品牌策略是产品策略的重要组成部分。为了使品牌在国际市场营销中发挥出尽可能大的作用，企业必须采取适当的品牌策略。

品牌决策的具体内容如下。

1. 品牌化决策

所谓品牌化决策，就是企业是否为其生产的产品设立品牌名称、品牌标志，并向有关机构注册登记取得商标专用权的决策。习惯上，对于某些特定的产品，诸如矿产品、农产品及部分林业产品等，供应商及中间商通常并不为它们建立品牌，而是以无牌的形式直接对外销售。然而，值得关注的是，在国际市场营销实践中，越来越多传统上不用品牌的商品纷纷加入品牌化的行列。由于发达国家的消费者越来越意识到上述各种产品实质上依然存在着差异，因此品牌水果及品牌猪肉等在国际市场上屡见不鲜。与此同时，一些提供传统上使用品牌的商品的厂商，在针对低层消费者时，考虑到品牌建立所需要发生的费用及品牌失败的风险，又往往以无牌的形式对外销售。因此，在国际市场营销中，企业应当在综合考虑产品特征、目标消费者的价值追求及品牌建立费用与风险的基础上进行品牌化决策。

2. 品牌策略决策

所谓品牌策略决策，也就是在企业品牌使用数量及方式上采取何种策略。可供企业选择的品牌策略共有三种。

（1）品牌扩展策略

品牌扩展策略是指制造商将已经成功的品牌用于推出改进型产品或新产品。运用品牌扩展策略可以使企业节约大量的品牌建立费用，并且能使消费者在较短的时间内接受企业推出的新产品。但是，如果企业推出的新产品在质量性能等方面无法满足消费者的需求，则可能引发消费者对使用同一品牌的企业其他产品的质量性能等产生怀疑，影响其他产品的销售，这是采用该种策略的风险所在。

（2）产品线扩展策略

产品线扩展策略是指制造商将已经成功的品牌用于现有产品类别中增加新的产品项目。采用该策略的优点与品牌扩展策略相似，而风险则存在于新产品项目销售的增长可能导致同类别产品销售量的下降，从而在整体上并不能获得较大幅度的销售增量。因此，新增收入可能难以补偿新产品开发及促销费用，使企业难以获得实质性收益。

（3）多品牌策略

多品牌策略是指对同一种类的产品使用两个或两个以上的品牌，如宝洁公司对洗发水这一类产品，使用飘柔、潘婷、海飞丝等品牌。采用该策略有助于企业全面占领一个大市场，满足不同偏好消费群的需要；同时，由于每种产品使用一个独立的品牌，个别品牌的失败不至于损害其他品牌及企业的整体形象，因此采用多品牌策略有利于提高企业抗风险的能力。另外，由于采用多品牌策略可以在零售货架上占得更大空间，增加销售机会，同时也能有效挤压竞争对手产品在零售商货架上的陈列空间。

多品牌策略虽有上述优点，但考虑到建立多品牌所需要投入的资金及多品牌管理的复杂性，只有当企业实力、管理能力相对较强，同时市场规模也相应较大时方可采用。

3. 品牌使用者决策

在国际市场营销中，在决定对其产品使用品牌的前提下，使用何品牌是企业面临的一个重要决策。在国际市场营销实践中，企业将产品推向市场可以使用的品牌包括制造商自有品牌、经销商品牌、混合使用制造商与经销商品牌。

从国际贸易实践来看，制造商大部分都是单纯使用自有品牌。这一做法的好处在于可以使企业产品获得更为独立的市场地位，使消费者能通过品牌识别制造商的产品，从而在产品质量良好的情况下可以获得优势竞争地位。但企业为树立品牌需要投入大量的资金；同时，也需要承担品牌失败的风险。如果单纯使用经销商品牌，则制造商最终将受制于经销商，消费者无从了解产品的制造者，在与经销商的利益冲突无法平衡时，企业重新使用自有品牌可能使其产品的销售量在短期内急剧下降。

我国企业的产品在打入国际市场的过程中，由于品牌知名度一般不高，国际销售渠道相对短缺；另外，部分制造商产能过剩，因而相当部分的制造商选择使用国外经销商的品牌，在与经销商的价格谈判中往往都处于不利地位，利润空间较小。从短期来看，这一选择有其必然的一面，但从长期来看，企业要想更好地赢得国际市场，逐步采用自有品牌是非常有必要的。

8.2.5 国际新产品开发策略

1. 新产品的意义与分类

从市场营销学的角度来看，凡是能给顾客带来某些新的满足、新的利益的产品均为新产品。由于科技的进步、消费者需求的不断变化、产品生命周期的缩短及市场竞争的加剧，新产品开发成为企业在市场竞争中不断满足消费者需求，赢得竞争优势的重要手段，在企业参与国际市场竞争的过程中，如果不能不断地推陈出新，那么企业是很难赢得和保持竞争优势的。在现代企业中，新产品的销售所带来的收入往往占据其销售收入的40%～50%左右，随着科技的发展和市场竞争的日趋激烈，这一比率还呈现出不断上升的趋势。

根据新产品与原有产品之间差异的不同，可将新产品划分为4类。

① 全新新产品：是指利用全新的技术和原理生产出来的产品。

② 换代新产品：采用新技术、新结构、新方法或新材料在原有技术基础上有较大突破的新产品。

③ 改进新产品：是指在原有产品的技术和原理的基础上，采用相应的改进技术，使外观、性能有一定进步的新产品。

④ 仿制新产品：是指市场上已经存在，而在特定的区域内初次仿制并投入市场的产品。

2. 新产品开发的程序

(1) 产生构思

成功的新产品往往来源于有创意的构思。新产品构思主要来源包括购买者（包括消费者和工业用户)、专家、批发商、零售商、竞争者、企业的营销人员。

(2) 构思筛选

企业对从各方面获得的构思进行筛选，优选出好的构思进一步开发。筛选时要考虑到该产品的发展前景，避免误用和误舍。

(3) 概念发展与测试

由于产品构思只是企业希望提供给市场的一个可能产品的设想，因此需要将产品构思发展成具体的产品概念，并通过测试来了解消费者对特定产品概念的态度，从而决定将何种产品概念投入产品设计过程。

(4) 制定营销计划

对通过概念测试决定投入产品设计过程的产品概念，企业需要制定一个初步的营销计划，并不断对该计划进行进一步的完善，以使整个新产品开发在商业环境下开展，而不是仅仅把新产品开发看成是解决一系列的技术问题。

(5) 商业分析

企业对拟开发的新产品从技术、经济、社会等方面进行全面的调查研究和可行性分析，最终做出是否开发新产品的决策。

(6) 产品设计

由企业的研究开发部门和工艺设计部门将通过商业分析的产品概念研制开发成为实际的产品实体。

(7) 市场试销

通过在真实的消费者环境中对产品进行试销，了解消费者和经销商对处理、使用和再购买该实际产品做出何种反应及市场容量的大小等信息。

(8) 正式销售

在这一阶段，企业应确定新产品的生产规模，制定合理的营销策略。确定新产品的引入时机、投放区域和目标市场，以便顺利地打入市场，扩大销售。

3. 国际新产品开发策略

对于特定企业来说，拥有可以向市场投放的新产品是极为重要的，但这并不意味着企业一定要以自身的技术力量来实现新产品的开发。研究表明，消费品新产品研究开发失败的比率高达40%，这一比率充分说明了新产品开发中蕴含的巨大风险。另一方面，企业开发新产品需要投入大量的资源。有鉴于此，企业在制定发展国际新产品策略时，应当充分考虑企业的资源投入与失败风险，在此基础上寻求获得新产品的最有效的手段。

自主创新是企业获得新产品的最基本策略。采取这一策略，一方面可以锻炼企业的研究开发队伍，更重要的是，在涉及核心技术问题时，企业从外部获得新产品的可能性相对较小，因而采用自主创新策略，企业可能在产品技术含量上取得突破，使企业的产品在国际市场竞争中占领制高点，以高端产品参与国际市场竞争。当然，采用这一策略，对于企业来说并非易事，它往往要求企业有较强的研发能力；同时，还需要企业有充足的资源保障自主创新的顺利开展。

对于大部分的企业来说，由于自身实力的限制，在取得新产品的策略上往往采取拿来主义，即企业不通过自己的研究和开发，而直接从外部获得某种新技术、新工艺的使用权或某种新产品的生产权。采用这一策略大体有三种形式。

① 兼并策略，即企业通过资本市场收购或控制拥有企业所期望获得的新产品的公司，从而最终获得新产品。

② 专利转让策略，即企业从新产品或新发明专利的拥有者手中直接购买生产和销售该种新产品的权利。

③ 许可策略，即企业从其他公司那里以支付许可费的方式获得生产和销售某种产品的许可。

上述策略的好处在于企业不必投入大量的资金开发新产品；同时，也可以在较短的时间内将新产品投放市场，掌握市场先机。

4. 国际新产品开发的方向

新开发的产品要想在国际市场竞争中取得有利地位，就必须要具备鲜明的特色，必须符合社会经济发展的大趋势，符合消费者生活质量提高的要求。在当前国际市场环境下，从以下 6 个方向为突破口进行新产品的开发有着极为重要的意义。

① 微型化、轻便化。在保障产品质量的前提下尽可能缩小产品的体积，减轻产品的重量。

② 多功能化。使新产品具有多种功能，从而提高产品的性价比。

③ 简易化。尽量简化产品结构，方便消费者使用和维修，从而降低消费者的购买后成本。

④ 环保性。尽量使用环保材料，降低产品使用过程中对环境造成的污染。

⑤ 节能低耗性。尽量降低产品的能源与原材料消耗，降低消费者的购买后成本。

⑥ 突出性。尽量体现出新产品相对于市场原有产品的独特方面，如性能好、质量高、价格低廉等。

8.3 国际市场营销价格策略

在国际市场营销中，定价决策是一个非常重要而又非常复杂的决策。这不仅仅是因为价格的高低直接影响到企业的经济效益；同时，在市场竞争中，价格又是一种常用的竞争手段。然而，由于国际市场上产品价格的高低受成本、竞争、需求、供给等企业与市场因素的影响；同时，政府相关法律法规也在很大程度上对价格产生直接或间接的影响。所有这些方面的因素都极大地增加了企业的国际市场营销价格策略的复杂性。

8.3.1 影响国际产品定价的主要因素

1. 成本因素

产品的最低价格取决于该产品的成本，国际市场营销产品成本包括产品的生产成本和营销成本。生产成本主要包括生产产品的原材料成本、人工成本及厂房、设备等固定资产的折旧、生产管理费用等；营销成本则包括关税、中间商与运输成本、融资和风险成本等。在国际营销实践中，风险成本主要包括融资、通货膨胀及汇率风险。由于企业办理货款收付及其他手续需要比较长的时间，因而增加了融资、通货膨胀及汇率波动等方面的风险。此外，为了减少买卖双方的风险，促使交易的顺利进行，银行信用的介入成为一种普遍的现象，而这也会增加费用负担。

2. 市场需求

产品的最高价格取决于产品的市场需求状况。由于世界各国的文化背景、自然环境、经济发展阶段与发展趋势等方面存在着相应的差异，因而各国消费者的消费偏好也不尽相同，而对某一产品感兴趣的消费者的数量及他们的收入水平，对确定产品的价格有重要意义。

3. 市场竞争结构

在产品的最低可能价格与最高可能价格之间，企业究竟能把具体的价格定在一个什么样的水平上，取决于竞争者提供的同种产品的价格水平。与国内市场，企业在世界不同国家和地区所面临的竞争形势和竞争对手各不相同，而竞争者的定价策略也千差万别。因此，市场竞争结构对产品定价起着决定性的作用。

根据目标市场所在地同行业竞争企业的数量、规模及产品是否同质，国际市场竞争结构可以划分为以下三种情况。

① 完全竞争，即在市场上的买卖双方对于商品的价格均不能产生任何影响的状况的市场。在完全竞争的市场结构下，价格主要取决于市场供求状况。

② 不完全竞争，这是比较符合现实情况的一种市场竞争结构，即既有独占倾向又有竞争成分。在该种市场竞争结构下，企业应根据不同产品的成本、质量、促销力度等因素来规定价格。同时，应特别注意替代品的价格竞争。

③ 寡头竞争，因为竞争者少，价格受主要竞争者行为的影响。如果存在价格协议、默契，就会出现垄断价格，致使其他企业只能采用跟随价格。

4. 政府的价格干预

东道国政府可以从诸如关税、税收、汇率、利息、竞争政策及行业发展规划等方面影响企业的定价政策。因此，企业对在当地销售的产品进行定价时，其定价自由无疑将受到直接或间接的影响。另外，世界各国同行业各企业之间为了避免恶性竞争，尤其是竞相削价，往往会通过协商达成国际价格协定，有时甚至是由政府直接出面，通过国际会议达成的多国协议。这些协议也是企业在国际市场定价决策中必须面临的制度环境。

与国内市场定价相比，在企业参与国际市场竞争时，为了提高本国产品的竞争力，本国政府往往通过对出口产品实行价格补贴或出口退税等来降低出口产品价格，这也是企业在国际市场竞争中可能遭遇的他国政府价格干预的一种特殊方式。

8.3.2　国际产品定价方法

企业的国际产品定价方法主要有三大类：成本导向定价法、需求导向定价法和竞争导向定价法。

1. 成本导向定价法

成本导向定价法是以成本为中心，按卖方意图定价的方法。该方法的理论依据为：在定价时，首先要考虑收回企业在生产经营中投入的全部成本，然后再考虑获得一定的利润。以成本为中心的定价方法主要有三种：成本加成定价法，即在单位产品成本的基础上，加上一定比例的预期利润作为产品的售价；目标收益定价法，即在成本的基础上，按照目标收益率的高低计算价格；售价加成定价法，即以产品的最后销售价为基数，按销售价的一定百分率来计算加成率，最后计算出产品的售价。

成本导向定价法的特点是以产品的成本为基础，在此基础上加上一定的利润来定价。其缺陷在于没有考虑市场需求和市场竞争情况，因而往往与市场实际存在着相应的差异，难以取得较好的效果。

2. 需求导向定价法

需求导向定价法是根据买方对商品价值的理解和需求强度定价的方法。需求导向定价法主要有认知价值定价法和差别定价法。

（1）认知价值定价法

其指导思想是认为决定商品价格的关键因素是消费者对商品价值的认知水平，因此企业在定价时，首先要估计和测量顾客心目中对该种产品的认知价值，在此基础上制定出产品的价格。

（2）差别定价法

又称为区分需求定价法，这种定价方法是针对不同需求强度、不同购买力、不同购买地点和不同购买时间对特定产品制定出不同价格的定价方法。在国际营销实践中，差别定价法的具体运用包括：以消费者者为基础的差别定价，以产品式样为基础的差别定价，以地区（场地）为基础的差别定价和以时间为基础的差别定价。

3. 竞争导向定价法

竞争导向定价法是企业根据市场竞争的特定形势而采取的特殊定价方法。采用该方法，企业结合自身与竞争者之间的产品特色，制定具有竞争力的产品价格，并随时根据竞争者价格的变动进行调整。竞争导向定价法主要有随行就市定价法和投标定价法两种。

（1）随行就市定价法

指公司产品的价格与主要竞争者价格或一般市场价格相当，而不太考虑成本或市场需求状况。

（2）投标定价法

指大多数通过投标争取业务的公司通常采取的竞争导向定价法。企业采用投标定价法一般是在确定一个最低的获利标准的基础上，分析竞争者可能报出的价格，并相应制定低于竞争者的价格。该方法主要用于建筑工程、政府采购等方面。

8.3.3　国际产品定价的基本策略

为了使企业在国际市场竞争中处于有利地位，企业应当根据不同的产品和市场情况，灵活运用各种定价策略。企业基本定价策略归纳起来有如下几大类。

1. 新产品定价策略

新产品定价策略主要有以下三种。

（1）撇脂定价策略

考虑到新产品投放市场的初期阶段需求弹性较小，同时竞争者尚未进入市场，此时可用撇脂定价策略，即把价格定在一个较高的水平上的策略。采用该策略可以使企业在较短时间尽快回收投资并赚取较多利润，有利于企业的进一步发展，同时也为企业以后的调整价格留下了余地。采用这种策略应具备的条件包括：

① 新产品有足够的购买者而且愿意接受较高的价格；

② 新产品仿制困难使得竞争者难以迅速进入市场；

③ 新产品与同类产品、替代产品相比具有较大的优势和不可替代的功能；

④ 新产品采取高价策略获得的利润足以补偿因高价造成需求减少所带来的损失。

(2) 渗透定价策略

渗透定价策略是一种低价策略。采取这一策略，可以使消费者易于接受，很快打开和占领目标市场。采用这种策略应具备的条件包括：

① 市场潜力大、需求价格弹性高，低价可以有效地刺激消费需求；

② 低价可以阻止竞争者介入，从而保持较高的市场占有率；

③ 生产成本与销售费用可随销售的扩大而大幅度降低。

(3) 满意定价策略

满意定价策略是介于撇脂定价策略与渗透定价策略之间的一种定价策略。该策略照顾到各方面的利益，使各方面都满意，赢得各方面的信任。

2. 心理定价策略

心理定价是基于消费者心理要求的一种定价策略。它依据不同类型的消费者在购买商品时的不同心理要求来制定价格，吸引消费者增加购买，扩大产品销售。常用的心理定价策略具体包括尾数定价策略、整数定价策略、分级定价策略、声望定价策略、招徕定价策略和习惯定价策略。

3. 产品组合定价策略

产品组合是指一个企业所生产经营的全部产品大类和产品项目的组合。由于企业的各种产品之间存在着需求与成本之间的内在联系，同时也受不同程度竞争的影响，因此各种产品的定价并非相互孤立的，需要从产品组合的整体角度考虑定价的策略，而整体利润的最大化则是产品组合定价策略最终需要实现的目标。在国际市场营销实践中，产品组合定价策略主要有产品大类定价策略、任选品定价策略、连带产品定价策略和副产品定价策略。

4. 价格折扣与折让策略

在市场竞争中，企业往往通过减价让利的方法来达到其特定的目的。企业最经常使用的减价让利方式有折扣与折让两大类，其具体形式如下。

(1) 现金折扣

现金折扣是指企业为了加速资金周转，减少坏账损失和收账费用而给予现金付款或提前付款的顾客在价格方面的优惠。

(2) 数量折扣

数量折扣是指企业给大量购买的顾客在价格方面的优惠。具体形式有累计数量折扣和非累计数量折扣两种。

(3) 功能折扣

功能折扣是生产企业给予中间商或零售商的价格折扣。功能折扣有两种基本形式：一是生产企业先确定零售价格，然后再依据中间商在促销中所起的作用确定折扣率；二是生产企业先确定出厂价，然后再按确定的折扣率和中间商销售努力的情况制定批发价和零售价。

(4) 季节折扣

季节折扣指生产季节性产品或经营季节性业务的企业为鼓励中间商、零售商或顾客在销售淡季提前进货而给予的减价优惠。这种方法可以使厂家充分发挥生产能力，也可以使中间商在减价中获得利益。

(5) 推广折让

即生产企业为奖励中间商在广告宣传、展销推销等方面的努力而给予中间商的折让优惠。

(6) 以旧换新折让

企业为鼓励消费者的购买，在企业收进消费者交回的本企业生产的甚至同行企业生产的同类商品的同时，在新商品价格上给予消费者的折让。

5. 地区性定价策略

所谓地区定价策略，就是企业在国际市场营销中，在价格上灵活反映和处理运输、装卸、仓储、保险等费用。地区性定价策略的形式主要包括FOB原产地定价、统一交货定价、分区定价、基点定价、运费免收定价等。

8.3.4 国际产品定价的其他策略

1. 统一定价与差别定价

国际企业对其产品在国际市场上销售，应保持统一价格，还是针对不同国家市场制定差别价格是企业在国际产品定价中的一个重要决策。由于不同国家和地区在工资水平、原材料价格、竞争对手产品价格、税率、人均国民收入等方面都不尽相同，因此在国际市场营销实践中，大部分的企业在不同国家和地区市场上往往采取差别定价策略。但考虑到在各国市场上保持统一价格有利于企业和产品在世界上树立统一形象，有利于企业制定统一的市场定位策略，同时便于公司总部对整个营销活动的控制，少数自身实力及产品竞争力较强的企业依然奉行统一定价策略。

2. 国际转移定价

国际转移定价是指跨国公司的母公司与各国子公司之间，或各国子公司之间转移产品和劳务时所采用的定价方法。国际转移定价的出发点是为了达到避税、规避特定国家的外汇管制等目的，从而实现公司整体利益的最大化。

采用偏离正常市场价格的国际转移定价对公司的整体利益有其独特的作用，但由于这种定价行为本身损害到相关国家的利益，因此当前许多国家均要求跨国公司在制定转移价格时遵守公平交易的原则，使转移价格符合市场价格。

8.4 国际市场分销渠道策略

所谓分销渠道，是指某种商品和劳务从生产者向消费者转移的过程中，取得这种商品和劳务的所有权或帮助所有权转移的所有企业和个人。在国际市场营销中，分销渠道具有双重含义：一是指企业进入国际市场的渠道，又称国家间渠道；二是指在各国国内的分销渠道。国际市场分销渠道决策问题主要包括两个方面：一是选择如何进入某国外市场方式的决策；二是在该国市场上选择何种渠道模式的决策。

8.4.1 国际市场进入渠道策略

企业产品进入国际市场，有4种渠道：直接出口、间接出口、国外生产和许可贸易。

1. 直接出口

直接出口是指企业不通过国内的专业外贸公司而直接将产品卖给国外客户（中间商或最终用户）。但是，采用这一方式的企业必须具备进出口经营权。这在一定程度上限制了企业对该种国际市场进入方式的选择。企业直接出口的具体方式有：直接出口给最终用户、利用国外的代理商、利用国外经销商、设办事处、设营销子公司。

上述各种直接出口方式各有其优缺点，企业可根据自身的具体情况，分别采用或同时使用。与间接出口相比，直接出口的优点在于可以直接参与国外的营销活动，因而能更深入地了解国际市场的需求动态，也可以增强对国际市场营销的控制程度。直接出口的不足之处在于需要承担较高的营销费用；同时，需要配备和培养一支自己的专业国际营销队伍。另外，企业还需要去解决建立外销渠道、联系客户、发展客户等工作中所遇到的种种困难。

2. 间接出口

间接出口是指企业将产品卖给国内的出口商或委托国内的外贸代理机构将产品推向国际市场。

间接出口主要优点是：可利用出口商或外贸代理机构的渠道和经验快速打入国际市场，可以避免在出口资金方面所遇到的困难，不必承担外汇风险和各种信贷方面的风险，不需要配备和培养自己的专业国际营销队伍，从而节省相应的工资及培训费用。间接出口的局限性在于：生产企业对国外市场的控制程度较低，难以得到国际营销的直接经验和国际市场信息，因此，难以及时根据国际需求的变化调整产品结构以提高产品的适应性和竞争力。

间接出口的方式适用于没有进出口经营权的企业以及实力较小中小企业和新建企业。对于具有进出口经营权的资源雄厚、经验丰富的大型企业来说，间接出口的方式只是其可以采取出口方式之一。

3. 国外生产

国外生产是指企业把生产转移到其他国家的领土上就地生产和销售，在国际市场营销实践中，大部分的跨国企业都以这种方式打入别国市场。国外生产的具体几种形式如下。

(1) 组装业务

组装业务是指生产企业在国内生产出某种产品的全部或大部分零部件，然后运到国外就地组装、将成品就地销售或再出口。

采用这种方式的主要优点是运费、工资、关税等各种成本费用均较低，同时由于能带动当地就业，因而当地政府较为支持；缺点是没有充分利用当地的其他资源。

(2) 合同制造

合同制造是指企业与国外的生产企业签订合同，规定由对方按照本企业的要求生产某种产品，然后由本企业进行产品的营销。

采用这种方法的优点在于投资少，风险低，能有效实施对目标市场的控制；缺点在于一旦合同期满，国外合作方可能成为大的竞争对手，同时产品质量也难以得到有效的控制。

(3) 海外合营

海外合营是指企业与国外某一个或某几个企业共同在国外投资，联合建立新企业，投资各方共同管理、同享利润、共担风险。

采用这种方法的优点在于可以充分利用合作伙伴在当地的优势，做到优势互补，与合同制造相比，企业对生产与营销的控制程度更高；缺点在于企业需要投入较多的资金和管理资源，同时由于合作各方的文化背景、经营理念等方面存在着差异，在企业实际运营过程中可能产生冲突，最终影响企业效益的实现。

(4) 海外独资生产

海外独资生产是企业进行国外生产的最高阶段。它是指企业在国外直接投资设立一个新企业或通过收购的方式控制一个现成的企业进行产品的生产和销售。采用这种方法的优点在于可掌握全部所有权和利润，不存在与合作方冲突的问题；主要缺点在于投入额及相应的风险较大，退出成本高，应变能力差。

4. 许可贸易

许可贸易是指企业（许可方）与国外另一企业（被许可方）签订许可协议，授权对方在一定期间和范围内使用本公司的专利权、版权、商标及产品或工艺方面的诀窍等从事生产和销售，以向对方收取许可费用作为回报。

企业采用许可贸易方式进入国际市场的优点在于可以避开各种关税及非关税壁垒，较易进入目标市场，同时由于没有进行直接投资，因而风险相对较小；主要缺点在于收取许可费方面，对国外被许可方的依赖性较大；由被许可方生产的产品质量难以保证；在许可协议终止之后，被许可方有可能成为企业的竞争对手。

8.4.2 国际市场营销渠道策略

国际市场营销渠道策略主要包括如下几个方面的内容：第一，营销渠道的长度策略；第二，营销渠道的宽度策略；第三，营销渠道成员的选择与激励策略。

1. 市场营销渠道的长度及策略

市场营销渠道的长度是指产品在流通中经过的级数的多少。根据营销渠道长度的不同，可以把营销渠道分为 4 种。

① 零级渠道：没有中间商参与，产品由生产者直接售给消费者的渠道。

② 一级渠道：包括一级中间商的渠道，该中间商可以是批发商，也可以是零售商。

③ 二级渠道：包括两级中间商的渠道，其典型模式包括一级批发商和一级零售商。

④ 三级渠道：即包括三级中间商的渠道，渠道中的中间商可以是代理商、批发商与零售商。

2. 市场营销渠道的宽度

市场营销渠道的宽度是指营销渠道同一环节或层次选用中间商数目的多少。常见的不同宽度的市场营销渠道有三种，即密集型营销渠道、独家营销渠道和选择性营销渠道。

(1) 密集型营销渠道

密集型营销渠道是指制造商在同一渠道层次选用尽可能多的中间商经销自己的产品，使产品在目标市场上充分显露以达到最广泛地占领目标市场的目的。

(2) 独家营销渠道

独家营销渠道是指在某一层次上选用唯一的一家中间商的渠道。这是最窄的一种为营销渠道。

(3) 选择性营销渠道

选择性营销渠道是指在某一层级上选择少量的中间商进行商品分销的渠道，是介于密集型营销渠道与独家营销渠道之间的一种渠道方式。

3. 影响渠道结构的主要因素

1）市场因素

（1）市场规模

一般而言，市场越大，现实与潜在的消费者越多，需要的中间商数量与种类也相应越多，营销渠道的长度和宽度相对也就越大；反之，则可由企业直接供应，采用短而窄的营销渠道。

（2）市场的集中性

目标市场越集中，企业就越有条件采用短而窄的渠道销售；反之，目标消费者分布分散，涉及的空间范围广，则较为适合采取长和较宽的营销渠道。

（3）购买数量

消费者购买量越大，单位营销成本越低，也就越有条件将批量性产品采用短而窄的渠道直接出售，即使采用间接出售，也不需要利用太多的中间商。

2）产品因素

（1）产品的价值

一般说来，高价值的产品比较适合选用短而窄的营销渠道；反之，则一般适合采用长而宽的营销渠道。

（2）产品的易腐性

易腐败、保质期短的产品应尽量缩短处于流通过程中的时间，因而比较适合采用短渠道；反之，选择的营销渠道可长一些。

（3）产品体积、重量

体积过大或过重的产品，一般选择较短、较窄的分销渠道；反之，则可选择长而宽的营销渠道。

（4）产品的时尚性

由于时尚性较强产品的款式变化比较快，要求尽量缩短产品处于流通过程中的时间，因此，一般宜采取少环节的短渠道。

（5）产品的标准化程度

一般而言，营销渠道的长度与宽度是与产品的标准化程度成正比的。产品的标准化程度越高，渠道的长度也越长，宽度也越大。

（6）产品的技术度

如果产品的技术性较强而又需要提供售前、售中、售后服务，则企业应该选择短而窄的营销渠道；否则，将给各种售前、售中和售后服务带来不便。

（7）产品的生命周期

对处于生命周期不同阶段的产品，企业所采用的营销渠道也应有所不同。对处于介绍期的新产品，一般应选择短而窄的营销渠道；对于老产品则常常通过中间商来维持较为稳定的销量。

3）企业自身因素

企业自身因素也是影响渠道结构的主要因素之一。就企业自身因素而言，企业规模、企业的市场营销能力、企业的声誉与市场地位、渠道经验都对企业的渠道结构产生相应的影响。其基本规律为：上述诸因素导致企业的市场营销力量越强，使用的渠道一般越短；相反，如果企业的市场营销力量越弱，则有必要使用较多的中间商，其渠道相对较长。

8.4.3 国外中间商的选择与激励

1. 国外中间商的类别与特征

在国际市场营销中，产品生产企业可以不经过任何中间商而直接将产品卖给最终消费者。但是，考虑到中间商在连接生产者和消费者方面的独特作用及海外市场环境与国内市场环境方面的差异，为降低投资与风险水平，大部分的产品生产企业在进入国际市场时，一般都借助中间商来实施分销。

按中间商在商品流通过程中所起的作用不同，可将中间商分为批发商与零售商两大类。批发商是指向生产企业购进产品，然后转售给其他批发商、零售商、产业用户或各种非营利组织，不直接服务于个人消费者的商业机构；零售商则是指以零售活动为其主营业务的机构或个人。

根据是否拥有商品的所有权，可将批发商分为经销商和代理商；根据批发商与制造商是否相互独立，可将批发商分为独立批发商和隶属于制造商的批发商。结合上述两个方面，可将批发商分成三种基本类型，即商人批发商（拥有商品所有权的独立批发商）、代理商或经纪人（不拥有商品所有权的批发商）、制造商的销售分部或采购办事处（隶属于制造商的批发商）。

对于零售商，可以按经营的产品线不同分为专业商店、百货商店、超级市场、方便商店等；依据其经营特色，有便利商店、折扣商店、连锁商店、样本售货商店、仓库商店、无店铺零售等形式。

2. 国外中间商的选择

如果产品生产企业决定借助中间商的力量进入国际市场，则需要考虑选择中间商的问题。一般情况下，要选择具体的中间商必须考虑以下条件。

(1) 中间商的市场范围

即中间商的市场区域必须与生产企业拟开发的市场区域基本一致。

(2) 中间商的产品结构

中间商经营的产品最好能与生产企业产品形成互补性需要，尽量避免所选择的中间商经销的是与生产企业的产品形成竞争的产品。

(3) 中间商的地理位置

零售中间商应当位于顾客流量较大的地点；批发中间商则最好处于交通便利的地方。

(4) 中间商的服务水平与综合服务能力

对企业产品能提供相应的售后服务可以在很大程度上促进产品的销售。

(5) 中间商的实力及管理水平

实力较强的中间商在货款结算等方面对生产企业较为有利，同时规范、高效的销售管理可以确保营销活动的成功。

(6) 中间商的促销措施

中间商在促销方面的具体措施与投入对于产品销售有着极为重要的意义，因此在选择中间商时，中间商采用何种方式，投入多少资源推销商品就成为一个值得关注的因素。

3. 国外中间商的激励

对于国外中间商，企业必须通过有效的激励来调动他们工作的积极性，以提高营销效果。实现对中间商的有效激励，首先要求企业处理好与中间商的利益关系，通过形成双赢的局面来尽量与中间商形成长期合作的关系。另外，企业还可以从以下几个方面对中间商开展激励。

(1) 开展促销活动

如帮助中间商安排商品陈列，举办产品展览和操作表演，训练推销人员等。

(2) 提供资金支持

可以通过采取先提货销售后支付货款或先付部分货款待产品出售后再付清全部货款的方式，向中间商提供资金方面的支持。

(3) 及时提供情报

企业将自已所获得的有关市场信息及时地传递给中间商，也可定期不定期地邀请中间商座谈，共同研究市场动态，制定营销策略。

8.5　国际市场营销促销策略

国际促销是指企业将其产品和劳务的信息传递给国际目标市场，以提高产品和企业声誉，扩大产品销售。国际促销的方式主要包括 4 种：国际广告、营业推广、人员推销和公共关系。

8.5.1　国际广告

国际广告是指为了配合国际营销活动而在企业的国际目标市场由企业以付费的方式对于其产品和劳务所进行的非人员介绍与推广。国际广告对于企业的产品顺利进入国际目标市场，实现产品的预期定位和树立产品与企业的国际形象有着极其重要的意义。

由于企业目标市场所在国家和地区在文化环境及政策环境等方面的独特性，企业在开展国际广告活动中需要考虑一系列问题，具体包括以下内容。

1. 语言差异的限制

由于广告主要是通过简洁明快、寓意深远的语言文字向目标消费者传递有关企业与产品的信息，在将特定语种的广告词翻译为另一种语言的过程中，原有的寓意往往难以得到充分的表达。

2. 广告媒介的限制

由于世界各国在经济环境及地理环境方面的差异，因而各种大众传播媒体的普及率及影响力均有所不同。另外，有些国家的政府可能对特定媒体的使用有其限制性规定，从而影响企业国际广告活动的顺利开展。

3. 政府的限制

各国政府出于某种目的，往往对可以进行广告宣传的产品类别、产品信息等加以限制，使得企业无法按照国内方式开展国际广告活动。

4. 社会文化方面的限制

由于不同国家和地区的价值观与风俗习惯存在着相应的差异，因此企业拟采用的某些广告内容或形式难以在东道国传播。

以上4个方面的限制因素对于企业国际广告策略的影响集中表现为企业在国际广告活动中是采用标准化策略还是当地化策略的问题。一般来讲，采取标准化的广告策略可以降低广告的制作成本，也有利于企业及其产品在各国市场上建立统一的形象。然而，由于上述各种因素的限制，采用当地化的策略可以增强宣传说服的针对性，有助于目标消费者更好地理解广告信息从而促进产品销售，因而从整体上看，依然可能使企业获得较高的利润。

8.5.2 人员推销

人员推销是指企业委派销售人员直接向消费者销售某种商品或提供某种劳务的活动。人员推销的优点具体表现在选择性强、灵活性高、能传递复杂信息、可以有效激发顾客购买欲望、及时获取市场反馈等方面；缺点则表现为费用较高，对销售人员的培训较为困难等方面。

在国际营销活动中，企业进行人员推销的销售人员可以从本国选派，也可从当地招聘。考虑到在当地招聘的销售人员更为了解当地的风俗习惯、思维方式及价值观念，因此，他们的推销活动成功的概率相对更高。在企业意欲长期占领当地市场的情形下，在当地招聘销售人员并对其加以培训无疑是更为合理的选择。

8.5.3 营业推广

营业推广是指企业在特定的目标市场中，为迅速地刺激需求和鼓励消费而采取的促销措施。营业推广的手法多种多样，往往对刺激需求有着非常明显的效果，因此在国际市场营销活动中，尤其是在新产品进入市场时可以发挥其独特的作用。

但是，在某些特定的国家和地区开展营业推广活动有可能会受到法律或文化习俗方面的限制。如法国的法律规定，禁止抽奖的做法，免费提供给顾客的商品价值不得高于其购买总价值的5%；在有些地区，人们有时候把免费品尝或接受赠品看成是贪图小便宜的行为而加以抵触。因此，企业在目标市场所在国开展营业推广活动之前，应当充分了解当地的法律限制及相关的文化习俗，以期取得良好的促销效果。

值得注意的是，营业推广多数是为了完成某一时期特定的营销目标而运用的短期的特殊推销方法，不宜过度使用，否则会导致过度激烈的市场竞争，同时，有可能损害产品以及企业的形象。

8.5.4 国际公共关系

国际公共关系是指企业进入国际范围投资经营，与其他国家的企业或相关组织，以及当地公众发生的非国家性的关系。其根本目的在于建立、维护、改善或改变企业和产品形象，营造有利于企业的经营环境和经营态势。作为一种促销手段，国际公共关系着眼于长远，其促销效果只有在一个较长的时期内才能得以体现。

在国际营销活动中，企业不仅要与目标市场所在地的消费者、供应商、中间商、竞争者打交道，还要与当地政府协调关系，如果企业在当地设有子公司，则还需要积累跨文化经营与管理的经验。

企业开展国际公共关系常见的内容如下。

1. 加强与传播媒介的关系

报纸、杂志、广播、电视等大众传播媒介承担着传播信息、引导舆论的社会功能，因此，企业必须充分利用这些传播媒介来为其服务。要与这些媒介保持经常性接触，主动为它们提供信息，与它们建立相互合作的关系。

2. 改善与消费者的关系

企业应积极收集和听取消费者对企业产品、政策等方面的意见和态度，及时处理意见，消除消费者对企业或产品的抱怨。热情接待来访的消费者，对他们的来电、来函及时回复。

3. 改善与政府的关系

在与目标市场所在地的各种公众关系中，一般而言，与当地政府关系是最重要的，因为没有其支持，企业很难进入该国市场，当地政府对跨国投资、进口产品的态度，特别是对某一特定企业、特定产品的态度，往往直接决定着该企业及其产品在该当地市场的前途和命运。

为了达到改善与当地政府关系的目的，企业应当积极从事公益事业，树立为目标市场所在地的社会与经济发展而努力的形象。

本章核心概念

市场营销　营销环境　营销调研　市场细分　产品生命周期　产品标准化与差异化品牌策略　包装策略　新产品开发策略　价格策略　反倾销　分销渠道　中间商　促销

本章练习题

一、选择题

1. 针对已经找出的问题作如实地反映和具体的回答，这类调研属于（　　）。

A. 探测性调研　B. 描述性调研　C. 因果性调研　D. 预测性调研

2. 市场细分的理论基础是（　　）。

A. 多元异质性理论　B. 供求关系理论

C. 系统优化理论　D. 垄断竞争理论

3. 市场定位的过程是（　　）。

A. 产品定价的过程　C. 寻求差异化的过程

C. 产品研发过程　D. 确定销售渠道的过程

4. 在产品的“介绍期”，缓慢撇脂策略是指（　　）。

A. 高价高促销策略　B. 低价高促销策略

C. 高价低促销策略　D. 低价低促销策略

5. 我国国有银行间的竞争属于（　　）。

A. 完全竞争　B. 完全垄断　C. 寡头竞争　D. 垄断竞争

6. 将某一产品的价格定为“5.99元”，而不是“6.00元”，采用的定价策略是（　　）。

A. 折扣策略　　B. 满意定价策略　C. 心理定价策略　D. 组合定价策略

二、思考题

1. 国际市场营销有何特征？
2. 如何理解国际市场营销环境对企业营销活动的影响？
3. 国际市场营销调研有哪些类型？各有何特点？
4. 国际市场细分的理论基础是什么？有哪些作用？
5. 国际市场细分应遵循什么原则？
6. 国际营销策略有哪些类别？各有何特征？
7. 国际产品生命周期各阶段有什么特点？相应的营销策略如何？
8. 国际产品品牌策略具体有哪些？
9. 国际产品包装策略主要有哪些？
10. 如何理解国际新产品开发的方向？
11. 影响国际新产品定价的主要因素有哪些？
12. 国际产品定价方法有哪些类别？其基础分别是什么？
13. 企业如何运用国际产品定价策略实施产品定价？
14. 企业应如何运用国际市场渠道策略？
15. 开展国际市场促销活动应注意哪些问题？

案例分析

从家乐福兵败日本谈国际市场营销[①]

2005年3月10日，家乐福发布公告，宣布与日本零售巨头永旺（AEON）结成战略合作伙伴关系，永旺接管家乐福在日本的业务。该公告称，家乐福将向永旺出售其在日本的八家大卖场。双方合作内容包括：继续在日本使用家乐福的品牌；在双方认同的商业模式下进行合作；在家乐福的日本店内，可以出售印有家乐福标志的商品，在永旺的店内，也可以出售印有法国制造标志的商品。

家乐福是以8 000万欧元（约合1.07亿美元）的价格将其设在日本的8家超市卖给永旺集团，售价仅为这些超市2004年营业额的25%。同时，家乐福设在墨西哥的29家超市则以5.45亿美元的价格转让给该国CHEDRAUI集团，成交价格与这些超市去年营业额基本相当。

另据《华尔街日报》报道，法国家乐福集团首席执行官杜兰日前宣布：如果家乐福无法在海外市场进入前三甲，该公司就会考虑全身退出。可以看出家乐福的全球战略正在进行重大调整，这个国际化比沃尔玛更早更彻底的全球超级零售商将收缩他的国际战线。

4年前，当家乐福谨慎而又雄心勃勃地进入日本市场时，它并没有料到，会因为经营不善而不得不从世界第二大零售市场——日本退出。这也是家乐福继1993年退出全球最大的零售市场——美国之后的又一次战备“大撤退”。此前，家乐福曾于20世纪60年代退出英

① 资料来源：倪海清. 从家乐福兵败日本谈国际市场营销. 苏商，本文有所改动

国市场，并于1993年从1988年才进军的美国市场完全撤出。1999年，家乐福在香港苦苦经营了3年之后，宣布退出香港市场。为什么家乐福会在这些重要的国际市场上节节败退？

1963年，家乐福在世界上首先倡导大型超市（hy-permarket）的概念，即一种集超市和百货商店于一身的超大型购物中心。家乐福最擅长的是大力控制成本、薄利多销的运营方式。在一个相对垄断的单一的大市场中，这是一个行之有效的营销策略，但如果是在一个竞争激烈、多样化的市场中，薄利却并不能保证多销。正如欧倍德的一位高层管理人员所说，大型连锁超市的营销策略其实应该是“多销薄利”，首先要研究市场特点，研究消费者需求的变化，随需而变，实现多销才能保证薄利。

家乐福在日本照搬在欧美国家经营的经验，单纯依靠薄利多销的运营方式，没有根据不同的国情和消费习惯来调整营销策略，导致水土不服。比如日本的住宅面积比较小，不宜一次购买很多商品存放在家中。特别是蔬菜、鱼肉及其制成品，日本人十分讲究新鲜度，随买随吃。另一方面，大部分日本妇女婚后不工作，主要在家料理家务，照看孩子，所以平日也有时间到附近超市选购新鲜食品。因而，日本的超市一般都设在交通流量大的车站附近或者居民比较集中的住宅区和闹市区。据日经BP社报道，自2001年6月日本废除了《大店铺法》之后，日本出现了大型零售商业设施进一步向市中心集结转移的趋势。而家乐福目前在日本开设的8家超市全部位于中心城市郊区，远离市区的家乐福仅有的价格优势显然不能成为招揽顾客的法宝。

日本以中产阶级为消费主体，消费较为理性。主流消费追求个性化和特色化，因此品类齐全、价格低廉的大超市无法与专业和价格细分程度相对较高的专卖店竞争。在此背景下，家乐福仍固守薄利多销策略，没有把握住日本顾客想体验法国气氛的这一独特需求创新求变。

问 题

1. 家乐福的全球营销战略出现了什么问题？
2. 为了在全球竞争中取得胜利，家乐福该怎样调整其营销战略？

第 9 章

国际人力资源管理

本章主要内容

- 国际人力资源管理的定义和内容
- 国际人员的选拔
- 国际人力资源的开发和培训
- 国际人力资源的绩效评估和薪酬激励

随着经济全球化进程的加快，越来越多的公司在通过向海外出售产品和服务、在他国投资建厂、收购外国企业或与外国公司联合等策略进入国际市场。时至今日，有 400 余家世界 500 强企业在中国投资并设立了分支机构（不包括中国跨国公司），合计设立分支机构约 3 000 家；与此同时，中国的企业也在不断跨越国界，走向国际市场，如海尔等。在国际化过程中，随着越来越多的不同地区、不同国籍、不同民族的人加入到企业中，从事国际商务活动的跨国经营企业存在着不同民族、不同文化背景的相互交叉与融和，因而其人力资源管理与国内企业的人力资源管理有着本质的不同。如何对来自不同民族、不同文化背景下的企业员工进行有效管理，成为企业成败的关键。现在，越来越多的跨国企业开始认识到不仅要把跨国经营列为最高管理层的问题，寻求并培养出有竞争力的人力资源也同样至关重要。一份对跨国公司最高管理层的调查显示，在企业国际化经营最重要的 60 项工作中，有 12 项是与人力资源管理相关的。

9.1 国际人力资源管理概况

9.1.1 国际人力资源管理的定义和内容

就像国际企业或国际管理一样，国际人力资源管理（International Human Resource Management，IHRM）也没有一个统一的定义。

P. Morgan（1986）说，国际人力资源管理是处在人力资源活动、员工类型和企业经营所在国类型这三个维度之中的互动组合。

约翰·B·库伦（2000）认为，若将人力资源管理的功能应用于国际环境时，就变成了国际人力资源管理。

约翰·伊凡瑟维奇（1999）认为，国际人力资源管理是国际化组织中人员管理的原则和实践。

赵曙明（2001）认为，区分国内人力资源管理和国际人力资源管理的关键问题是后者在若干不同国家经营并招募不同国籍的员工所涉及的复杂性。

显然，视角不同，定义也就不同。但是，从上面的定义可以看出，国际人力资源管理，具有如下几个共同特点：一是企业经营活动环境必须是多个国家；二是企业员工组成是来自于多个国家的公民；三是企业的员工分散在不同的国家工作；四是人力资源管理活动更为复杂。

国际人力资源管理的主要管理活动是对跨国工作人员进行招聘选拔、培训与开发、业绩考核、薪酬激励等工作的过程。

在正式介绍国际人力资源管理之前，有必要熟悉一些相关的概念。

母国（Parent Country）：指一家企业的公司总部所在国家。如韩国是三星公司的母国。

东道国（Host Country）：指母国的某一企业准备或已经在其开办企业的那个国家。如中国是美国 IBM 公司的一个东道国，因为微软公司在中国设立了分公司。

第三国（Third Country）：指除了母国和东道国以外的其他国家。一家企业可能已经在此国开办了企业，也可能没有。

外派雇员（Expatriate）：指那些被位于一国境内的某公司派遣到其他国家工作的人员。

母国本土雇员（Parent-Country Nationals）：指那些在母国出生和居住的雇员。

东道国本土雇员（Host-Country Nationals）：指在东道国出生和居住的雇员，与母国本土雇员相对。

第三国雇员（Third-Country Nationals）：指在母国和东道国之外的其他国家出生和居住的那些雇员。比如一位法国人受雇于一家意大利公司后，被派往巴西工作后，该员工可被视为第三国雇员。

9.1.2　国际人力资源管理的目的和复杂性

1. 国际人力资源管理的目的

国际人力资源管理的目的，主要包含两个方面的内容。

第一，作为一门应用性学科，国际人力资源管理在实践上需要帮助企业管理者在跨国经营的条件下克服异质文化的冲突，在不同文化、不同价值观的背景下实现国际人力资源的有效管理，通过在不同情形中设计出切实可行的组织结构和人力资源管理机制，最合理地配置国际人力资源，最大限度地挖掘和利用国际人力资源潜能，实现全球化条件下企业管理综合效益的最大化。

第二，作为管理科学的一门分支，国际人力资源管理必须从理论上给予一般人力资源管理内容以补充和丰富，打通各个不同国家、各种不同制度或文化背景下的人力资源管理之间的隔阂与分离，实现全球化条件下人力资源管理信息的共享和价值理念与操作技术的相互融合与促进。

2. 国际人力资源管理的复杂性

区分国际人力资源管理与国内人力资源管理不同之处，在于前者在具体实施过程中所涉及的复杂性，这主要表现在：一是组织中的员工包括不同国籍的人士；二是公司可能面临迥异的经营环境，包括新的政治法律环境、新的文化习俗环境和新的经济环境等许多陌生因素。人力资源管理者在新的环境下需要面对挑战，克服不利因素，有效地使用人力资源，使组织实现目标。具体而言，国际人力资源管理的复杂性主要体现在以下几个方面。

(1) 人员的复杂性

国际人力资源管理的对象，即跨国公司的员工可能来自多个不同国家。一般有母国外派人员、东道国本土人员和第三国人员。在多数的跨国公司中，管理人员和核心技术人员往往由母国外派人员或第三国人员担任，普通员工大多来自东道国。

(2) 环境因素的复杂性

在东道国开展跨国经营使得管理者必须对该国的政治经济文化等因素加以考虑。如该国的劳动政策、税收政策、跨国企业经营规定等都必须认真对待。

(3) 人员管理的复杂性

来自不同国家的员工在一起工作时，其人力资源管理要复杂得多。比如，待遇问题比在国内工作的人员的待遇政策要复杂许多。如何兼顾公平和效率是人力资源管理者无法回避的问题。另外，母国外派人员往往处在重要岗位，人力资源部门对外派人员的住房、医疗、配偶工作、子女教育等问题，也同样需要谨慎对待。

(4) 人力资源工作重点的转变

跨国企业在海外经营之初与稳定阶段的人力资源工作重点会有所改变。随着经营渐入正轨，经过培训的本地员工逐渐成熟，东道国的子公司对于母国外派人员和第三国人员的需求逐渐下降；而且随着公司声誉的不断提高，更容易在当地招聘到优秀员工。此时，人力资源管理工作的重点转变向对东道国员工的招聘、培训和配备上。

9.2 国际人力资源招聘与选拔

企业的竞争归根到底就是人才的竞争，而获取优秀人才成为企业的关键。开展国际业务、创立或扩大跨国企业，都会遇到国际人才的获取和人员配置问题。目前的状况是，国际企业需要的理想的人才总是供给不足。

成功的跨国公司的经验显示，他们从三个方面来挑选和配备跨国企业的人员：

① 挑选那些经过本国母公司教育和培训，并且有一定经验的本国公民；

② 经过东道国的分公司教育和培训，并取得经验的东道国的人才；

③ 从第三国中选拔跨国人才。

一般而言，管理人员，特别是高层管理人员多来自本国，普通员工主要来自当地，具体参见图 9-1 所示。

9.2.1 对母国外派人员的选拔

在从事国际商务活动时，都会涉及企业人员外派的问题，特别是在进行跨国经营活动之初，外派人员的招聘选拔非常关键。成功实践证明，为了完成海外经营目标而从母国选拔管理人员或核心技术人员并把其外派，是国际人力资源管理的重要内容之一，尤其是跨国公司在海外设立分公司之初，这一做法是必要的，也往往是卓有成效的。从母公司外派的人员比

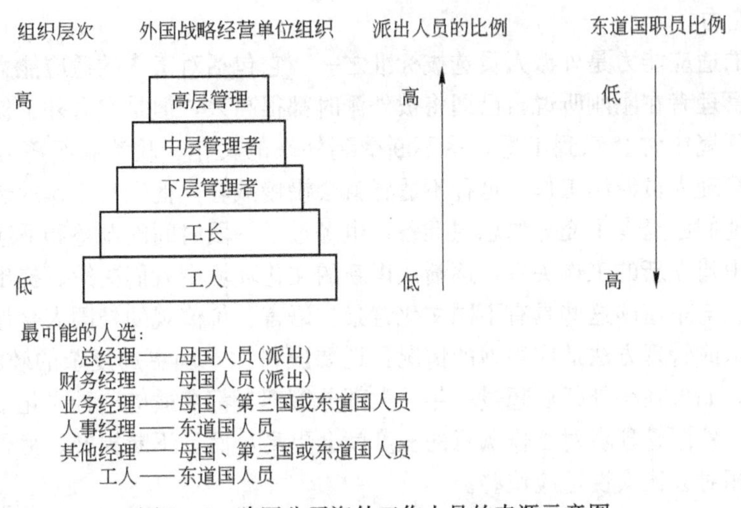

图9-1 跨国公司海外工作人员的来源示意图

东道国的雇员或者第三国雇员更加了解母公司的意向，也更加注意维护母公司的利益和形象。但是理想的外派人员总是数量不足，而且外派费用也相当可观，加之某些东道国还有明令规定必须雇用一定数量的东道国人员作为管理人员，所以对外派人员的管理和使用必须妥善处理。

1. 外派人员任用的优势

来自母公司的外派人员在海外工作有相当的优势，具体有以下几点。

(1) 可以保持母公司的管理质量和业务水平

有一定规模的企业在业务上、管理上都有自身独特的体系。在东道国开办子公司，有可能因为东道国的培训水平和管理意识不到位而阻碍公司业务扩展。所以需要外派管理人员和核心技术人员以达到业务发展的要求。越是欠发达的国家，越需要外派人员。

(2) 有利于传播母公司先进的文化和技术

在多数跨国企业中都有自身独特的企业文化，这种文化是历经多年、经过许多代管理精英锤炼而成。在东道国建立子公司，文化的传播也许是困难的，但是十分必要。由于外派的人员在总公司有长期工作经验，对公司文化的把握准确而深刻，可以更好地执行公司战略，并能与母公司保持有效的联络，所以外派管理人员经常作为“文化”的传教士来到东道国，以便开展业务并使总公司更加有力地管理子公司。

(3) 便于总公司选拔高层管理人员

跨国公司在选拔公司高层管理人员时，越来越重视海外工作经验和跨国经营管理的才能。现在许多跨国企业往往把有前途的年轻经理人员派遣到国外工作，让他们在海外得到发展、磨炼，使他们及时获得跨文化的管理经验，以便使他们在年富力强时能担任需要这种经验的高级管理职务。同时，众多的外派人员可以形成智囊团，随着公司的业务继续扩大，这些有着多国管理经验的人员将发挥更大的作用。

2. 外派人员的选拔标准

外派人员必须具备一些素质以确保他们在将来可以完成工作。有些公司对外派人员必须具备的素质有具体而严格的要求，甚至有一个很长的选派标准清单；但其他一些跨国公司只考虑核心的几项因素。与外派人员同行的家庭成员有时也会被要求具备这些因素。

(1) 适应能力

对新环境的适应能力是外派人员选拔标准之一。它包括对工作的适应能力和对社会的适应能力。很多管理者在刚刚听说自己即将被外派时都很高兴，但是在海外工作几个月后，他们在新的文化环境中常会感到不适，将不断受到外来的文化、政治和经济方面的“冲击”。但是随着这些管理人员继续工作，这种不适感就会慢慢减轻，他们对工作的热情也会逐渐高涨。这是因为他们已经有了充分的思想准备，也经过了一段时间的调整和适应。他们开始在新的文化环境中建立新的工作关系，逐渐认识新的文化环境中人们决策、提出问题和接受领导的不同方式。与东道国这些具有不同文化背景、语言、价值观的外国人合作，外派人员必须使自己的技术或管理方法适应当地的情况，还要应付比本国更加复杂的政治、经济环境。研究人员发现，如果在海外任职超过一年，大部分管理者都会适应这种文化变化；如果海外任职超过两年，外派管理者对工作满意的程度就会更高，而且不断提升。另外，男性对于外部环境的变化相对会比女性适应快些。

在确定外派人员的环境适应能力时，人力资源管理者还需要考察该人员的以下方面：

① 跨文化工作经历；

② 海外旅行经历；

③ 外语水平；

④ 在不同的环境中，以独创的、新的角度解决问题的能力。

(2) 业务能力

母公司外派管理人员的目的就是为了能在海外实现公司的经营目的，发挥外派人员的能力，管理和规范分公司的日常运营。海外工作与在国内工作的最大不同就是，因为距离、时间、人员和沟通的限制，管理人员无法事事向总部请示，绝大多数实际问题需要管理人员独立解决。为了确定外派人员的独立工作能力，跨国公司就需要考察其完成特殊工作项目或任务的经历，看他们是否具备较强的技术、管理、组织协调、控制和独立决策能力，甚至于一些需要有较高个人独立性的业余爱好也被当作一个考虑因素。

(3) 年龄、经验和教育

年轻的管理者往往愿意到海外工作，也乐于了解外国文化。但是，年长的管理人员更有经验，在海外任职更加得心应手。所以很多跨国企业往往同时向海外派遣年轻人和年长者，使他们可以互相学习。

多数企业在选拔外派人员时，拥有大学文凭是一个基本条件。比如，销售高科技产品的公司更愿意使用理工科背景的人员，但是也有公司认为人文类背景的人员更善于思考，容易产生新的观点。但是事实证明，最佳外派人员的学历组合是理工科本科学历加上工商管理硕士学位。因为外派人员应该具备较强的技术、管理、组织协调、控制和决策能力，而这些能力正是以广博的知识积累为基础的，它包括经理人员需要掌握的经营和管理方面的知识，国际商务方面的知识（如国际贸易、国际金融、国际惯例方面的特殊知识），熟练掌握的外语，以及必要的有关东道国的政治法律文化知识，还要通晓本公司的发展过程、企业文化、优势和劣势、企业目标等。

(4) 健康和家庭状况

良好的健康状况，包括身体健康和精神健康，是外派人员的基本要求之一。由于个人健康问题而导致公司经营受到影响是跨国公司极力避免的情形。热爱体育运动的管理者往往会受公司青睐。

外派人员的家庭问题也会被考虑到。和谐稳定的家庭生活将会促进雇员的工作，进而促进公司的经营。所以在大多数情况下，公司在确定外派人员时也需要与候选人的配偶进行沟通。

(5) 人格魅力和领导能力

人格魅力和领导能力是外派人员是否可以长期管理海外事业的保证。独特而优雅的人格魅力将会使沟通和命令下达顺利进行，方便管理者开展工作。

外派人员中的大多数都将成为管理者，所以公司需要评价他们的管理潜能。以下因素可供评价时参考使用：情绪稳定性、冒险精神、领先精神、沟通能力、力图保持主动的特性等。

以上 5 个方面在实际工作中并非人人都具备，所以跨国企业需要花费金钱和精力来培养外派人员的候选人。IBM 公司曾经总结了全美国 70 家国际企业选拔海外管理者的标准，这一结果成为各国公司海外经营的重要参考。这 70 家企业都认为，一个合格的海外管理者必须具备的资格或素质按照重要程度依次为：经验；适应性；技术知识；工作能力；经营管理能力；外语能力；潜在能力；海外工作的能力和信心；新的管理概念的评价和感受程度；教育程度；工作中的创造力；独立性；情感沟通；成熟性——情绪的稳定性；其他。

3. 外派人员的选拔渠道

跨国企业的外派人员可以从以下几个渠道选拔：

① 母公司内部人员和其他海外公司人员；

② 从母国商学院毕业的外国学生，他们经过专业的培养，又通晓母公司的文化背景；

③ 被收购的外国公司或者本国公司里的骨干人员；

④ 东道国大学里的毕业生，他们经过一段时间的锻炼，可以晋升到管理层；

⑤ 接受过经营管理培训的东道国或者第三国人员；

⑥ 企业通过广告、猎头公司等人才服务机构高薪聘请的优秀人员。

4. 外派人员的选拔方法

选拔工作包括收集和分析有关对象的专门资料，对候选人的能力、生理素质、候选人实现预期工作目标的可能性及其对海外就任的意愿进行评估和预测。经常采取以下三种选拔方法。

(1) 测试法

这种方法曾经大行其道，因为该方法往往会使用心理测试技术。它的曾经盛行与人们对心理学的盲目崇拜有关。但是现在此法已经不太流行，因为所谓的“能力测试”往往缺乏令人信服的标准。测试结果的价值究竟如何，人们对此深表怀疑。对于高层职位候选人而言，这种方法尤其不合适。

(2) 面谈

外派人员候选人（有时包括其配偶）同时与几个高层管理人员进行广泛交谈已经成为目前选拔方法中使用最为广泛的方法。这也是跨国企业选拔优秀人才的经验之谈。面谈的最大作用就是可以剔除那些不适于在海外任职的人员。面谈之后，人事经理会对谈话内容进行分析总结。表 9-1 是面谈的一些常见内容，可供跨国企业选拔人才时参考。

表 9-1 跨国企业招聘人才面谈内容

动机
• 询问应试者愿意出国的意愿及迫切程度。
• 询问应试者过去是否喜欢旅游，是否接受语言方面的训练，喜欢读什么书，以及是否与外国人有过交往等。通过这种询问去证实应试者是否真有出国工作的愿望。
• 确定应试者是否对外国工作和生活的情况有比较现实的了解。
• 询问应试者的配偶对其出国工作所持的态度。
• 健康状况。
• 看看应试者本人及其家庭成员是否有影响其驻外工作的健康问题。
• 弄清应试者是否身心健康，有没有可能预见的病变。
语言能力
• 考查一下应试者是否具备学习一种新语言的能力。
• 考查应试者过去语言学习的情况及口语能力（主要是为了确定应试者是否能在语言上适应出国工作的需要）。
• 询问其配偶的外语能力。
家庭情况
• 在过去，应试者的家庭在不同的城市之间、在国内的各个地区之间搬了多少次家？
• 搬家时都碰到过一些什么问题？
• 最近一次搬家是在什么时候？
• 这次出国其配偶有什么目的？
• 有几个孩子？分别多大？
• 过去是否离过婚？今后是否有离婚的可能性？家庭成员中是否有人去世？上述各种情况是否影响到家庭关系的稳固？
• 想把孩子们都带出国去吗？为什么？
•（外）祖父祖母的住址和健康状况如何？应试者每年要去探望他们几次？
• 有哪些生活上需要适应的问题是应试者可以预料的？
• 应试者的家庭成员对其出国都有些什么看法？
• 出国是否会影响到其家庭成员的上学问题？
机敏与创新精神
• 应试者是否具有独立自主的能力？是否能自己对某一个问题做出决策和判断并坚持自己的看法？
• 是否具备处理复杂问题的能力？
• 在人力和物力都有限的情况下，应试者是否能克服那些可能出现的困难，达到自己的既定目标？
• 在出国执行任务的过程中，有时会出现职责和权利都不十分清楚的情况。在这种情况下，应试者是否能随机应变、灵活处理？
• 应试者是否能向当地的经理人员和工人们解释清楚公司的生产经营原则和目的？
• 有没有自我约束能力？在处理一些复杂问题时，有没有足够的自信心去克服所碰到的困难？
• 在没有监督的情况下，应试者能否正常进行工作？
• 在国外，有时通信设施缺乏，工作支持系统也不完善。在这种困难条件下，应试者是否也能有效地工作？
适应能力
• 应试者待人接物是否敏感？对别人是否能开诚布公？是否能很好地与人协作共事？能否做到互让互谅？
• 怎样应付新情况？能否理解和适应文化差异？
• 对文化差异是否敏感？能否融合不同的文化？
• 应试者能否理解自己的、扎根于本国文化土壤中的价值观？
• 应试者怎样应付面临的危机？

续表

适应能力
• 对政府机构的了解程度如何？
• 在国外，是否能同自己的同事一道与别人谈判和签订合同？
• 碰到问题时，是否有耐心？
• 是不是一个心情愉快、遭受挫折也不气馁的人？
职业计划
• 除了把出国看成是一次短暂的海外旅游外，应试者还有其他一些什么考虑？
• 出国工作是否有利于其职业发展？公司是怎样考虑这个问题的？
• 应试者的职业计划是否现实？
• 应试者对待公司的基本态度是什么？
• 应试者是否有人事履历材料？
经济状况
• 是否存在会影响应试者出国工作的家庭经济问题和法律问题？譬如，住房的购置、子女的抚养费用和大学的学费、小汽车的购置问题等。
• 家庭经济问题是否是一个不利因素？也就是说，是否因为要出国工作才使雇员本人和他（或她）的家庭承受巨大的经济压力？

(3) 仿真演练

这种方法被称为是最有发展前途的方法。目前许多大型的跨国公司都会采取这一方法。具体方法是：根据实际可能出现的问题，由考察者设立具体情境，由被考察者个人或者团队轮流担任不同角色，模拟解决问题的过程。具体内容可以是实际的管理工作，如进行谈话、举行会议；也可以是生活中的具体情境，如用餐、娱乐等。演练之后，会有专家和高级管理人员对被考察者进行评价，提出是否加以录用的参考意见。仿真演练的最大特点是被考察者的“情商”和“智商”都能较好地表现出来，能客观地反映出被考察者的综合素质，使考察者避免在选拔过程中“感情用事”。

广义的仿真演练甚至不需要模拟，直接通过真实情境对候选人加以考察，如几年前贝尔实验室在北京进行过一次学校招聘。最后一个环节（被考察者并不知道这也是一项考察内容），是邀请经过逐层淘汰所剩为数不多的几个被考察者吃饭，看看他们在饭桌上的表现：主要是观察他们的人际交往能力和群体适应能力。而且此时被考察者精神放松，考察结果更加客观、准确。

9.2.2 对东道国人员的选拔

许多跨国公司进行海外扩展业务的动机往往为了拓展海外业务、获取全球市场资源，降低经营成本，其中人力成本和原材料成本是其主要的成本因素。目前很多跨国公司在中国投资设厂，除了看重中国巨大的市场外，另一个重要原因就是中国有大量的廉价劳动力，巨大的人力资源成本差异强烈地吸引了外国公司的注意力。在从事跨国经营初期，跨国公司海外子公司里的本地人员多处于中下层级别，而且越是公司高层，东道国人员比例越小。随着东道国本土化呼声日益高涨，如许多发展中国家明令规定跨国企业必须在东道国招聘一定比例的员工，为此，越来越多的跨国企业加快了本土化进程，实施本土化战略，如摩托罗拉公司在中国的本土化。本土化的一个重要特征就是人才的本土化，即在海外子公司里，除少数高层关键人员是外派的，其余大部分是东道国本地人员。因此，如何从东道国本地招聘选拔优秀人才，成为国际人力资源管理非常重要的内容之一。

1. 东道国人员的任用优势

直接招聘东道国人员的好处是显而易见的：语言障碍不再存在、培训费用锐减、员工及其家庭再无文化适应问题，更可以使跨国公司雇用低工资水平的高素质人员。而且通过雇用东道国人员，跨国企业在该国创造了就业机会，从而可以得到地方政府部门一定的优惠待遇。而且东道国人员了解当地的实际情况，可以帮助跨国公司避免官僚机构的烦琐手续。他们还可以帮助实现母公司的长期计划目标。因为从母公司来的外派人员任职期往往只有几年，这导致外派人员缺乏长期目标。另外，充分利用东道国人员的非正式关系网也可能很重要。

2. 东道国人员的使用劣势

对于从东道国招聘的管理人员而言，他们往往难以在母公司和子公司之间起到桥梁作用。首先，母公司总部容易忽视他们的意见。在这种情况下，即使当地的管理人员非常注意和总部保持密切联系，由于语言交流能力有限以及对总公司的权力结构和决策制定缺乏了解，其影响力难免大打折扣。其次，从东道国招聘的管理人员已经习惯于自己本国的工作方法，有时也难以适应总公司的要求。所以从东道国招聘人员后，要先对其进行培训，让他们了解母公司的方针、政策和要求，使他们尽快适应。

而从东道国招聘基层员工（如普通职员、工厂工人等），也往往是跨国企业的国际人力资源难题之一。这主要是因为东道国的劳动力特征与母国劳动力特征存在相当差异。其中包括两国劳动力素质不同。在跨国公司所在的发达国家，教育普及度高，各种培训学校遍布全国，因此母国劳动力大都有较高的技术能力。二是东道国的劳动力虽然比较廉价，但往往缺乏专业培训，技术能力不尽如人意。经过跨国公司的招聘后，需要进行较长时期的培训。

3. 东道国人员的选拔渠道

1）广告

广告是企业招聘人才最常用的方式，可选择的广告媒体很多：网络、报纸、杂志等，一方面广告招聘可以很好地建立企业的形象，另一方面，信息传播范围广，速度快，获得的应聘人员的信息量大，层次丰富。

2）校园招聘

对于应届生和暑期临时工的招聘可以在校园直接进行。方式主要有招聘张贴、招聘讲座和院校毕业分配部门推荐三种。

3）熟人推荐

通过企业的员工、客户、合作伙伴等熟人推荐人选，这种方式的好处在于对候选人比较了解，但问题在于可能在企业内形成小团体，不利于管理。

4）中介机构

(1) 人才交流中心

通过人才交流中心人才资料库选择人员，用人单位可以很方便在资料库中查询条件基本相符的人员资料，有针对性强、费用低廉等优点，但对于热门人才或高级人才效果不太理想。

(2) 招聘洽谈会

随着人才交流市场的日益完善，洽谈会呈现出向专业方向发展的趋势。企业招聘人员不仅可以了解当地人力资源素质和走向，还可以了解同行业其他企业的人事政策和人力需求情况。当然，要招聘到高级人才还是很难。

(3) 猎头公司

猎头公司有专业的、广泛的资源，拥有储备人才库，搜索人才的速度快、质量高，招聘高级人才，猎头公司是非常好的选择。

(4) 人才库

公司可以建立自己的外部人才库，并且可以利用各种机会向社会推广，吸引对公司有兴趣的各类人才加入公司人才库，以备不时之需。但最大的问题在于，由于人员的流动性太大，人才库的资料不能得到及时的更新。如何与人才库的人员保持联络，使他们的资料能及时更新是人力资源工作者要考虑的。

9.2.3 对第三国人员的选拔

第二次世界大战后，许多跨国公司开始从第三国选择所需人才。这样做的好处是，他们熟练掌握外语，了解文化差异，有国际化视角。从第三国招聘员工与跨国企业经营原则并不冲突。一些国外管理专家认为，这样的人员配备政策与国际企业的经营优势是不相悖的，跨国企业不但应该在全球范围内合理使用自然资源、财政资源和技术，也应该在全球范围内合理使用人力资源。第三国管理人员的逐渐普遍，反映了国际化程度的增长，也证明了人才不是某一个国家的专有财产。

针对第三国人员的选拔工作，可以参考以上所述从母国选拔人才及从东道国选拔人才的做法，而且应该根据选拔的不同层次，如经营管理人员或普通职员进行具体的工作。

9.3 国际人力资源培训与开发

培训是通过短期的、以掌握某种或某些较专门的知识和技巧以便改变工作行为或改变企业员工价值观、工作态度为目的的指导活动，使员工很好地完成某项工作目标的过程。开发可以是针对员工目前工作所需要的知识、技能、经验及态度，也可以着眼于员工未来的工作要求，以使其成为或继续成为优秀员工的过程。

9.3.1 国际人力资源培训与开发的特点

著名管理学家彼得·德鲁克说过："企业或事业唯一真正的资源是人，管理就是充分发挥人力资源以做好工作。"

美国是世界上教育经费开支最多的国家。2001 年美国国内生产总值达 101 432 亿美元，但其教育经费总投入占国内生产总值的 7%；中国 2001 年国内生产总值为 95 933 亿元，教育经费总投入却只占国内生产总值的 4.83%。美国人均教育经费达到上千美元，而中国人均教育投入只有 23.6 美元。美国现有高校 3 800 多所，在校学生 1 300 多万名，研究生 180 多万名，35%的美国青年能上大学。在美国，职业培训成了企业提高劳动力素质、清除技能与职业之间的差距的主要途径。一家机构测算，到2000年有65%以上的职业要求具备高中以上文化程度，同时大约有500万名工人需要接受培训，以便有效地完成所做的工作。美国工商企业界每年用于培训在职职工的经费已达2 100亿美元。尽管教育培训的成功率不高，但90%的公司有正式的教育培训预算，培训预算约占雇员平均工资收入的5%。在美国企业，每个雇员平均每年接受15个小时的教育培训，总计达150亿小时；小公司教育培训费用每年平均21.8万美元，而大公司则平均高达52.7万美元；全国每年分别花费300亿美元和1 800亿美元用于正式与非正式教育培训，相当于全国四年制大学的教育经费；大约有800万人在公司学习，相当于每年高等院校录取的大学生人数。目前，已有1 200多家美国跨国公司包括麦当劳、肯德基在内，都开办了管理学院，摩托罗拉则建有自己的大学，每年在培训上的投资高达1.2亿美元，GE公司每年投入培训、教育的费用高达9亿美元，前CEO韦尔奇不惜花费大量时间投入人力资源管理，包括亲自授课等。英国大东电报公司1993年投资1 600万英镑，在伯明翰附近兴建了一所非常现代化的管理学院，平均每月培训各级主管和技术人员150人，授课者90%以上来自公司高层。有资料显示，美国许多高科技公司的物理资本投入只占总成本比例的20%～30%，管理、技术支持、最终用户维护系统等非生产性成本则占到70%～80%。

日本企业在人力资源管理上具有终身雇用、年功序列、团队合作及家族化等特点，因此特别重视对员工的在职培训。日本企业普遍采用“上下一致、一专多能”的在职培训。所谓“上下一致”就是凡企业员工，不分年龄、性别和职务高低及工种不同，都要接受相应层次的教育培训；培训目标就是“一专多能”，各级员工既要精通一门专业技术，又能参与经营管理，具有较强的适应性；培训内容，有层次性的纵向教育培训，即针对一般职工、技术人员、骨干人员、监督人员、一般管理人员及经营管理人员而设立不同的教育培训内容，也有职能性的横向教育培训。

法国的职业继续教育模式是企业员工在职培训的一个范例。法国企业员工有法定带薪培训假期，主要缴纳被企业当年职工纯工资总额一定比例的职业继续教育税，已用于本企业职工的在职培训。大部分企业、特别是大型企业，都有自己的培训机构，面向生产经营实际进行在职培训，取得了良好的经济效益。

9.3.2 国际人力资源培训与开发的具体操作

在跨国公司新招聘员工中（可能是本国人、东道国人或者第三国人），具备公司要求的技术、业务专长且熟悉公司的经营特点，同时还适应东道国的文化环境的雇员并不多。而各个员工必然会有能力交叉，所以此时，跨国公司需要对员工进行有针对性的培训，以满足公司的需要。

1. 培训对象

跨国企业的主要培训对象当然是本公司员工，包括各级管理人员和一般基层员工；如果需要外派本国员工，则往往需要对该员工的家庭成员也进行相关培训，主要包括配偶和子女。对员工的培训是为了完善其工作能力，而对外派人员家属进行培训主要是为了使该员工在外国可以安心工作，提高效率。如德国大众曾在1991年与一家美国公司合作制定一项为员工的子女在海外生活学习一年的计划，使无论哪一个国家的大众集团子公司的员工子女都有机会到国外学习并了解那里的风土人情。

2. 培训途径

1）以培训者为中心的途径

（1）课堂讲授

培训者通过直接讲授或演示，给出信息和事实。学习者可能偶尔提问题，除此之外几乎没有参与。辅助工具有幻灯、投影仪、通报单、复印材料、样品等。这种途径缺乏学习者的参与，因而学习者收到的多数信息不久就忘记了。

（2）讲授和讨论

首先培训者进行有组织的讲授，然后是讨论。当要求的学习内容易于理解时常使用这种途径。它也是一种灵活的方法，若培训者的展示讲解过多，学习者将很少参与。这种途径可以是以小组为中心的，如果培训者实行自我成长模式，做演示就是为了以学习者为中心。如果展示是以小组成员进行，并且接下来是自由讨论时，它更应以小组为中心。

2）小组为中心的途径

（1）小组讨论

即一个由小组成员而不是由培训者控制的小组来讨论一个主题或执行一项任务。它是参与性方法，培训者需要经常培训其如何使用。学习者经常需要学习其他的技能以有效地参与小组活动，培训的未来期望也许会被这种方法彻底改变。

（2）工程工作

埃姆希（1968）划分了4种类型的工程小组：

① 依据学习者在自己公司过去经历的工程；

② 需要原始工作的工程；

③ 学习者取信公司解决具体问题的工程；

④ 依据与其他学习者讨论的工程报告。

只有当需要的学习类型能够为人所理解时，工程工作才能被实行。传统上，它适用于管理者和潜在的管理学员。

（3）小组培训

设计这个方法是帮助学习者认识到个人对小组的作用和贡献。个人由于对自己行动或贡献的理解，所以对小组其他成员不同但有效的方法也能在一定程度上加以理解。

3. 培训内容

一个有全球眼光的跨国企业，无论它采用什么样的人力资源策略，都必须有一个系统、长期的管理人员的培训计划。需要接受培训的人员包括公司的管理层（母公司高管已经外派人员）及有潜力的年轻中层管理人员。

跨国公司需要的是优秀的复合型人才，对外派人员的要求往往更高：他们要能把握国际市场，要对行业的变化保持高度敏感性。所以针对外派人员的培训内容，往往包括东道国人们的信仰、社会规范、工作态度和工作价值等。具体内容往往由曾经或正在东道国任职的高级管理人员或者专家提供。各个企业的培训内容不尽相同，但都包括以下项目。

（1）常识普及

包括东道国的地理、气候、住房及学校等方面信息；东道国的文化制度和价值体系；当地人民的风俗习惯和人际交往惯例等。

（2）语言培训

主要使外派人员尽可能熟练掌握东道国的语言，有时甚至要学习方言。

(3) 工作能力培训

这属于常规培训，包括外派人员需要具备的面对各种变化进行正常工作的能力训练，包括基本的业务知识和管理技能。一般可以通过管理人员在总公司各个专业部门里面工作和加深理论知识的学习而获得。这一培训通常是必训项目。

由于以上项目中每一项都包含了许多具体内容，所以跨国公司在给予外派人员培训时，都是按照需求将上述项目组合而成，形成以应用为导向的系统培训计划。在培训结束后，有些公司还要求参加培训的人员接受测试，以查看培训效果是否良好。某些公司甚至将培训对象扩大到外派人员的家庭成员，这种人性化的做法有助于外派人员在海外工作生活更加顺利。

9.4 国际人力资源绩效评估与薪酬激励

国际企业内部的人员评价及通过评价确定工资待遇的政策是否正确，在很大程度上决定着公司经营效益的好坏。国际企业的经营特点要求其评价标准和薪酬体系要以战略导向为主，而管理人员的来源复杂性及他们的国际流动性却使其评价和薪酬体系更加复杂。

9.4.1 国际人力资源绩效评估

绩效评估是对员工在一个既定时期内对组织的贡献做出评价的过程。绩效评估一般需要确定5个方面的问题，即评估的目的、评估的标准、评估的方法、评价者的选择和评估的周期。员工绩效评估体系的设计和实施必须和评估的目的相一致。不同的评估目的需要有不同评估标准、评价者和评估方法。

1. 绩效评估的目的

国际人力资源管理的绩效评估主要有三个目的。

(1) 改善跨国企业组织和员工个人绩效、促进企业和员工共同发展

评估工作可以为员工提供反馈信息，帮助员工认识个人优势和劣势，帮助员工在将来发挥其潜力；同时可以使来自不同国度、文化背景迥异的员工互相学习，共同提高；而组织自身也可以通过人员的绩效评估改进组织绩效。

(2) 为薪酬与激励管理提供依据

评估结果可以使组织确认高绩效员工和低绩效员工，也为薪酬系统和员工晋升管理提供依据，并进一步影响员工福利和晋升机会。

(3) 为组织的人力配置提供依据

通过绩效考核，组织可以清晰地看到员工的优势和劣势，也可以明了人力资源配置的缺陷，从而帮助组织改进整体的人力资源配置。包括对具体人员的调用调整、岗位培训的增加、特定类型员工招聘等。

2. 绩效评估的标准

绩效的标准主要有两方面内容：

① 员工的具体任务，包括工作职责、工作量、工作中的关键因素等；

② 工作标准，即某项工作做到什么程度是最好的。

这些内容来源于目标管理，关注的是员工为企业完成的贡献大小。其标准确定的关键在于目标制定。从公司的目标，分解到部门的目标，再分解到每一位员工的目标。从长期的目标，分解到阶段性的目标，再分解到短期内的目标。

3. 评估的特征

国际人力资源绩效考核与一般企业的绩效考核相比有其特殊性。国际人力资源考核不仅仅是为员工薪酬调整、职位晋升提供依据，而更加重视个人与团队的关系、个人目标与公司目标是否协调。国际人力资源绩效考核中，如何客观地评价外派经理的表现往往比较困难。大多数情况下，会有两组人员对外派经理的表现进行评价：本国办公室经理组和东道国经理组。这样做是为了中和两方人员对外派经理的偏见。许多外派经理人员认为总部的管理方对他们的评价有失公允，不能全面地了解他们工作的价值、技能及经验。这恐怕是许多外派人员认为赴境外任职并不对他们的职业生涯有好处的原因之一。

国际人力资源的国际化，直接体现在员工越来越趋于知识型，许多员工不仅仅追求高薪高福利，更多的是追求自我实现，即最高层次的需求。

对于国际企业中的员工，其薪酬也大多是国际水平的。因此，对员工进行科学的业绩考核，根据考核结果、市场需求随时调整员工薪酬，将对企业和员工双方都更加有利。

4. 评估的方法

1）*硬评价和软评价简介*

在绩效考评过程中，操作方式有两种：硬评价和软评价。

（1）硬评价

硬评价是以统计数据为基础，把统计数据做主要评价信息，建立评价数学模型，以数学手段，求得评价结果，并以数量表示出来。硬评价的优点是：可以摆脱个人经验和主观意识的影响，具有相当的客观性和可靠性。对于复杂或多变的过程，还可借助现代先进工具，来解决庞大数据复杂运算问题，提高了评价的可行性和时效性。硬评价的缺点是：在数据不够可靠或者难以量化的项目中，硬评价结果就难以客观和准确。另外，硬评价过程不够灵活，难以发挥人的智力对评价的作用。

（2）软评价

软评价也叫专家评价。它是评价者对系统的输出做出主观的分析，直接给评价对象进行打分或做出模糊判断（如很好、好、一般、不太好或不好）。软评价完全是利用评价者的知识和经验来做出判断和评价，容易受各种主观因素影响。所以，软评价经常由集体来进行，彼此相互补充，得到一个比较完善的结论。软评价还要求评价者是专家，对所要评价的对象所从事的工作相当内行，能够在大量感性经验资料和不完整的数据资料中看到事物的本质。软评价的优点是：不受统计数据的限制；可以充分发挥人的智慧和经验，综合更多的因素，把问题考虑得更加全面，避免或减少统计数据可能产生的片面性和局限性。另外，当评价所需的数据很不充分、不可靠或评价指标难以量化时，软评价能做出更有效的判断。随着新学科的发展和模糊数学的应用，大大推动了软评价技术的应用。软评价的缺点是：评价结果容易受评价者主观意识的影响和经验的局限，其客观性和准确性在很大程度上取决于评价者的素质；评价结果的稳定性不够，特别是在不够民主的环境中，专断的主观判断经常造成严重的不公平。

(3) 硬评价和软评价的结合

在实际评价工作中，一般不会是单纯试用软评价或硬评价方式，而是将两种方法的长处加以综合应用，弥补各自的不足。在数据比较充足的情况下，以硬评价为主，辅以软评价；在数据比较缺乏的情况下以软评价为主，辅以硬评价。硬评价也有一个定性分析的过程，软评价中应用的模糊数学，也有定量的计算过程。建立指标时，尽量实行量化，收集相关统计资料，提高评价结果的精确度。同时，应考虑评价对象的具体情况，将硬评价和软评价技术有效地结合起来使用。

2) 硬评价方法

硬评价方法是以统计数据为基础，把统计数据作为主要评价信息，建立评价数学模型，以数学手段，求得评价结果，并以数量表示出来。

硬评价方法的特征如下。

① 可靠性高。只要数学模型和统计数据没有变化，无论谁去评价或无论什么时候评价，其评价结果都是一样的。

② 对基础性工作要求较高。硬评价的工作质量依靠于统计数据，因此应该对统计工作进行严格控制。并且所用的数学方法要科学合理，慎重选择。

③ 可以借助现代先进工具辅助统计及运算。如统计软件包 SPSS 的开发运行，以及国内开发的人事测评软件 AFP 应用软件等，都为评价的硬评价方法的使用提供了强有力的工具。

3) 软评价方法

软评价方法也称专家评价，是利用专家的知识和经验对评价对象做出判断和评价，主观因素占主导地位，判断结果往往是模糊的，很难精确做出判定的结果。由于模糊数学的发展，专家的这种评价思维过程得以定量化，使得软评价技术的科学性更强，更容易被人们所接受。软评价的一般特性如下。

(1) 软评价的综合性

① 多因素、多视角的综合。由于它不完全依靠统计数据，这样就可以发挥人的智力，考虑相关的所有因素，从更多的角度来认识评价对象，并把评价对象当作一个整体，即由大量变量相互作用的系统来认识。

② 多种方法和多种思维的综合。采用系统分析方法，定性和定量分析结合的方法，一般不受或少受某种方法的限制。在思维上，每个专家在评价过程中都不会是单纯一种思维在起作用，而是多种思维的综合过程，不仅由分析、判断、综合、推理、演绎等抽象思维，而且还有形象思维和灵感思维。

(2) 软评价的智能性

软评价主要依靠专家的知识、经验、智慧和思维判断能力，即专家的智能和素质，由专家对评价对象做出评价。它是在了解和熟悉评价对象的基础上，对各种复杂现象进行分析透视，抓住事物的本质和要害，然后对事物做出评价。这个过程与专家的内行程度和本身的素质、知识水准有很大的关系。

(3) 软评价的模糊性

模糊性是指客观事物差异的过渡中的不分明性，即很难对事物做出非此即彼的判定，这就是人们思维中的一般规律。在评价过程中，往往要求以数量的形式来表达结果，这就是一个定性分析定量化的过程，模糊性理论解决了这种难以用精确数学的方法进行评价的许多问题。因此，软评价中的模糊性由于模糊性理论的定性分析和定量分析相结合的方法，显示出软评价在评价工作中的优越性。

(4) 软评价的相对性

对同一评价对象来说，不同的专家有不同的评价结果。即使是同一组专家或同一个专家在不同的时间，评价结果也是有区别的，而不像硬评价，只要模型或数学关系式及统计数据没有发生变化，其结果总是不变。这就形成了评价结果和客观实际间的相对性，包括稳定程度的相对性和准确程度的相对性。

5. 评价者的选择

评价外派人员，特别是评价外派经理人员的工作业绩是非常棘手的任务，因为偏见会使评价偏离客观轨道，而偏见又是不可避免的。

在大多数情况下，外派经理人员的工作业绩由两部分人评价：母公司的经理和外派的东道国子公司的经理，而在此过程中偏见就会自然地产生。国际人力资源管理专家 Oddou 和 Mendenhall 举过这样一个例子：一位美国经理在印度分支机构工作时引入了参与决策法，后来却因此得到了东道国经理的不利评价，原因是印度等级制度森严，经理是不向下属过问细节的，于是美国经理在参与管理方面所进行的尝试被当地的雇员和管理者认为是无能和糊涂的表现，因此得到了负面的评价。

同样，母国总公司的经理给出的评价也会偏离事实：一是因为他们无法了解海外的具体情况；二是他们本身缺乏在东道国工作的海外经验。总部的经理在评价外派人员时多使用硬性数据：市场份额、销售额、利润率等。这些指标无法反映出外派经理人员在东道国的关系网的建立、跨文化的沟通，以及和本地员工配合的默契程度等方面，而这些也许更加具有战略意义。

因此，公司应该对评价者慎重选择，并充分考虑到偏见对于客观情况的扭曲作用，在考核标准上更加完善，而不仅仅是硬性的数据。

9.4.2 国际人力资源薪酬激励

薪酬激励是人力资源管理的重要方面。而在国际人力资源管理过程中，薪酬激励又有了格外重要的意义。因为跨国企业往往雇用了其他国家的人员，并在外派人员中包含有本国人员。对于来自不同文化背景、对工作怀有不同期望的各国员工进行有效的薪酬激励是一件具有非常复杂、颇具挑战性的任务。因此充分了解如何是有效的激励以及怎么样对员工进行有效激励对企业而言是至关重要的。

1. 国际人力资源薪酬管理与激励的特点

马斯洛在 1943 年出版的《人类激励理论》一书中，首次提出需求层次理论，认为人类有 5 个层次的需要，从低层次到高层次依次为生理上的需要、安全上的需要、感情上的需要、尊重的需要和自我实现的需要。

(1) 生理上的需要

这是人类维持自身生存的最基本要求，包括饥、渴、衣、住、性的方面的要求。

(2) 安全上的需要

这是人类要求保障自身安全、摆脱事业和丧失财产威胁、避免职业病的侵袭、接触严酷的监督等方面的需要。

(3) 感情上的需要

这一层次的需要包括两个方面的内容。一是友爱的需要，即人人都需要伙伴之间、同事之间的关系融洽或保持友谊和忠诚；人人都希望得到爱情，希望爱别人，也渴望接受别人的爱。二是归属的需要，即人都有一种归属于一个群体的感情，希望成为群体中的一员，并相互关心和照顾。

(4) 尊重的需要

人人都希望自己有稳定的社会地位，要求个人的能力和成就得到社会的承认。尊重的需要又可分为内部尊重和外部尊重。内部尊重是指一个人希望在各种不同情境中有实力、能胜任、充满信心、能独立自主。总之，内部尊重就是人的自尊；外部尊重是指一个人希望有地位、有威信，受到别人的尊重、信赖和高度评价。

(5) 自我实现的需要

这是最高层次的需要，它是指实现个人理想、抱负，发挥个人的能力到最大程度，完成与自己的能力相称的一切事情的需要。也就是说，人必须干称职的工作，这样才会使他们感到最大的快乐。

对国际企业而言，企业内部的人员构成更加复杂，处于不同需求层次的员工必须都有相应的激励机制，因此国际人力资源薪酬与激励的特点之一是：薪酬的多样性。薪酬的多样性原因包括员工类型多样、不同国家经济消费水平差异、企业对员工种类的重视程度差异和支付手段差异等。人力资源管理者需要了解母国外派人员、东道国人员和第三国员工之间的差异，以及如何在薪酬上体现这种差异、多大程度上体现这种差异。

2. 国际人力资源薪酬管理与激励的操作

1) 国际人力资源薪酬激励的基本原则

(1) 目标结合原则

在激励机制中，能否设置合适的目标至关重要。设置的目标既要确保总目标的实现，又要是员工经过努力能够达到的，而不是不可实现的。

(2) 物质激励和精神激励相结合的原则

由于不同的人需要也是不同的，有的人看重物质激励，有的人偏爱精神激励，但在我们物质生活水平并不是很高的情况下，物质激励是基础，精神激励是根本。

(3) 引导性原则

外激励措施只有转化为被激励者的自觉意愿，才能取得激励效果。因此，引导性原则是激励过程的内在要求。

(4) 合理性原则

激励的合理性原则包括两层含义：其一，激励的措施要适度，要根据所实现目标本身的价值大小确定适当的激励量；其二，奖惩要公平。

(5) 明确性原则

激励的明确性原则包括三层含义，首先要明确激励的目的是需要做什么和必须怎么做；其次要公开，特别是分配奖金等大量员工关注的问题时，更为重要；第三要直观明了，实施物质奖励和精神奖励时都需要直观地表达它们的指标，总结和授予奖励和惩罚的方式。直观性与激励影响的心理效应成正比。

(6) 时效性原则

要把握激励的时机，“雪中送炭”和“雨后送伞”的效果是不一样的。激励越及时，越有利于将人们的激情推向高潮，使其创造力连续有效地发挥出来。

(7) 正激励与负激励相结合的原则

所谓正激励就是对员工的符合组织目标的期望行为进行奖励。所谓负激励就是对员工违背组织目的的非期望行为进行惩罚。正负激励都是必要而有效的，不仅作用于当事人，而且会间接地影响周围其他人。

(8) 按需激励原则

激励的起点是满足员工的需要，但员工的需要因人而异，因时而异，并且只有满足最迫切需要（主导需要）的措施，其效果才好，其激励强度才大。因此，领导者必须深入地进行调查研究，不断了解员工需要层次和需要结构的变化趋势，有针对性地采取激励措施，才能收到实效。

2) 国际人力资源薪酬激励的具体操作

美国管理专家戴维得·里斯在《管理技巧》一书中详细论述了企业系统建立报酬体系的重要性，内容涵盖三个方面：金钱刺激的短期效果、股权等长期激励措施和团队激励方案。并指出：采用良好、系统的方式来解决报酬问题直接关系到企业发展战略的实施。

(1) 金钱刺激的短期效果

对绝大多数企业的员工来说，理想的工作安排可能是人们对工作感兴趣的原因，但如果良好的监督和恰当的基本工资或薪水等方面无所不包，将肯定带来有效的工作绩效，获得员工的满意。

当然，首先应该清楚地认识到，金钱刺激的短期效果是激励员工工作的最基本要素，即工资和奖金，这也应该是报酬体系中的基础。

我们通常所采用的计件工资制，效果当然是明显的。专家分析，适合采用“按结果支付报酬”方案的企业有4个条件。

① 能够对工作加以衡量，并且能够将它们直接分配给个人或小组。在实践中，这指的是高度重复性的手工工作。

② 工作步骤基本是由工人本身控制，而不是由机器或者他们所使用的程序控制。

③ 管理层有能力维持一种稳定的工作流程。

④ 任务并不受手段、材料和设备等频繁变动的影响。

(2) 长期激励方案

采用激励方案的建议及这些方案短期所能带来的收益，似乎可以解决问题，但事实是现阶段许多企业的员工已不限于获得这种短期的利益，还需要长期的利益保障，这就是我们常提到的期权制，以分红权、股权的形式增加企业的凝聚力。

另外，需要注意是激励方案对报酬支付结构造成的扭曲效果。不管什么原因，如果某一群体的刺激性收入增加了，都会带来员工之间报酬的相对调整。有时候，这种报酬相对性的重视程度会非常大，导致某些人在报酬上产生不平衡心理，并导致对这种变革的抵制。在随后要对激励方案所作的任何调整上，也会产生争议。

还有一个问题是员工可能会抵制从“时间充裕”的工作中转换到那些“时间紧迫”的工作中去，由此造成对生产质量或服务质量的影响。

对恰当的报酬支付安排给予认真考虑是非常重要的，因为适用长期激励效果的企业大部分是技术含量较高的企业或是优秀的现代企业，不当的安排将会给企业带来危险。因此，适当的长期激励效果是企业应该考虑的以增加企业凝聚力的重要手段。

(3) 团队激励方案

绝大多数关于金钱刺激方案的论述已经被应用于团队激励方案中。然而，对与团队激励方案有关的一些具体问题，也需要人们加以考虑，如果团队不超过 8 人到 12 人，并且给予他们的任务是整个团队的任务而非单个人任务，团队激励方案的实施效果将是最好的。此外，一些高科技企业和科研机构也大量采用团队激励方案来奖励对某一领域课题的研究人员。

如果采用了对整个机构范围的激励方案，个人的努力与回报之间的关系将会非常小，以至于个人的努力同总产出之间不会有很明显的关系。个人收入可能随总产出平行变动，这并不能证明是由于团队刺激安排而使员工更加努力。员工会觉得，不管工作努力不努力，他们的收入都是非常接近的。他们也会感到，除了自己的努力之外，甚至自己与同事的努力之外，还存在很多因素可能影响到总产出，比如说工作流程和技术变革等。这正是团队激励应该避免产生不利效果的地方。

本章核心概念

人力资源　人力资源管理　人力资源培训　绩效评估　薪酬激励

本章练习题

一、选择题

1. 根据 IBM 的调查，一个合格的海外管理者必须具备的资格或素质按照重要程度排名第一的是（　　）。

A. 工作能力　B. 外语能力　C. 技术知识　D. 经验

2. 依据马斯洛的需求层次理论，人类需要的最高层次是（　　）。

A. 感情上的需要　B. 安全上的需要　C. 尊重的需要　D. 自我实现的需要

3. “雪中送炭”体现了激励的（　　）。

A. 明确性原则　B. 时效性原则　C. 按需激励原则　D. 引导性原则

4. 国际企业任用东道国人员的主要优势是（　　）。

A. 保证公司的管理水平　B. 保证技术的使用

C. 稳定性强　D. 可以降低薪酬水平

二、思考题

1. 作为一名应聘人员，你更希望进入本国企业，还是跨国企业？为什么？

如果你希望进入跨国企业，若不考虑行业选择，你希望进入欧、美、日哪个国家的企业？为什么？

2. 什么是国际人力资源管理？

3. 对于一个跨国企业而言，积累跨国经营的经验和知识有多大的重要性？

4. 在东道国的高级管理层中，母国的外派人员是否多多益善？为什么？

5. 国际人力资源薪酬与激励有哪些特点？

6. 如何开展国际人力资源培训？

微软亚洲研究院的用人之道①

微软亚洲研究院今年原计划在高校毕业生中招聘100人，从去年11月至今共收到12 000份简历，但只落实了70个职位，招聘工作十分不理想。任何一个高新技术企业的成功都离不开它的研发部门，我们在考察这类企业的人力资源开发与管理或“用人之道”时，首先要看它的研发部门的用人机制。作为知识经济时代的代表和高新技术的“老大”，微软研究院的用人战略颇引人注意。

1. 管理方式

一个公司的环境、文化是非常重要的。一个有朝气、自豪的、和谐的环境能够提升公司的成果；一个平等的、真诚的、自由的文化能够将有才华的人组成一个杰出的队伍。微软研发的成功取决于以下因素。

(1) 长期性的承诺和支持。在一些公司，或因业务不景气，或因领导不理解、不支持，研究经费往往被削减，甚至撤销。但在微软亚洲研究院，公司的前景一片明朗，比尔·盖茨对科研有最明确的承诺。他不但亲自管理研究（在微软，研究是唯一不经过公司总裁，而直接汇报给比尔·盖茨的部门），而且花很多的时间和研究员一起研究将来的研究方向。

(2) 使命和大方向的启发。每一个成员的机构，都要有很强的使命感，不变的大方向，靠它们来启发员工和帮助决定研究方向。微软也不例外，高层管理者根据对科技趋势、社会经济演变、公司未来的发展方向和员工一起定下一个有启发性的使命及研究院的大方向。

(3) 引导，但不控制。除了研究院的使命和大方向外，研究的项目、细节、方法、成败，都要由研究员自己来决定。对于细节，领导层可以提出自己的意见，但决定权在研究员手中。研究员在研发过程中得到领导层的全力支持，即使领导层并不认同他们的决定。

(4) 自由、真诚、平等。微软研究院不允许官僚作风、傲慢作风和明争暗斗的存在，鼓励不同资历、级别的员工互信、互助、互重，每一个员工都能够对任何人提出他的想法。就算是批语、急诊也是在互信、互助、建设性的前提下做的。

(5) 雇用最有才华的人。在微软，每一个管理人员在随时提醒自己：雇用比自己更聪明、更有创新能力的人，这才对得起公司。除了聪明，微软研究院要求每一个研究员都热爱研究，都对计算机的未来有一份使命感。

2. 员工的满足

很多人可能认为待遇是员工最大的需求。当然，优厚的待遇是重要的，但对于一个研究员来说更重要的是能够有足够的资源来专门地从事研究，能够得到学术界的认可，并能有机会将技术转化为成功的产品。微软是这样做的。

丰富的研究资源。微软研究院利用公司的雄厚资本，让每一个研究员没有后顾之忧，能

---

① 资料来源：人力资源报网，http：//www. 666job. com/news/html/famous/2006 - 01 - 21/2075. htm，2006 - 1 - 21.

够全心全意地做研究。这种资源是多元性的。研究经费——不但包括了研究所需的计算机、构件、仪器、实验室、论文集，还包括足够的经费去出国开会、考察或回校学习。研究队伍——一支研究队伍，除了数名研究员之外，还有多名副研究员（类似博士后）、实习生、开发人员和访问学者。这样一个多元队伍能够很快地做出成果。人员支持——微软深知研究员更希望全神贯注地做他热爱的研究，而且不做他不热衷也不专长的工作。所以，微软研究院雇用了多名技术支持人员、行政助理、图书管理员、数据搜索员等来支持研究员的工作。学术界的认可——有了开放的环境，员工不必担心因公司把他们的重大发明变为公司机密，而丧失了与国外学者交流或被认可（获得论文奖）的机会。

3. 发掘人才

人才在信息社会中的价值，远远超过在工业社会中。原因很简单，在工业社会中，一个最好的、最有效率的工作，或许比一个一般的工人能多生产20%或30%。但是，在信息社会中，一个最好的软件研发人员，能够比一个一般人员多做出500%甚至1 000%的工作。例如，世界上最小的Basic语言是由比尔·盖茨一个人写出来的。而为微软带来巨额利润的Windows也只是由一个研究小组做出来的。既然人才如此重要，微软研究院是如何去发掘人才的呢?

(1) 找出有杰出成果的领导者。这些领导者，有些是著名的专家，但有时候最有能力的人不一定是最有名的人。许多计算机界的杰出成果，经常是由一批幕后研究英雄创造的。无论是台前的“驹”教授，还是幕后的研究英雄，只要他们申请工作，微软都会花很多的时间去理解他们的工作并游说他们考虑到微软研究院工作。

(2) 带出最有潜力的人。在中国，信息技术起步较晚，所以现阶段杰出的成果和世界通信的领导者比起美国要少得多。基于中国年轻人（如应届硕士或博士生）的聪明才智、基础和创造力，微软专门成立了中国研究院，在中国寻找专家，寻找潜力。

微软在选拔人才时，采取比较特殊的大面试方式。每一次面试通常都会有多位微软的员工参加。每一位员工都要先分配好任务：有的会出智力方面的问题，有的会考脑瓜的运转速度，有的会测试创造力及独立思想的能力，有的会考察与人相处的能力及团队精神，有的专家则会深入研究领域或开发能力的剖析。面试时，所有的问题都是特别有创意的。比如，测试独立思考能力时，会出这一类的问题：请评价微软公司电梯的人机界面；为什么下水道的盖子是圆的？请估计北京共有多少加油站?

这些问题不一定有正确的答案，但是由此可以测出一个人的思维能力和独立思想的方式。每一位员工面试之后都会把他的意见、决定（必须雇用、应雇用、可雇用、弱雇用或不雇用）、已彻底探讨的方向及建议下面员工可探讨的方向，用电子邮件通知所有下面的员工。最后，当所有的面试结束以后，集体做总结，挑选新员工。通常是在获得全体同意之后才雇用一个人。但就算是全体同意，公司仍会询问申请者的老师、同学或其他可能认识申请者的人的意见。若一切都是很正面的，才会雇用这位申请者。微软正是通过这样的严格组织、谨慎态度和深入面试来表达对人才的重视。

4. 吸引、留住人才

很多人认为，雇用人才的关键是待遇。更多的人认为，微软来到中国可以“高薪收买人才”。微软认为，每一个人都应该得到适当的待遇，但是除了提供有竞争性的（但是合理的）待遇之外，微软更重视研究的环境。微软为研发人员开辟的环境极富吸引力，包括：充分的资源支持，让每个人没有后顾之忧；最佳的研究队伍和开放、平等的环境，让每个人都有彼此切磋、彼此学习的机会；造福人类的机会，让每个人都有能为自己的研究所启发的产品自豪；长远的眼光和吸引人的研究题目，让每个人都热爱自己的工作；有理解并支持自己研究的领导，让每个人都能得到支持，在紧随公司的大方向的同时，仍有足够的空间及自由去发挥自己的才能，追求自己的梦想。

所以微软认为，如果只是用高的待遇，或许可以吸引到一些人，但有一个特别吸引人的环境，才能吸引到并且长期留住所有最佳的人才。在微软现有的三个研究院中，人才流失率不到3%（美国硅谷的人才流失率在12%左右）。人们在微软的最大感触是，每一个人都特别快乐，特别热爱和珍惜他的工作。

问 题

1. 微软公司的招聘有何特点？这种特点是否适合大多数跨国企业？
2. 微软公司的人才培养机制有何特点？
3. 你如何评价微软公司的激励政策？

第 10 章

国际财务管理

本章主要内容

- 国际融资的管理
- 营运资金的管理
- 国际转移价格
- 国际税收的管理

10.1 国际融资的管理

10.1.1 国际融资的概念及其特点

国际融资是指在国际金融市场上，一国资金供应者与另一国资金需求者之间发生的货币资金形态或实物资金形态的国际资金转移。与国内融资相比，国际融资具有如下一些特点。

1. 国际融资主体、客体的多元化

在国际融资中，融资的主体呈多元化特征，不仅包括各种商业银行与非银行金融机构，也包括国际性经济组织、政府机构、工商企业和个人；国际融资的客体，即国际融资所使用的货币既可以是融资所在地的货币，也可以不是融资所在地的第三国货币，但不论筹资人选定何种货币，一般均为可自由兑换的货币。

2. 国际融资的风险较大

与国内融资相比，国际融资不仅面临着与国内融资所具有的违约风险、利率风险和市场风险等，还面临着国际融资中特有的的国家风险和外汇风险等，这使得国际融资的风险更大、更复杂。

3. 国际融资的监管性更严格

由于国际融资是在不同国家之间的资金转移，属于国际资本流动的范畴，而不同国家对国际资本流动的政策有所不同，对国际融资的主体、客体及信贷条件等方面有着相应的管制措施，这使得国际融资活动的监管性更为严格。

10.1.2　资金成本与资本结构

1. 资本成本

1）资本成本的概念

所谓资本成本是指企业为筹集和使用自有资本和借入长期资金而付出的代价。资本成本包括资金筹集费和资金占用费两部分。前者是指在资金筹资过程中支付的各项费用，如发行股票、债券等所支付的制版费、印刷费、手续费、公证费等；资金占用费则是指因占用资金而支付的费用，如股票的股息及银行借款利息等。

企业的长期资金来源于不同的渠道，企业通过特定渠道获得资金的成本称为个别资本成本。由于通过不同筹资渠道筹集资金时，其筹集费与资金占用费都存在着差异，因此，一般而言，个别资本成本各不相同。

加权平均资本成本则是指企业全部长期资本的总成本。通常以各种资本占全部资本的比重为权数，通过对个别资本成本进行加权平均确定。另外，个别资本占全部资本的比重还可以按市场价值或目标价值确定。

边际资本成本则是指筹资每增加一个单位而增加的成本。边际资本成本实际上也是一种按加权平均法计算的综合资本成本，它是追加筹资时所使用的加权平均成本。

上述资本成本概念各有其适用范围。在进行各种筹资方式的比较时一般使用个别资本成本概念；企业在考虑其资本结构问题时，则使用加权资本成本概念；而在进行追加筹资决策分析时，使用的资本成本概念则为边际资本成本。

2）资本成本的计算

(1) 个别资本成本的计算

资本成本率＝资本使用费用/(筹资总额－筹资费用)×100%，即

$$K=\frac{D}{P-f}\times 100\% \quad 或 \quad K=\frac{D}{P(1-F)}\times 100\%$$

式中：K 为资本成本，用百分率表示；D 为使用费用；P 为筹资总额；f 为筹资费用；F 为筹资费用率，即筹资费用与筹资总额的比率。

(2) 综合资金成本的计算

综合资本成本是指企业全部长期资本的总成本。它通常是以各种资本占全部资本的比重为权数，通过对个别资本成本进行加权平均确定，故又称为加权平均资本成本。具体计算公式为

$$K_w = \sum (K_i \times W_i)$$

式中：K_w 为加权平均资本成本，即综合资本成本；K_i 为第 i 种个别资本的资本成本；W_i 为第 i 种个别资本占全部长期资本的比重。

例如，某公司长期资本的有关资料如表 10－1 所示。

表 10－1　某公司长期资本的资料　　万元

资本来源	账面价值	权　数	资本成本%（税后）
银行借款	400	0.2	6%
公司债券	200	0.1	10%

续表

资本来源	账面价值	权　数	资本成本%（税后）
普通股	800	0.4	16%
留存收益	600	0.3	15%
合　计	2 000	1.0	

该公司的综合资本成本为

$$K_w=6\%\times0.2+10\%\times0.1+16\%\times0.4+15\%\times0.3=13.1\%$$

3）边际资本成本计算与意义

由于任何企业都不可能以某一固定的资本成本来筹集无限的资金，随着企业筹资额的增长，其筹资成本必将发生变化。因此，计算边际资本成本并以此来指导企业的筹资活动是十分必要的。

由于企业以一定的资本成本率只能在一定范围内筹集到一定限度的资本，当超过某一特定筹资量时则企业的资本成本将发生突变，这一企业资本成本发生突变的特定的筹资量即为筹资突破点，而资本成本的突变将影响到企业的相关投资的可行性的变化。

$$\text{筹资突破点}=\frac{\text{可用某一特定成本筹集到的某种资金额}}{\text{该种资金在资本结构中所占的比重}}$$

2. 资本结构

资本结构即企业长期资本中，各种来源的长期资本的构成及其比例关系。以最优资本结构为目标，优化企业资本结构是企业筹资管理的重要内容之一。而所谓的最佳资本结构是指企业综合资本成本最低、企业价值最高时的资本结构。

优化企业资本结构的基本思路即分析每股收益的变化，如果某一资本结构的变化能使得企业的每股收益得到提高，则意味着企业的资本结构得到了优化。在具体分析时，一般通过计算筹资无差别点销售额的方式。计算公式为

$$\frac{(S-VC_1-F_1-I_1)(1-T)}{N_1}=\frac{(S-VC_2-F_2-I_2)(1-T)}{N_2}$$

式中：S 为筹资无差别点销售额；VC_1 为第一种筹资方案下的变动成本；F_1 为第一种筹资方案下的固定成本；I_1 为第一种筹资方案下的利息支出；N_1 为第一种筹资方案下的普通股股数；T 为企业所得税适用税率；VC_2 为第二种筹资方案下的变动成本；F_2 为第二种筹资方案下的固定成本；I_2 为第二种筹资方案下的利息支出；N_2 为第二种筹资方案下的普通股股数。

当企业新增筹资后的销售额大于无差别点销售额时，采用负债筹资方式有利；反之则采用主权筹资方式有利。当企业新增筹资后的销售额等于筹资无差别点销售额时，则既可采用负债筹资方式也可采用主权筹资方式。

10.1.3 国际信贷融资

1. 国际商业银行贷款

1）国际商业银行贷款的特点

国际商业银行贷款是指借款人在国际金融市场上向外国银行借入的贷款。

与其他贷款相比，国际商业银行贷款具有如下特点：

① 贷款利率按国际金融市场利率计算，利率水平较高；

② 贷款可以自由使用，一般不受贷款银行的限制；

③ 贷款方式灵活，手续简便；

④ 借款人可以自主选择贷款币种。

2）国际商业银行贷款的借款成本

国际商业银行贷款的借款成本最主要的是利息。计算贷款利息所依据的利率有固定利率与浮动利率两种。其中，浮动利率确定的基础主要有伦敦银行同业拆放利率、伦敦银行同业拆出拆入利率的中间利率及美国优惠利率等。

在国际商业银行贷款的借款成本除了利息之外，还有各种费用，具体包括承担费、代理费、管理费与杂费。其中，承担费是指借款方未能按期使用贷款方批准的贷款额度，致使贷款资金闲置而向贷款者支付的补偿性费用；代理费是指代理银行受其他贷款银行的委托，经办各项与借款者之间的日常联系业务所发生的各种通信联络与办公费用；管理费则是贷款银行因筹集资金而进行的准备工作而向借款者收取的酬劳；杂费则是贷款方与借款方在签订贷款协议前所发生的一切相关费用。

3）国际商业银行贷款的期限

贷款期限是指签订贷款协议之日起至贷款协议规定的借款方全部清偿贷款本息之日止所经历的时间长度。整个贷款期限包括三个部分。

① 宽限期：即在借款者首次使用贷款后，只需按协议规定支付贷款利息，不需要偿还本金的时期。

② 提款期：即借款者可在协议规定的额度内提款的时期。超过这一时期，不管提款额度是否用完，借款方都不能再提款。

③ 还款期：即借款协议规定的借款方最终归还本金的期限。

4）国际商业银行贷款的偿还

借款企业偿还国际商业银行贷款的方式通常具体如下。

① 到期一次偿还。采用该方式，借款方按期分次支用，利息定期支付，本金于贷款到期日一次偿还。

② 分次偿还。分次偿还是指借款方在贷款协议规定的用款期内按支用日支付利息，在协议规定的偿还期内再分次偿还本金。

③ 自支用贷款日起，逐年偿还。

2. 国际银团贷款

1）国际银团贷款及其特点

国际银团贷款又称为辛迪加贷款，一般是指 5 家以上的商业银行或其他非银行金融机构，对资金需求巨大的客户，采取同一贷款协议，按照商定的相同期限和利率等条件向该客户提供资金的方式。辛迪加贷款占国际资本市场借贷的一半以上，占发展中国家长期借款的 85%以上。

国际银团贷款的特点具体表现为：

① 金额较大，并且贷款方一般限制资金的用途；

② 借款者一般为政府或国际性企业；

③ 借款期限较长，通常在 5～10 年之间；

④ 相对于发行债券等债权融资方式相比，手续较为简便。

⑤ 借款人可以在贷款的宽限期内根据用款项目的进度情况编制季度用款计划，安排用款，与大型工程项目资金投入的特点较为吻合。

2）国际银团贷款的种类

银团贷款又具体分为直接银团贷款和间接银团贷款。直接银团贷款是指银团各成员行委托代理行向借款人发放、回收和统一管理的贷款；间接银团贷款指牵头银行直接向借款人发放贷款，然后由牵头银行将贷款份额转售给成员行，全部贷款的管理权由牵头行负责。

10.1.4 国际证券融资

国际证券融资是指企业在国际证券市场上通过发行国际证券融通所需资金的一种融资方式。国际证券融资包括国际股权融资和国际债券融资两大类。

1. 国际股权融资

国际股权融资是指企业在他国发行股票筹集所需资金的融资形式。我国企业的国际股权融资有两种具体形式：一是通过发行境内上市外资股筹集资金；二是我国企业到海外直接上市筹资或借壳上市。

1）我国企业发行境内上市外资股的条件

根据《关于股份有限公司境内上市外资股的规定》第 8 条的规定，以募集方式设立公司，申请发行境内上市外资股的，应当符合以下条件。

① 所筹资金用途符合国家产业政策。

② 符合国家有关固定资产投资立项的规定。

③ 符合国家有关利用外资的规定。

④ 发起人认购的股本总额不少于公司拟发行股本总额的 35%。

⑤ 发起人的出资总额不少于 1.5 亿元人民币。

⑥ 拟向社会发行的股份占公司股份总数的 25%以上；拟发行的股本总额超过 4 亿元人民币的，其拟向社会发行股份的比例占 15%以上。

⑦ 改组设立公司的原有企业或者作为公司主要发起人的国有企业，在最近三年内没有重大违规行为。

⑧ 改组设立公司的原有企业或者作为公司主要发起人的国有企业，在最近三年内连续盈利。

根据《关于股份有限公司境内上市外资股的规定》第 9 条的规定，已设立的股份有限公司增加资本，申请发行境内上市外资股时，除应具备上市以上条件中①②③项外，还应当符合下列条件。

① 公司前一次发行的股份已经募足，所得资金的用途与募股时确定的用途相符，并且资金使用效益良好。

② 公司净资产总值不低于 1.5 亿元人民币。

③ 公司从前一次发行股票到本次申请期间没有重大违法行为。

④ 公司在最近三年内连续盈利；原有企业改组或者国有企业作为主要发起人设立的公司，可以连续计算。

⑤ 中国证监会规定的其他条件。

以发起方式设立的股份有限公司首次增加资本，申请发行境内上市外资股时，还必须符合募集设立公司申请发行境内上市外资股时关于向社会公开发行股份比例的要求，即《关于股份有限公司境内上市外资股的规定》第8条规定中的第⑥项。

2）境外直接上市

境外直接上市是指境内股份有限公司向境外投资者发行直接在境外公开的证券交易所挂牌上市的股票。该种股票称为境外上市外资股。我国公司目前发行的境外上市外资股包括H股和N股。其中，H股在香港联合交易所上市，N股在纽约证券交易所上市。

(1) 我国内地企业到香港联合交易所上市

我国内地企业到香港联合交易所上市的条件如下。

① 最低公众持股数量和业务记录：市值少于40亿港元，公众持有股份至少25%；市值在40亿港元以上，由交易所酌情决定，但一般不会低于10%或10%～25%，每发行100万港元的股票，必须由不少于三人持有，且每次发行的股票至少由100人持有。

② 最低市值：上市时预期市值不得低于1亿港元。

③ 盈利要求：最近一年的收益不得低于2 000万港元且前两年累计的收益不得低于3 000万港元（上述盈利应扣除非日常业务所产生的收入及亏损）。

④ 上市公司类型：吸引海内外优质成熟的企业。

⑤ 采用会计准则：香港及国际公认的会计原则。

⑥ 公司注册和业务地点：不限。

⑦ 公司经营业务信息披露规定：申报会计师报告的最后一个财政年度的结算日期距上市文件刊发日期不得超过6个月。

⑧ 其他因素。

我国内地企业到香港联交所上市要求如下。

① 必须是在中国正式注册或以其他方式成立的股份有限公司，且必须受中国法律、法规的制约。

② 上市后最少在三年之内必须聘用保荐人（或联交所接受的其他财务顾问），保荐人除了要确定该公司是否适合上市之外，还要向该公司提供有关持续遵守联交所上市规则和其他上市协议的专业意见。

③ 必须委托2名授权代表，作为上市公司与联交所之间的主要沟通渠道。

④ 可依循中国会计准则及规定，但在联交所上市期间必须在会计师报告及年度报表中采用香港或国际会计标准。上市公司的申报会计师必须是联交所承认的会计师。

⑤ 必须委任1人与其股票在联交所上市期间代表公司在香港接受传票及通告。

⑥ 必须为香港股东设置股东名册，只有在香港股东名册上登记的股票才可在联交所交易。

⑦ 在联交所在市前要与联交所签署上市协议。另外，每个董事和监事需向联交所作规定的承诺，招股书披露的资料必须是香港法例规定披露资料。主要股东的售股限制：上市半年内不能出售该部分股票，半年以后仍要维持控股权。

(2) 我国大陆企业到纽约证券交易所上市

美国全国性证券交易所包括纽约证券交易所、美国证券交易所、NASDAQ系统。其中，外国公司到纽约证券交易所挂牌上市的主要条件包括：

① 由社会公众持有的股票数目不少于 250 万股；

② 持有 100 股以上的股东人数不少于 5 000 名；

③ 公司的股票市值不少于 1 亿美元；

④ 公司必须在最近三个财政年度里连续盈利，且在最后一年不少于 250 万美元，前两年每年不少于 200 万美元或在最后一年不少于 450 万美元，三年累计不少于 650 万美元；

⑤ 公司的有形资产净值不少于 1 亿美元。

3) 借壳上市

(1) 买壳上市

买壳上市是指国内企业通过收购已在境外上市公司的部分或全部股权，购入后以现成的境外上市公司作为外壳，取得上市地位，然后对其注入资产，实现公司海外间接上市的目的。买壳上市是最方便、最节省时间的一种境外上市方式。它的优越性主要体现在两个方面：与直接挂牌上市相比，它可以避开国内有关法规的限制和反复的上市审批程序，手续简洁、办理方便；与其他的间接上市方式相比，买壳上市可以一步到位，缩短上市时间。

买壳上市的不利之处在于以下三个方面。

① 买壳成本高，与目前大多数国内企业因融资需要而赴海外上市的初衷相违背。

② 风险比较大。因为国内企业对境外的上市公司并不熟悉，虽然经过专业化的中介机构的评估，又经过慎重选择，收购一旦完成达不到上市的目的或收购失败，代价是很大的。前者如购买了垃圾股票，控股后不但不能从市场筹资，反而背上了债务包袱，就得不偿失了。

③ 买壳不能使公司的业务发生重大变化。

(2) 造壳上市

所谓造壳上市，即我国企业在海外证券交易所所在地或允许的国家与地区，独资或合资重新注册一家中资公司的控股公司，我国企业进而以该控股公司的名义申请上市。造壳上市按境内企业与境外公司关联方式的不同，又可分成 4 种形式：控股上市、附属上市、合资上市、分拆上市。

① 控股上市。控股上市一般指国内企业在境外注册一家公司，然后由该公司建立对国内企业的控股关系，再以该境外控股公司的名义在境外申请上市，最后达到国内企业在境外间接挂牌上市的目的。

② 附属上市。附属上市是指国内欲上市企业在境外注册一家附属机构，使国内企业与之形成母子关系，然后将境内资产、业务或分支机构注入境外附属机构，再由该附属公司申请境外挂牌上市。

③ 合资上市。合资上市一般是适用于国内的中外合资企业，在这类企业的境外上市的实践中，一般是由合资的外方在境外的控股公司申请上市。

④ 分拆上市。分拆上市模式适用于国内企业或企业集团已经是跨国公司或在境外已设有分支机构的情况。它是指从现有的境外公司中分拆出一子公司，然后注入国内资产分拆上市，由于可利用原母公司的声誉和实力，因而有利于上市发行成功。

海外造壳上市的基本做法是国内企业独自或与他人合作在百慕大群岛、英属维尔金群岛、开曼群岛、荷属安德烈群岛等注册一家控股公司，然后让该控股公司购买国内企业的控股权，并选择某一地证券交易所上市。

我国企业开展境外造壳上市融资具有许多益处，主要表现在：

① 与买壳上市相比，造壳上市的风险和成本相对要低；

② 国内企业在境外注册的控股公司受国外有关法规管辖，这可在国内目前会计、审计和法律制度尚未与国际社会接轨的情况下，获得海外证券市场的法律认可，从而实现引进外资的目的；

③ 可以获得较为广泛的股东基础，对壳公司的生产经营和市场开拓都有益处，且有利于提高壳公司的知名度。

但是造壳上市也存在一些缺陷，主要有两方面：一是国内企业首先必须拿出一笔外汇或其他资产到境外注册设立公司；二是从海外设立控股公司到最终发行股票上市要经历数年时间，一般而言，境外证券管理部门不会批准一家新设立的公司发行股票并上市，往往要求公司具有一定时间的营业记录才可发行股票和上市。

2. 国际债券融资

国际债券融资是指一国的借款人在国际金融市场通过发行债券的形式筹得所需资金的融资活动。国际债券融资是企业在国际金融市场上进行长期筹资的主要方式。

1) 国际债券的概念与分类

国际债券是指债券发行者在国际金融市场上以外国货币为面值发行的一种有价证券。

按照国际债券的面值货币与发行债券市场所在国的关系，可将国际债券分为欧洲债券与外国债券两大类。欧洲债券是指国际债券发行人通过银行或其他金融机构在债券面值货币以外的国家发行并推销的债券；外国债券则是指国际债券发行人通过外国金融市场所在地国家的银行或其他金融机构发行的，以市场所在国家的货币为面值的债券。

外国债券和欧洲债券的主要区别表现在以下几个方面。

① 外国债券一般由市场所在地国家的金融机构组成承销辛迪加，而欧洲债券则由来自多个国家的金融机构组成的国际性承销辛迪加承销。

② 外国债券受市场所在地国家证券主管机构的监管，公募发行管理比较严格，需要向证券主管机构注册登记，发行后申请在证券交易所上市；欧洲债券发行时不必向债券面值货币国或发行市场所在地的证券主管机构登记，不受任何一国的管制，通常采用公募发行方式，发行后可申请在某一证券交易所上市。

③ 外国债券的发行和交易必须受当地市场有关金融法律法规的管制和约束；而欧洲债券不受面值货币国或发行市场所在地的法律的限制，因此，债券发行协议中必须注明一旦发生纠纷应依据的法律标准。

④ 外国债券的发行人和投资者必须根据市场所在地的法规交纳税金；而欧洲债券采取不记名债券形式，投资者的利息收入是免税的。

⑤ 外国债券付息方式一般与当地国内债券相同，而欧洲债券通常是每年付息一次。

2) 国际债券的发行条件

(1) 发行额

发行额是发行债券的总值。发行额的高低应根据发行者的资金要求、发行市场的具体情况、发行者的信誉水平、债券的种类、承购者的销售能力等因素综合决定。

(2) 债券期限

债券期限应综合考虑发行者对资金使用期限的实际要求与市场的传统做法来确定。

(3) 票面利率

一般采用固定利率，也有采用浮动利率的。票面利率应根据发行市场行情、发行时期、发行时的国际金融形势以及发行者的信用等级和经营状况共同确定。

(4) 发行价格

债券的发行价格以债券的出售价格与票面金额的百分比表示。以100%的票面价格发行的叫等价发行；以低于票面价格发行的叫低价发行；以超过票面价格发行的叫超价发行。国际债券的发行价格取决于债券面值、票面利率、偿还期限和市场收益率，并受债券市场供求状况的影响。

(5) 偿还方式

国际债券的偿还方式主要有定期偿还、任意偿还、购回偿还。

(6) 费用

发行债券的费用，包括债券印刷费、广告费、律师费、承购费、登记代理费、委托费、支付代理费等。

(7) 担保

发行人可以用其财产或第三者信用作为担保品，也可以仅凭发行人的信用发行债券。

另外，国际租赁也是国际融资的一种形式（有关国际租赁的概念、种类及特点可参阅第5章内容）。

10.2 营运资金的管理

10.2.1 营运资金及其管理目标

营运资金，也称为流动资金，是企业用于购买、储存原材料或商品以及占用在生产过程和流通过程的那部分周转资金，具体包括现金、短期证券、应收账款、存货等。营运资本管理的目标大体有以下两个方面。

1. 保持适当的偿债能力

一个企业如果偿债能力不足，尤其是短期偿债能力不足，无法偿还到期债务，那么不仅会影响企业的信誉和未来的发展，而且可能会直接威胁到企业的生存。而营运资金的数额是评价企业短期偿债能力的主要依据，因此，为了使企业有适当的偿债能力，就必须要确保企业的营运资金额达到一定的水平。

2. 保持理想的获利能力

获利能力是企业在市场竞争中得以生存和发展的根本条件。一个企业在经营中能否获利，关键就在于能否有效地运用资金，能否顺利地实现资金的周转和增值。营运资金周转率这一指标反映了营运资金的周转速度，该指标越高，意味着企业用越少的营运资金来实现更多的销售额，从而营运资金的效率越高，获利能力越强。

综合以上两个方面，营运资金管理的目的，就是确定一个既能维持企业的正常生产经营活动，又能在减少或在不增加风险的前提下，给企业带来尽可能多的利润的营运资金水平。

10.2.2　现金管理

1. 现金及其特征

现金是指企业占用在货币形态上的资产，包括库存现金、各种形式的银行存款和银行本票、银行汇票等。

在企业所有的运营资金之中，现金是流动性最强的资产，但其盈利能力较差。现金的主要特征为其普遍可接受性，即可以作为交换媒介而立刻投入流通过程，用于购买商品、接受劳务或偿还债务，企业现金量的多少直接反映其财务状况和支付能力。

2. 企业持有现金的动机

企业持有现金的主要原因在于以下几个方面。

（1）交易性动机

即满足企业日常的现金支付需要。虽然企业在其生产经营的过程中，现金收入和现金支出的可能性同时存在，但由于企业无法保证其现金收入与现金支出在任何时点上完全同步。因而，企业持有一定数量的现金余额以应付频繁支出十分必要。

（2）预防性动机

所谓预防性需要是指企业持有现金以防意外支付的发生。由于企业难以对未来可能出现的现金收支准确估计，出于这一考虑，企业必须持有相应额度的现金以防出现意外现金支付需求时使企业陷入窘迫的境地。

（3）投机性动机

在企业的外部环境中通常存在一些瞬息即逝的市场机会。为了把握这类意外的市场机会，企业可能持有一定数量的现金。但是考虑持有该现金的收益与成本之间的关系，以及市场机会中所内含的风险，企业往往把投机性动机作为确定其现金余额的次要因素。

3. 现金的成本

企业持有现金的成本具体包括：持有成本、转换成本和短缺成本。

（1）持有成本

现金的持有成本是指公司因保留一定现金余额而增加的管理费用及丧失的再投资收益。实际上，现金持有成本包括持有现金的机会成本和管理成本两部分。其中，机会成本是公司把一定的资金投放在现金资产从而放弃有更高报酬率的投资机会成本；管理成本则是对企业持有的现金资产进行管理而支付的代价。

（2）转换成本

现金的转换成本是指企业用现金购入有价证券以及转让有价证券换取现金时付出的交易费用，即现金与有价证券之间相互转换的成本。

（3）短缺成本

短缺成本是指企业由于缺乏必要的现金资产，而无法应付各种必要的开支或抓住宝贵的投资机会而造成的损失。

4. 企业最佳现金持有量的确定

如上所述，因为交易性动机、预防性动机及投机性动机的存在，要求企业持有一定数量的现金，但企业持有现金又必须以承担持有成本、转换成本及短缺成本为代价，因此，在满足企业各种现金持有动机的前提下，企业应当通对现金成本的分析，确定总成本最低的现金持有量，也即最佳现金持有量。

例如，某企业不同现金持有量下的相关成本数据如表10－2所示。

表10－2　现金持有量方案及持有总成本

元

方案 成本项目	A方案 持有30 000	B方案 持有50 000	C方案 持有70 000	D方案 持有100 000
持有成本	3 600	6 000	8 400	12 000
转换成本	1 200	700	600	400
短缺成本	11 000	6 750	3 000	0
总成本	15 800	13 450	12 000	12 400

从表10－2中可以看出，在上述的4个现金持有方案中，C方案的现金持有总成本最低，因此是其中的最佳现金持有量方案。

5. 现金日常管理方法

国际企业现金日常管理方法主要包括现金的中央集中、多边净额结算管理等。

(1) 现金的中央集中

现金的中央集中是指各国子公司持有当地货币金额以足够应付交易需要为限，其他所有的现金，包括为预防性目的而保有的现金，均转移到母公司中央现金保管处（通常设在避税港）以各种通货、货币市场证券形式保存下来，并及时提供给世界各地的子公司以满足其对现金的需求。采用现金的中央集中可以使整个国际企业的现金持有量下降到最低水平。另外，国际企业总部可以通过资金调度实现公司整体利益的最大化。

(2) 多边净额结算管理

多边净额结算管理是国际企业针对内部各子公司之间或总公司与子公司之间的往来项目，把各自的应收应付款相抵，用其净差额来实行结算的一种方法。净额结算能使公司内部实际转移的净额减少，从而可以大大减少转移费和向各有关国家支付的费用；同时，由于交易发生的频率下降导致对外汇兑换需求的降低，从而可使相关的交易成本大大下降。

10.2.3　应收账款管理

1. 应收账款及其管理目的

应收账款是指国际企业各子公司之间或子公司与无关联的其他公司之间因销售商品或提供劳务等而应向对方收取的款项。应收账款是公司与客户结算关系中的一种资金占用，它是公司的一种资金投放，也是一种投资。因此，国际企业应收账款管理的目标是在应收账款投资额既定的前提下尽可能提高公司的销售额，或在企业销售额既定的前提下尽可能削减公司的应收账款投资额。

2. 国际企业内部的应收账款管理

国际企业内部各子公司之间的应收账款管理与无关联企业之间的应收账款管理存在着相应的差异。产生这一差异的主要原因在于：首先，国际企业内部各子公司之间的应收账款不存在考虑信用的问题；其次，国际企业内部的应收账款的币种、付款条件等方面往往要以国际企业整体资金配置政策为导向。

对于国际企业内部的应收账款的管理技巧大致有两种。

(1) 提前或延迟付款

国际企业内部应收账款的提前或延迟付款是国际企业转移资金的常见手段，是指国际企业通过改变企业内部应收账款的信用期限来调剂资金。运用这种手段的原因在于付款方与收款方的资金机会成本不同。

在付款方与收款方相互独立的情形下，付款方均倾向于延迟付款，而收款方则倾向于缩短信用期，尽早收款。但是，在双方相互关联的背景下，国际企业应当从企业整体利益出发，根据收付款双方的机会成本来决定采用提前或延迟付款的策略。如果收款方因收回应收账款所得利益大于付款方付出款项所受损失，则宜采用提前付款策略；反之，则应采用延迟付款策略。

例如，某一国际企业在甲国与乙国均设有子公司，乙国子公司应付甲国子公司账款，两国的借款与存款利率如表 10－3 所示。

表 10－3 两国借款存款与存款利息

子公司	银行借款利率/%	银行存款利率
甲国	3.5	2.6
乙国	3.3	2.4

从表 10－3 数据可以看出：如乙国子公司资金充裕而甲国子公司资金短缺的情况下，乙国子公司应提前还款，如此可以形成对公司整体有利的利差 1.1%（3.5%－2.4%）；如乙国子公司与甲国子公司资金均充裕，乙国子公司也应提前还款，如此可以形成对公司整体有利的利差 0.2%（2.6%－2.4%）；如乙国子公司资金紧张而甲国子公司资金充裕，应推迟付款，如此可以形成对公司整体有利的利差 0.7%（3.3%－2.6%），而在两国子公司资金均紧张的情况下，乙国子公司仍应当提前付款，因为这样将形成有利的利差 0.2%（3.5%－3.3%）。

(2) 再开票中心（Reinvoicing Centers）

再开票中心是国际企业设立的贸易中介公司。在国际企业内部各子公司之间从事贸易活动时，商品和劳务直接由供应方提供给需求方，但有关款项的收支结算则是各自与再开票中心单独进行。即相当于再开票中心向供应方购入商品或劳务，再将该商品或劳务转手销售给需求方，只不过商品或劳务是由供应方直接提供给需求方，不需要再开票中心介入。

由于再开票中心一般设立在税率较低的国家或地区，因此通过再开票中心，国际企业不仅可以集中管理企业内部的往来账款，管理各子公司之间的现金流动，实现货款的提前或延迟支付，还可以起到避税的作用。当然，再开票中心的设立与运营也需要发生相应的成本，同时，当地税务部门对再开票中心往往比较关注，由此还会导致一些法律事务费用的发生。因此，国际企业应当在权衡收益与成本的基础上作出是否设立再开票中心的决定。

3. 国际企业外部的应收账款管理

与国际企业外部的应收账款管理相关的决策主要有三个方面，即信用政策、结算币种管理以及应收账款的让售与贴现管理。

(1) 信用政策管理

所谓信用政策，也即应收账款的管理政策，它是指国际企业对其应收账款投资进行规划与控制而确立的基本原则与行为规范。其具体内容包括信用标准、信用期间和现金折扣政策三个方面的内容。企业在其信用政策制定方面的核心问题之一即是合理确定信用政策的松紧程度。

企业信用政策决策的基本模式是权衡改变信用政策的预期成本与收益，在此基础上作出正确的选择。以调整企业信用期间的决策为例，有关计算的公式为

收益的变化＝销售量的变化×单位边际贡献

应收账款占用资金的机会成本的变化＝应收账款占用资金×资本成本

其中　应收账款占用资金＝应收账款平均余额×变动成本率

应收账款平均余额＝日销售额×平均收款期

例如，某企业生产并销售甲产品。企业目前实行的信用政策是20天按发票金额付款。为扩大销售量拟将信用期限放宽至40天。该企业对其投资活动要求的最低投资报酬率为8%，有关数据如表10-4所示。

表10-4　某企业有关数据

信用期间	20天	40天
销售量/件	1 000	1 200
销售额/元（单价100元）	100 000	120 000
变动成本/元（每件50元）	50 000	60 000
固定成本/元	10 000	10 000
可能发生的收账费用/元	5 000	6 000
可能发生的坏账损失/元	2 000	4 000

延长信用期间后增加的收益为

$$(1\,200-1\,000)\times(100-50)=10\,000(\text{元})$$

延长信用期间后增加的应收账款资金占用的机会成本为

$$\frac{120\,000}{360}\times40\times50\%\times8\%-\frac{100\,000}{360}\times20\times50\%\times8\%=311(\text{元})$$

延长信用期间后增加的收账费用为

$$6\,000-5\,000=1\,000(\text{元})$$

延长信用期间后增加的坏账损失为

$$4\,000-2\,000=2\,000(\text{元})$$

延长信用期间后增加的净收益为

$$10\,000-311-1\,000-2\,000=6\,689(\text{元})$$

由上述计算结果可以看出，延长信用期间至40天后企业的净收益有所增长，因此企业应将其信用期间延长。

(2) 结算币种管理

在国际商务活动中，对于销售业务采用何种货币进行结算是买卖双方谈判的结果。就一般情形而言，卖方倾向于用硬通货结算，而买方则倾向于用软通货结算。为了使企业在其合理利益得到保障的同时确保销售业务的顺利实现，在企业作为销售方坚持以硬通货结算的情况下，可以考虑给予对方在价格和付款条件等方面作出一定的让步；反之，如果对方坚持以软通货结算，则企业应当坚持缩短付款期限，以最大程度地降低由于结算通货的贬值而给企

业带来的损失。

(3) 应收账款的让售与贴现

应收账款的让售是指企业将应收账款出售给银行或其他企业，及时收回现金。企业让售应收账款虽然不能获得全款，但可以避免坏账损失。应收账款贴现是指企业以应收账款作为抵押品，从银行或其他金融机构获得现金的行为。在企业资金紧张的情形下，将应收账款贴现可以获得其急需的现金。

10.2.4 存货管理

1. 存货及其管理目标

存货是指企业在生产经营过程中，为销售或者耗用而储备的物资，包括原材料、燃料、低值易耗品、在产品、半成品、产成品等。企业持有存货的原因主要是为了维持企业生产经营过程的顺利进行。

但是，企业持有一定量的存货是以其承担相关的成本费用为代价的。相关的成本费用项目具体包括以下内容。

(1) 取得成本

所谓取得成本是指企业为取得某种存货而发生的各种支出，具体包括订货成本和购置成本。其中，订货成本是指为完成订单而发生的所有开支，包括办公费、通信费和差旅费等；购置成本则是指存货本身的价值。

(2) 储存成本

储存成本是指为保持存货而发生的各项成本，具体包括存货占用资金的成本与仓储费用、保险费用、存货毁损等。

(3) 缺货成本

缺货成本是指由于存货供应的不及时而造成的企业损失，主要包括由于原材料供应不及时而造成的停工损失、产成品供应不及时而造成的失去订单的损失、产成品供应不及时而使企业遭受罚款的损失等。另外，由于对客户供货不及时还将对企业的信誉造成相应的影响，这也是缺货成本的重要内容之一。

综合上述分析，企业在存货管理上的目标即在其存货成本与存货效益之间进行权衡，以求得两者之间的最佳均衡点。在将存货持有成本定义为取得成本、储存成本和缺货成本三者之和的前提下，企业存货管理的目标可以归纳为通过存货决策，使企业的存货持有成本达到最小。

2. 存货管理

(1) 通货膨胀下的存货管理

由于通货膨胀因素的存在，国际企业的货币资金存在着贬值的问题。此时，企业可能在尚不需要存货的情形下提前采购存货。但提前采购给企业带来另一问题，即：储存成本。因此，在通货膨胀的环境下，国际企业通常需要考虑是否提前采购存货的问题。而最终的决策是在比较分析因避免货币资金贬值而为企业带来的收益与提前采购存货带来的存货储存成本的基础上作出。

(2) 存货的提前采购

在国际企业的存货管理中，除上述因通货膨胀因素可能使企业提前采购存货之外，在其他一些特定情形下，企业也需要考虑提前采购存货的问题。这些情形包括以下两个方面。

① 预计国际市场某种存货的价格将大幅度上扬，并且提前购买该存货获得的收益大于相应增加的储存成本。

② 东道国缺乏外币的远期合约交易条件，并且对资金汇出或剩余资金转换成硬通货存在许多限制条件，此时，提前采购存货，尤其是进口存货，可以起到避险的作用。

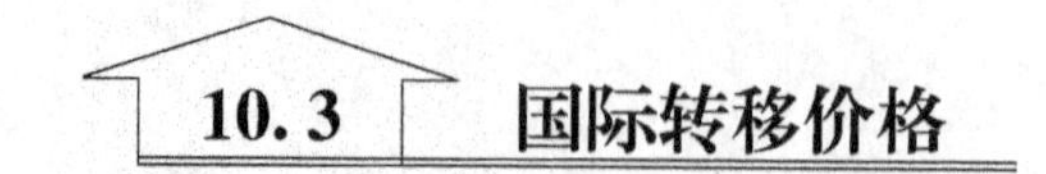

10.3 国际转移价格

10.3.1 国际转移价格及其作用

国际转移价格是指国际企业管理当局从其全球经营战略出发，为谋求公司整体利益最大化，在母公司与子公司间或各子公司之间相互提供产品或劳务时所采用的内部价格。

国际转移价格的作用包括税务作用与非税务作用两大方面。

1. 税务作用

国际企业运用转移价格的一个重要作用就是实现合理避税，具体包括以下两个方面。

① 降低所得税。利用转移价格将高税率国子公司的利润转移到低税率国的子公司，从而减少所得税款，增加公司总体利润。

② 降低关税。由于关税多采用从价计征的比例税率，因此制定较低的转移价格可以降低过关的报价，从而减少应纳的关税。

2. 非税务作用

对于国际转移价格的作用，传统上多从合理避税的角度考虑。实际上，除合理避税外，利用国际转移价格还可以实现以下一系列管理上的目标。

(1) 加强竞争优势

国际企业可以利用转移价格来扶持国外新公司争夺和占领市场，增强子公司的竞争优势。

(2) 优化资源配置

国际企业可以通过国际转移价格在全球的子公司、分公司、母公司之间进行资金的调配和使用，实现资源的优化配置，提高国际企业的资金运用效率，降低风险。

(3) 绕开管制

国际企业可针对不同情况实施转移价格策略，以绕开外汇管制。

(4) 规避风险

国际企业可以提前采用转移价格使处于通货膨胀较为严重的国家和地区的子公司的净货币性资产降至最低限度，从而规避通货膨胀风险，也可通过提前或延迟支付款项来规避外汇风险，还可以利用转移价格将存在政治风险的子公司的资本转移出去。

(5) 调节利润

国际企业为了特定目的，需要通过国际转移价格来调节各子公司的利润。如子公司在特定的东道国利润过高，可能诱发东道国政府要求重新谈判国际企业进入的条件，或劳工要求增加工资，为此，需要调低该子公司利润；子公司在特定东道国的良好形象有利于其获得贷款和发行股票，此时，国际企业可以通过操纵转移价格粉饰该子公司状况。

10.3.2 影响国际转移定价的因素

由于国际转移定价目的的复杂性，因此国际企业在确定转移价格时，需要考虑诸多因素。概括而言，主要包括两大类，即公司内部因素和外部因素。

1. 内部因素

(1) 相关成本

在影响价格的诸多因素中，价格是极为重要的因素之一。它不仅是定价的基础，同时也是影响子公司及国际企业整体利润的主要因素。由于利润的水平以及与此相关的所得税额与成本因素直接相关，因而国际企业在确定转移定价时必须考虑相关成本。

(2) 分权程度

国际企业集权程度直接决定着子公司的决策权的大小，因此分权程度的不同决定着子公司和公司总部参与转移价格决策的程度也不相同。

(3) 相互依赖性

子公司之间的相关程度不同，对转移价格的制定也有影响。高度相关的子公司间往往采取纵向一体化的战略，纵向一体化程度越高，则国际企业越需要通过转移价格的制定来实现其特定的战略目的。

2. 外部因素

(1) 政治法律因素

国际企业子公司所在地政府出于对国家利益、金融安全等方面的考虑，往往通过立法或制定各种政策来限制国际企业的特定行为。东道国的这些政策法规都对跨国公司的国际转移定价决策产生着重大的影响。

(2) 经济因素

经济因素是影响转移定价的最广泛的一类因素，诸如所得税及关税税率、外汇汇率、外汇顺逆差、通货膨胀水平及市场竞争状况等都是导致国际企业考虑实行转移定价的诱因，直接影响到国际企业的转移定价决策。此外，经济因素对政治法律因素也产生着重要影响，从而间接地影响转移定价决策。例如当某国连年出现外汇逆差时，该国政府很可能采取加强外汇管制的措施来改变这种状况，从而在政策法规的层面影响到国际企业的转移定价。

10.3.3 国际转移定价的方法

国际转移定价的方法具体包括以市场为基础的定价、以成本为基础的定价、交易自主的定价和双重定价方法 4 种。

1. 以市场为基础的定价方法

以市场价格为基础的定价方法就是在制定国际转移定价时，以被转移产品或劳务的外部市场价格作为定价的基础。

采用以市场价格为基础的定价方法实质上是在国际企业内部引入市场机制，能够较为客观地评价国际企业内部各子公司的经营成果，有利于发挥各子公司的积极性和主动性。但由于企业外部相互提供的往往是中间产品，而这种中间产品的完全竞争的外部市场往往很少，因此难以选定一个公允的市场价格作为定价的基础。因此，这一转移定价方法也存在着相应的局限性。另外，以市场为基础的定价方法对于国际企业的作用更多地体现在对内部子公司的激励和合理考核各子公司业绩方面，对于实现诸如避税及规避风险等特定的目的并无益处。

考虑到产品或劳务的提供方在外部市场上销售其产品或劳务时还需要发生一定数额的营销费用，并不能按照市场价格取得完全的销售收入，因此在采用以市场价格为基础的定价方法时可以直接以完全市场价格定价，但更为合理的方式是在市场价格的基础上扣减一定比率作为国际转移价格。

2. 以成本为基础的定价

以成本为基础的定价方法就是在制定国际转移定价时，以被转移产品或劳务的成本作为定价的基础。

根据作为定价基础的成本的不同，该类定价方法具体可包括：以变动成本为基础的定价方法、以完全成本为基础的定价方法和成本加成定价法。

(1) 以变动成本为基础的转移定价

以变动成本为基础的转移定价就是国际企业将供应方所提供的中间产品或劳务的变动成本作为国际转移价格。也就是说，此时的转移价格包括为生产产品或提供劳务所发生的直接材料费用、直接人工费用和变动性制造费用。运用这种方法确定的国际转移价格可以使得接受方所生产的最终产品的变动成本与从国际企业整体来看的该产品的变动成本保持一致，从而可以使得下属公司所作的决策是代表公司整体最大利益的。变动成本为基础的转移定价的不足之处在于：其一是生产部门不能弥补其支出的固定成本，从而生产部门就表现为发生了亏损；第二，变动成本有其相关范围，超越相关范围之后，单位产品或劳务的变动成本将发生变化，从而影响到转移价格的制定；第三，变动成本与固定成本的划分存在着一定的随意性，使得转移价格的制定趋向于复杂，管理层需要耗费相应的资源去加以解决。

(2) 以完全成本为基础的转移定价

以完全成本为基础的转移定价就是国际企业将供应方所提供的中间产品或劳务的完全成本作为国际转移价格。此时的转移价格包括为生产产品或提供劳务所发生的直接材料费用、直接人工费用和全部制造费用。运用以完全会计成本为基础的转移定价方法，可以避免因固定成本与变动成本划分的随意性而导致的争议；同时，完全成本数据本身较为客观，也容易取得。但是，采用完全成本为基础的转移定价方法也有其局限性，具体表现在：由于供应方的全部成本都可以转移至购买方，因而供应方几乎没有进行成本控制的意愿，使得供应方所有的低效率都由购买方承担，这不仅对购买方来说非常不公平；同时，也不利于国际企业整体效益的提高。

(3) 成本加成定价法

成本加成定价法就是国际企业以供应方所提供的中间产品或劳务成本（完全成本或变动成本）的基础上，加上一定比例作为国际转移价格。

在半成品无外部市场，或者无法即时取得中间产品的市场价格时，一般普遍采用成本加成的价格来替代市场价格。

采用成本加成定价法可以使内部交易更接近于外部正常交易；同时，以这种价格进行内部结算可使内部交易为供应方提供一定的贡献毛益，有利于对供应方进行业绩评价。

在上述以成本为基础的定价方法中，作为基础的成本可以是实际成本，也可以是标准成本。考虑到以实际成本为基础进行定价将使供应方失去成本控制的动力，从而损害国际企业整体效益，因此，以标准成本为基础进行转移定价显得更为科学合理。

3. 协商转移定价法

以市场价格为基础的转移定价及以成本为基础的转移定价都存在着国际企业总部对各子公司的干预问题，这种干预在不同程度上影响到子公司的权利，不利于对子公司进行绩效考核。为解决这一问题，国际企业总部可以对子公司之间的内部转移价格不予干预，由内部交易的双方自行协商确定转移价格。

采用协商转移定价法有利于各子公司的独立经营，也为对子公司的合理考核提供了正常的环境。但是，由于协商本身不是一劳永逸的，需要不断进行，由此引发的管理成本是采用这一方法的局限性之一。另外，在双方无法协商一致的情况下，内部交易可能无法实现，这有可能使得个别子公司的产生无法得以正常发挥，从而影响国际企业的整体利益。

4. 双重定价法

所谓双重定价是指为满足不同子公司的要求，国际企业对内部交易的双方在结算中分别采用不同的价格。采用双重定价法有利于购买方正确地进行经营决策，避免因内部定价高于外部市场价格时进行外部交易从而使国际企业其他子公司的生产能力闲置，同时有利于供应方子公司积极性、主动性的充分发挥。

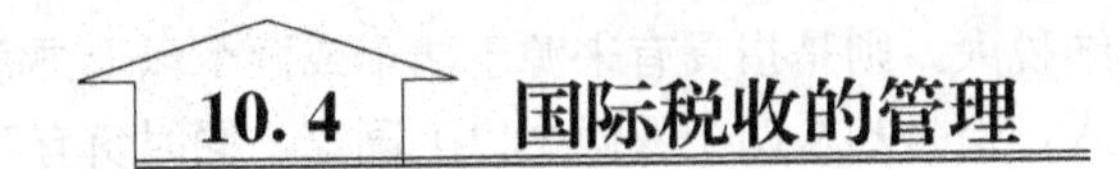

10.4 国际税收的管理

10.4.1 国际税收管理概述

1. 国际税收及其与国家税收的关系

所谓国际税收，是指两个或两个以上的国家，在对跨国纳税人行使各自的征税权力的过程中，所发生的国家与国家之间的税收分配关系，国际税收从本质上属于超越国境的税收分配。

2. 国际税收与国家税收的关系

1）国际税收与国家税收的联系

国际税收与国家税收的联系主要表现在以下两个方面。

① 不论是国际税收，还是国家税收，它们都是以政治权力为后盾所进行的一种特殊分配，两者同属于分配范畴，体现着一定的财富在不同主体之间的分割和转移。

② 国际税收以国家税收为基础，它不能脱离国家税收而独立存在。作为税收，只能是凭借国家政治权力进行社会产品的分配，必须有一定政权管辖范围内的征收者和缴纳者，而国际税收没有也不可能有自己的征收者和缴纳者，它必须依附于国家税收在凭借各自国家政治权力进行社会产品分配中所形成的征收者和缴纳者。没有各国政府对其管辖范围内的缴纳者进行征税，就不能产生国与国之间对税收的分配关系，也就不会产生国际税收。

2）国际税收与国家税收的区别

国际税收与国家税收的区别表现在以下两个方面。

（1）实质不同

国家税收的分配是发生在同一国家的课税权主体与课税主体之间的财富分割和转移，它反映为一国范围内的征纳关系，是一个国家内部的事务，依据国际法的有关原则，其他国家及任何国际组织都无权干涉；而国际税收的分配发生在不同国家的课税权主体的财富分割和转移，它反映为国家之间的税收分配关系，国际税收不可能是某个国家内部的事情。当一国政府向跨国纳税人的跨国课税对象征税时，这种关系必然反映为有关国家政府之间财权利益分配的矛盾，这就超出了某一国的国家税收范围，不可能由一国政府独自解决，必须由有关国家政府共同协调。因此，国家税收就衍化为国际税收。

（2）纳税人不同

国家税收的纳税人仅指对该国政府发生纳税义务的人，即一般纳税人；而国际税收的纳税人不仅对该国政府发生纳税义务，而且还对其他有关国家发生了纳税义务，即国际税收的纳税人是跨国纳税人。

3. 国际税收的基本要素

（1）跨国纳税人

纳税人是税法规定的直接负有纳税义务的单位和个人。纳税人可以是自然人，也可以是法人。自然人指的是依法享有民事权利并承担民事义务的公民个人，包括本国人、外国人、无国籍人、双重国籍人、多重国籍人等；而法人则是指依法成立并独立行使法定权利和承担法律义务的社会组织，包括各种企业及其他社会组织。

国际税收涉及的跨国纳税人，则是指具有来源于两个或两个以上国家的收入，或者虽然只有来源于一个国家的收入，但是却在两个或两个以上国家，同时负有双重交叉纳税义务的跨国自然人或跨国法人。

（2）跨国课税对象

课税对象也称课税客体，是指税收法律关系中征纳双方权利义务所共同指向的物或行为。国际税收涉及的课税客体是跨国的课税对象，是指两个或两个以上国家都享有征税权的课税对象，主要包括跨国所得、跨国一般财产价值和跨国商品流转额。

跨国所得是国际税收所涉及的主要征税对象，它指的是一国纳税人来源于另一国的所得。跨国所得的类别具体包括跨国一般经营性所得、跨国超额所得、跨国资本利得和跨国其他所得。其中，跨国一般经营性所得是跨国所得的主要构成部分，它是指纳税人在一定时期内经常获得的所得或收益。根据来源性质的不同，跨国经常性所得包括：经营所得、劳务所得、投资所得、租赁所得及其他所得。跨国资本利得则是指跨国纳税人通过对外资本项目所获取的收益，一般是指销售房屋、机器设备、股票、债券、商标和专利权等所获得的收益。

跨国一般财产价值是指跨国纳税人的全部财产在货币形式上的综合表现。在跨国活动中，纳税人可能在境外保有财产，这些财产的所有者在自己的居住国和财产的存在国都可能承担缴纳财产税的义务。

跨国商品流转额是指商品在跨国流转过程中所发生的货币金额。随着国际贸易的发展，商品在国际间的流动日益普遍，不同国家的政府对不同纳税人的同一课税对象，即进出口商品金额均有相应的征税权力，这样，跨国商品交易中的同一商品流转额就同时承担了两个国家的纳税义务，跨国商品流转额即成为跨国课税的对象。

4. 税收管辖权

所谓税收管辖权，就是一种征税权，它是国家主权或国家管辖权在税收领域内的表现。

即一国政府决定该国的纳税主体、纳税客体和纳税数量的权力。

国际税收中两种基本的税收管辖权是地域管辖权和居民管辖权，但在具体的国际税收关系中，则存在地域管辖权和居民管辖权相混合的税收管辖权。

(1) 地域管辖权

一个主权国家按照领土原则（又称属地原则）所确立起来的税收管辖权，称为地域管辖权。在实行地域管辖权的国家，以收益、所得来源地或财产存在地为征税标志。也就是说，它要求纳税人就来源于本国领土范围内的全部收益、所得和财产缴税。

(2) 居民管辖权

所谓居民管辖权，就是一个主权国家按照属人原则所确立的税收管辖权。该原则规定，在实行居民管辖权的国家，只对居住在本国的居民，或者属于本国居民的一切收益、所得和财产征税，而不必考虑是否在本国居住。换言之，一个国家征税的范围可以跨越国境，只要是属于本国居民取得的所得，不论是境内所得还是境外所得，国家均享有征税的权力。

(3) 双重管辖权

所谓双重管辖权，就是一国政府同时运用地域管辖权和居民管辖权，即对本国居民，运用居民管辖权而对非本国居民，则运用地域管辖权，对其在该国境内取得的收益、所得和财产征税。

在国际税收的实践中，除法国、巴西、南斯拉夫、玻利维亚、委内瑞亚、马拉维、沙特阿拉伯、塞舌尔、加纳、新加坡、马耳他、埃塞俄比亚和中国香港特别行政区等国家和地区外，包括我国在内的绝大部分国家均选择双重管辖权。

然而，在特定纳税人涉及的两个以上国家都运用双重管辖权的情况下，国家与国家之间的重复课税不可避免。

5. 企业国际税收管理的目标

企业国际税收管理的目标在于在国际税收制度环境下，探讨企业如何对纳税进行统一的筹划，通过各种措施来实现纳税额的最小化。

10.4.2 国际重复征税及其免除

1. 国际重复征税的类别与成因

所谓国际重复征税是指两个以上的征税权主体对同一跨国纳税人的同一征税对象或税源征收两次或两次以上的税。

根据引发重复征税原因的不同，可将重复征税划分为法律性重复征税、税制性重复征税和经济性重复征税三种类型。

(1) 法律性重复征税

所谓法律性重复征税，是指不同的征税权主体对同一纳税人在税收法律上规定采取不同的征税原则而引起的重复征税。例如甲、乙两国中，甲国采取居民管辖权而乙国采取地域管辖权，那么对在甲国居住的乙国居民和在乙国居住的甲国居民，都将承担向二国纳税的义务。

(2) 税制性重复征税

所谓税制性重复征税，是指由于实行复合税制而引起的重复征税。例如，对同一纳税人的财产，既要征收财产税，又要征收所得税。

（3）经济性重复征税

所谓经济性重复征税，是对同一经济关系中不同纳税人的重复征税。例如，对同样来源于公司利润的股份公司收益和股东个人来自于股份公司的收益同时征税。

2. 重复征税的消除

由于重复征税本身存在着极大的不合理因素，同时，重复征税的存在客观上阻碍了国际间资本和技术的流动，因此需要通过特定的方法来予以消除。在目前的国际税收实践中，较为常见的方式是通过两个征税权主体之间订立双边税收协定，或者通过一方在税法上给予单方面的优惠来解决。具体方法主要包括免税法、抵免法和扣除法，其中，常用的为免税法和抵免法。

（1）免税法

免税法是指居住国政府对本国居民来源于国外并已由外国政府征税的那部分所得，完全或部分免征本国所得税。其中，部分免税是指免税项目仅限于一般收入，对特定项目则不给予免税。

免税法的具体计算方法有两种，即全额免税法与累进免税法。全额免税法是指居住国政府对本国居民来源于国外并已由外国政府征税的那部分所得完全免征本国所得税；累进免税法则是指采取累进税制的国家在本国居民征税时，对来源于国外并已由外国政府征税的那部分所得免征所得税，但在计算本国应纳税，确定适用税率时仍将这部分免税所得考虑在内。目前，国际上采用免税法的国家或地区并不多，且大部分是国际上通称的“避税港”，如巴哈马、百慕大、委内瑞拉、多米尼加、海地、巴拿马、哥斯达黎加等。

（2）抵免法

抵免法是指居住国政府对本国居民来自本国和外国所得征税时，允许纳税人将其在国外已缴纳的税款从本国应纳总税款中抵免。

抵免法包括全额抵免和普通抵免两种。全额抵免是指按照本国税法规定计算出纳税人全部所得应缴税款，然后从中全额扣减该居民在境外已缴纳的税款；普通抵免则指在对本国居民的全部所得计算缴纳所得税或一般财产税时，允许扣除其来源于境外的所得或一般财产收益按照本国税法规定计算的应纳税额，超过抵免限额的部分不予扣除。

（3）扣除法

扣除法是指居住国政府将本国居民在非居住国已缴纳的所得税税款视为一般费用在总应税所得中扣除，然后就扣除后的余额按本国税法征税。

10.4.3 国际避税

国际避税是指纳税人以不违法的手段跨越国境，通过人或物的流动或不流动，来达到减少或免除纳税的目的。从本质上来看，国际避税并不是一种违法行为，而是利用了各国在税法规定上的缺陷。国际避税的基本方式主要有以下几类。

1. 通过纳税人的国际转移进行避税

纳税人（包括公司、合伙企业和个人）的国际转移，是指纳税人从某一特定的税收管辖权下迁移而成为另一个国家税收管辖权下的纳税人，或没有成为任何一个国家税收管辖权下的纳税人，以规避或减轻其总纳税义务的国际避税方式。

2. 纳税人不迁移进行国际避税

除迁移外，纳税人有时候还可以利用有关国家税法和税收协定的漏洞和缺陷，在不迁移的情形下规避或减轻其纳税义务。如纳税人虚假迁移其住所，即纳税人法律上已迁出了高税国，但实际上并没有在其他任何国家取得住所。

3. 通过征税对象的国际转移进行避税

征税对象的国际转移是指纳税对象从某一特定的税收管辖权下迁移而成为另一个国家税收管辖权下的纳税对象，或没有成为任何一个国家税收管辖权下的征税对象，以规避或减轻纳税人总纳税义务的国际避税方式。

在各种通过征税对象的国际转移进行避税的方法中，纳税人通过关联企业之间的转让定价转移应税所得从而避税最为常见。其基本做法是：高税国企业向其低税国关联企业销售货物、提供劳务、转让无形资产、提供贷款时制定低价；低税国企业向其高税国关联企业销售货物、提供劳务、转让无形资产、提供贷款时制定高价。这样，跨国公司的利润就可以从高税国转移到低税国。

4. 不转移征税对象进行国际避税

在有关国家税法和国际税收协定存在漏洞和缺陷的情形下，有时候不转移征税对象也可以规避或减轻税收负担。比如，在不同性质的企业获得所得的性质不同，而不同性质所得的税收待遇不同的情形下，改变企业的组织形式即可实现避税的目的。

5. 利用避税地进行国际避税

避税地也称"避税港"、"避税乐园"，是指国际上轻税甚至无税的场所，即外国人可以在那里取得收入或拥有资产，而不必因之支付税金或只需支付少量税金的地方。这个场所或地方可以是一个国家，也可以是一个国家的某个地区，如港口、岛屿、沿海地区或交通方便的城市。纳税人可以通过多种方式利用避税地进行避税，较为常见的手法是选择在与总公司所在国签订有可利用的税收协定的国际避税地建立最适合于避税的常设机构以实现避税。

本章核心概念

国际融资　信贷融资　证券融资　借壳上市　租赁融资　现金管理　应收账款　存货　转移价格　国际税收管理　国际避税

本章练习题

一、选择题

1. 最佳资本结构是指（　　）。

A. 资本成本最低、企业价值最大时的资本结构

B. 综合资本成本最低时的资本结构

C. 综合资本成本最低、企业价值最大的资本结构

D. 企业价值最大时的资本结构

2. 我国企业发行境内上市外资股时，发起人认购的股本总额不少于公司拟发行股本总额的（　　）。

A. 25%　　B. 35%　　C. 45%　　D. 55%

3. 在税收管辖权上，我国属于（　　）。

A. 地域管辖权　　B. 居民管辖权　　C. 双重管辖权　　D. 公民管辖权

4. 对同一纳税人的财产，既要征收财产税，又要征收所得税，这种重复征税属于（　　）。

A. 法律性重复征税　　B. 税制性重复征税

C. 经济性重复征税　　D. 管辖性重复征税

二、思考题

1. 与国内融资相比，国际融资有哪些特点？
2. 优化资本结构有何重要意义？
3. 国际银团贷款的特点体现在哪些方面？
4. 国内企业在借壳上市时应注意哪些问题？
5. 国际租赁融资具有哪些优越性？
6. 营运资金管理有何重要意义？
7. 国际企业日常现金管理方法有哪些？
8. 国际企业内部应收账款管理技巧有哪些？各有何特点？
9. 国际转移价格有什么作用？
10. 影响国际转移定价的因素有哪些？
11. 国际转移定价具体方法有哪些？各有何特点？
12. 国际税收与国家税收之间的关系如何？
13. 国际重复征税可如何免除？
14. 国际避税有哪些基本方法？

案例分析

某服装加工企业年产服装15万套，每套成本28元，加工利润每套8元，同时该加工企业有5个相对独立的销售点，商业利润为每套4元。服装厂把15万套服装平均分给5个销售点出售，并且年终全部售出。企业所得税率如表10-5所示。

表10-5　企业所得税税率表

利　润	税率/%	利　润	税率/%
5万元以下	5	30万～50万元	30
5万～15万元	10	50万元以上	40
15万～30万元	20		

问　题

该服装企业和销售点之间如何利用转移定价达到避税的目的？

参考文献

[1] CZINKOTA M R，RONKAINEN I A，MOFFETT M H. International business. 5th ed. The Dryden Press，1999.
[2] WALL S，RESS B. Introduction to international business. Pearson Education Limited，2001.
[3] ODDOU G，MENDENHALL M. Expatriate performance appraisal：problems and solutions. International Human Resource Management，Boston：PWS-Kent，1991.
[4] HAYDENS. Our foreign legions are faltering. Personnel，1990.
[5] 鲁格曼，霍杰茨. 国际商务. 李克宁，译. 北京：经济科学出版社，1999.
[6] 科斯. 国际商务. 汪尧田，薛番康，译. 北京：中国对外经济贸易出版社，1990.
[7] 梁能. 国际商务. 上海：上海人民出版社，1999.
[8] 希尔. 今日全球商务. 北京：机械工业出版社，1999.
[9] 《新经济时代解读哈佛》编委会. 国际商务. 北京：中华工商联合出版社，2001.
[10] 张海东. 国际商务管理. 上海：上海财经大学出版社，2002.
[11] 陶明，吴申元. 服务贸易学. 太原：山西经济出版社，2001.
[12] 叶全良，王世春. 国际商务与服务贸易. 北京：人民出版社，2005.
[13] 饶友玲. 国际服务贸易：理论、产业特征与贸易政策. 北京：对外经济贸易大学出版社，2004.
[14] 温厉. 国际贸易与国际金融教学案例精选. 上海：复旦大学出版社，1998.
[15] 王玉清，赵承璧. 国际技术贸易. 北京：对外经济贸易大学出版社，2005.
[16] 冼国明. 国际投资理论. 北京：首都经济贸易出版社，2004.
[17] 范爱军. 国际投资学. 济南：山东大学出版社，1997.
[18] 张小蒂，王焕祥. 国际投资与跨国公司. 杭州：浙江大学出版社，2004.
[19] 李晓锋，魏文斌. 企业战略管理概论. 苏州：苏州大学出版社，2004.
[20] 马春光. 国际企业经营与管理. 北京：对外经济贸易大学出版社，2002.
[21] 陈继祥，黄丹，范徽. 战略管理. 上海：上海人民出版社，2004.
[22] 吴彬，顾天辉. 现代企业战略管理. 北京：首都经济贸易大学出版社，2004.
[23] 王关义，刘益，刘彤，等. 现代企业管理. 北京：清华大学出版社，2004.
[24] 德鲁克. 管理实践. 上海：上海译文出版社，1999.
[25] 波特. 竞争战略. 陈小悦，译. 北京：华夏出版社，2003.
[26] 闫国庆. 国际市场营销学. 北京：清华大学出版社，2004.
[27] 李永平. 国际市场营销管理. 北京：中国人民大学出版社，2004.
[28] 林新奇. 国际人力资源管理. 上海：复旦大学出版社，2004.
[29] 赵曙明，马希斯，杰克逊. 人力资源管理. 北京：电子工业出版社，2003.
[30] 戴昌钧. 人力资源管理. 天津：南开大学出版社，2001.
[31] 张小明. "知本"时代职业培训理念的创新. http：//www.yeszup.com/training/knowledge/7047.aspx.
[32] 普莱尔. 培训与发展手册. 毛庆海，译. 北京：商务印书馆国际有限公司，1999.
[33] 谭力文，吴先明. 国际企业管理. 武汉：武汉大学出版社，2004.
[34] 廖泉文. 人力资源考评系统. 济南：山东人民出版社，2000.
[35] EUN C S，RESNICK B G. 国际财务管理. 荀小菊，奚卫华，译. 北京：机械工业出版社，2005.
[36] 王建英. 国际财务管理学. 北京：中国人民大学出版社，2003.

参考文献